U0657470

目 录

I consider Elaine Chao and her husband, Senator Mitch McConnell, great friends, a couple who has done so much together and individually for the Bush family and for our country.

I first met Elaine at a White House Fellows event when I handed her the Certificate as a National Finalist. I have watched her progress in her career over the years – she was a tireless worker, a dedicated public servant, and enthusiastic at all times. Her "can do" attitude was a pleasure to see.

I presided over the swearing-in ceremony of her as Chairman of the Federal Maritime Commission. When I was running for President, I asked Elaine to second my nomination as the Presidential candidate at the National Republican Convention. Shortly after I was elected President in 1988, I chose Elaine to be the Deputy Secretary of the U. S. Department of Transportation. Even though she was one of the youngest Deputy Secretaries ever, I had trust and confidence in her abilities, character and temperament.

I watched with pride as she was chosen to serve in the Cabinet of my son, President George W. Bush. With that appointment, she became the first American woman of Asian ancestry in our country's history ever appointed to a President's Cabinet.

Over the years, I have also enjoyed meeting the Chao family. Elaine's mother, Ruth, in particular, was the foundation of the family. Lifelong volunteers and philanthropists, Ruth and James Chao embody the American dream and their story is the quintessential American success story.

This book, with its wonderful stories about how an extraordinary woman, Elaine L. Chao, and her extraordinary family overcame adversities to achieve great triumphs, is an inspiration to readers and families worldwide.

G Bush

序

乔治·布什（George H.W. Bush）

赵小兰和她的丈夫麦康诺参议员是我们家非常亲密的朋友。无论是各尽其责还是携手并肩，他们伉俪为我们的国家，也为我们布什家族，做了不计其数的工作和贡献。

我第一次见到赵小兰，是在白宫学者的全国选拔活动中。当时我将一份入选证书发给了赵小兰。从那时起，我一直关注着她的职业生涯和发展。她是一个兢兢业业的工作者，一个全心全意的社会公仆，一个永葆热情的人。她对任何挑战都表现出"诸事可行"的积极乐观态度是有目共睹的。

我曾经主持了她荣任美国联邦海事委员会主席的宣誓就职仪式。在我竞选总统期间，我请小兰在共和党全国代表大会上，担任我总统候选提名人的附议人。1988年当选总统后不久，我提名赵小兰为美国交通部副部长。虽然她是有史以来最年轻的副部长之一，但我深信她的能力、性格和素质。

更令我自豪的是，我的儿子乔治·沃克·布什（George W. Bush）总统选择赵小兰为他的内阁成员。她被任命为劳工部长，从而成为美国历史上第一位出任总统内阁成员的亚裔美国妇女。

多年来，我很高兴结识了赵家人并与之成为通家之好。特别值得一提的是小兰的母亲赵朱木兰女士，她是赵家的基石。木兰和锡成甘做终身志愿者和慈善家。他们的故事是成功实现美国梦的典型。

这本书讲述了赵小兰这样一位非凡的女士，和她非常不寻常的家庭。赵小兰及其家人如何克服逆境，实现伟大成功的精彩故事，定能鼓励世界各地的读者和他们的家庭。

注：前页英文序信笺上印的是美国总统专用的金色徽标。

再版前言

在奔赴华盛顿的列车上，望着窗外向后飞逝的树木、田野和时光，我陷入沉思、回想……

八年前的酷寒中，我赶去参加奥巴马总统的就职大典。今日酷寒中，同样的方向，同样的轨道，我赶去参加在国会赵小兰被提名交通部长的听证会。

弹指一挥间，风水轮流转。2017年特朗普在总统竞选中胜出，共和党执掌白宫。

赵小兰再次入阁，开启事业的新篇章。

望着窗外同样的景致，当年撰写《谁造就了赵小兰》一书的初衷在眼前浮现……

多年前，有机会便去赵家做客。赵伯父伯母虽已花甲之年，但对望时那眼神中，满满的都是爱，都是情，令我万分感动。想起家父家母，一生相濡以沫，也是这般相知相爱。我从小天真地以为婚姻就该是这样和谐美满，殊不知年过半百后，方知良缘竟是如此的可遇而不可求。

赵伯母一句"晓晓，我喜欢你的文字"，触动了我的创作灵感，下笔便从赵伯父伯母那传奇动人的爱情写起。当年的花前月下，赵锡成对朱木兰说："我会用一生爱你。"于是，一诺千金，一诺一生。小兰是他们爱情的结晶。

赵家父母言传身教，中西合璧，培育了以大姐赵小兰为首的六个优秀女儿。

赵小兰集父母姊妹的神韵于一身，是赵家最亮的一颗星。她"有责任发展自己的天赋"；"有权利向自己所定的标准挑战"；"有能力全面施展自己的才华"。她成功地打碎了新移民心中所谓的"玻璃天花板"，勇敢地冲出那层看不见的屋脊，自由地翱翔在无际的天空。

我开始探索——赵家的"经"；赵家的"神"；赵家的"魂"；谁造就了赵小兰？

赵小兰被老布什总统称为是最有杰出管理能力的人才。她成功地管理了自己的学业，管理了银行的金融，管理了著名的慈善基金会，管理了政府机构，管理了婚姻，并成功地管理了自己的生命轨迹，最大限度地实现了自我人生价值。

名牌学校、显赫地位、骄人权力、荣誉堆积所不能体现的，是一种似乎看不见摸不着，但存在于赵家血液中并被提炼升华的精神——来于生活，高于生活，在寻常中见不寻常。

她并非高高在上，可望而不可即。我常想：赵小兰能做到的，其他人是否也能做到？

老布什总统曾对夫人芭芭拉说："应该向赵家学习怎样教育孩子。"榜样的力量是无穷的。真正的强者，虽经历生活的艰辛却不愤世嫉俗，汲信心于往事而寄希望于未来。

赵小兰的道路是中西文化的融合，是继百年前老华侨移民至今，新一代移民道路"质"的飞跃，是赵家传承、发扬中国优秀人文精神，成功地吸收西方文明之精髓并与其互动，从奋斗走向成功的心路历程。

一部饶有趣味的纪实性文学著作，是我写作的宗旨，包括历史、文化、教育、商业、人生观、价值观，以及父子情、夫妻情、父女情、姐妹情。

正如赵老在此书"跋"中所说："这不是赵小兰人生大事记年表，不是新闻图片的汇编，不是通常的名人访谈录，不是有关公众人物资料的堆砌与猎奇。"

愿此书能成为一部色彩斑斓的人生画卷，一部发人深省的人生启示录，一部近代华人移民史的见证。

仁者见仁，智者见智，愿与读者们分享。

记得八年前，三联书店出版此书时新闻发布会的盛况，赵老和小兰在会上做了"中国心，美国情，世界爱"的精彩演讲。

今日，此书经"增容"再版，衷心地感谢中华文学基金会和作家出版社对我和此书的厚爱。

2018 年 2 月 11 日（农历腊月二十六）

于纽约曼哈顿

2017 年 2 月 26 日，交通部长赵小兰和父亲赵锡成博士与美国特朗普总统和第一夫人梅拉尼亚在白宫的蓝房合影

1988 年 5 月 3 日，美国里根总统在白宫罗斯福厅举行的纪念
亚太裔美国传统月的仪式上介绍海事署副署长赵小兰

1993 年，美国克林顿总统与联合慈善基金会总裁赵小兰会面

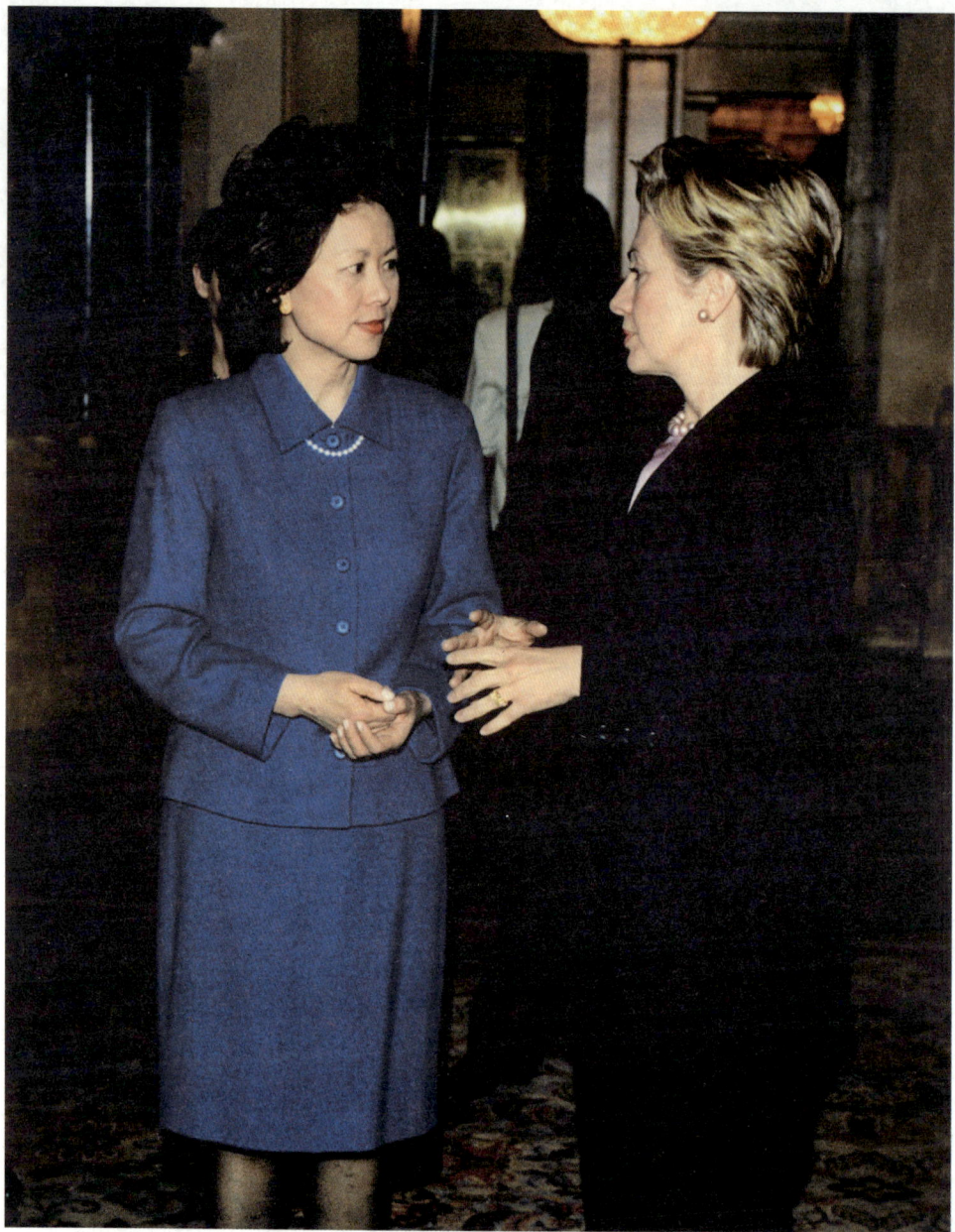

2001 年 3 月 6 日，在华盛顿威拉德饭店的就职欢迎酒会中，
新任劳工部长赵小兰与美国参议员希拉里·克林顿交谈

2002 年 11 月 15 日，劳工部长赵小兰与美国老布什总统和第一
夫人芭芭拉在他们的家中留影

2003 年 9 月 1 日，在白宫南草坪，劳工部长赵小兰陪同美国
小布什总统，乘坐海军陆战队一号直升机去俄亥俄州访问

2003 年 8 月 13 日，在美国比喻成"西部白宫"的得克萨斯州克劳福德农场里，劳工部长赵小兰和美国小布什总统在一起。车中黑犬为布什的爱犬巴尼（Barney）

2005 年 7 月 25 日，美国老布什总统和赵小兰在肯尼迪表演艺术
中心举办的庆祝《美国残疾人法》颁布十五周年庆典活动中

2006年8月18日，在马里兰州戴维营，美国小布什总统与赵小兰部长及其他经济官员，途经海军陆战队一号直升机赴国家经济记者会

To Elaine Chao and Mitch McConnell
With best wishes,

2007 年 5 月 7 日，白宫举办国宴欢迎英国女王伊丽莎白二世
和英国菲利普亲王爱丁堡公爵访问美国。
左起：麦康诺参议员、菲利普亲王、第一夫人劳拉、英国女王
伊丽莎白二世、美国小布什总统、劳工部长赵小兰

2007 年 5 月 23 日，赵小兰和美方部长级代表在美国首都
华盛顿举行的美中战略经济对话中致辞

2008 年 2 月 24 日，在白宫内阁会议室，劳工部长赵小兰和
其他内阁成员聆听美国小布什总统讲话

美国第一夫人米歇尔·奥巴马和第二夫人吉尔·拜登与赵小兰
一起游览华盛顿植物园

2011 年 1 月 19 日，赵小兰和赵锡成博士与美国奥巴马总统

2013 年 4 月 25 日，时任美国国务卿希拉里和克林顿总统与赵小兰、赵锡成博士一起参加得克萨斯州达拉斯市小布什总统图书馆的揭幕仪式

2015 年 9 月 25 日，赵小兰和赵锡成博士应美国奥巴马总统
之邀，出席白宫晚宴

第一章

天再降大任于斯人

01

风水轮流转。

2016 年 11 月 8 日，唐纳德·特朗普戏剧般地战胜了希拉里·克林顿，将成为美国第四十五任总统，进驻白宫。

一朝天子一朝臣。特朗普总统火速招兵买马，组建新内阁。

2017 年新年伊始，美国当选总统特朗普正式提名赵小兰（Elaine L. Chao）为交通部长。获得提名后，赵小兰立即打电话给父亲：

"我得到了提名！"

"恭喜！这是众望所归。"

美国总统的内阁由副总统与十五位部长组成：农业部、商业部、国防部、教育部、能源部、卫生部、国土安全部、住房和城市发展部、内政部、劳工部、国务院、交通部、财政部、退伍军人部和司法部。通常内阁会议成员还包括白宫幕僚长、环保局局长、预算办公室主任、美国贸易代表、驻联合国大使和小企业管理局局长。此外，总统的多位国家顾问也会在后排列席会议。

这十六人按照特定顺序享有总统继位权。美国法律规定，每位被提

2018 年 5 月 9 日，交通部长赵小兰参加美国特朗普总统主持的内阁会议

名的内阁成员必须接受国会的任命听证，并通过参议院相关委员会的投票认可，方能走马上任履行职责。美国五十个州，每州有两名参议员席位。由于共和党在本届新国会参议院占据五十二席，成为多数党，加之作为参议院主席，且有投票权的副总统也是共和党籍，当然有利于特朗普的提名人选通过审查。

从 1 月 10 日起，美国候任总统特朗普内阁提名人选进入国会听证期。候任总统提名的十五位内阁部长都需要获得参议院简单多数票，即至少五十一票通过才行，包括被提名为交通部长的赵小兰。

第一周有八位提名官员需在参议院相关委员会"过堂"，包括美司法部、国土安全部、国务院、中央情报局、交通部、国防部、住房与城市发展部、商务部的诸位一把手。其中，除司法部长提名人杰夫·赛辛斯（Jeff Sessions）、中情局局长提名人迈克·彭佩奥（Mike Pompeo），以及国务卿提名人雷克斯·蒂勒森（Rex Tillerson）需两次"过堂"外，其余五位提名人只需在这一周内接受一次听证即可。

众所周知，国会的听证会常常剑拔弩张，针锋相对，尖酸刻薄者大有人在。对某些人来说，听证会像过"火焰山"一般煎熬，即使不脱层皮，也要被烧灼烫伤。

对于密集的听证会，参院民主党人已经拉响了警报，批评其中多人尚未完成或者提交所需的财务公开和利益规避文件。特朗普内阁因多人来自富裕阶层，被称为史上最富有的内阁，其背后的利益关系错综复杂。财政部长提名人史蒂芬·姆钦（Steven Mnuchin）拥有四千六百万美元财富，商务部长提名人威尔伯·罗斯（Wilbur Ross）身家二十五亿美元，教育部长提名人贝特西·德沃斯（Betsy DeVos）更是富至五十一亿美元。

备受关注的国务卿人选蒂勒森在本周三、周四两次"过堂"。蒂勒森在气候变化、伊核协议、与俄罗斯的关系等焦点议题上接受了参议员们的"拷问"。美国媒体报道说，蒂勒森完成了联邦调查局的背景审查，也提交了必要的财务公开和规避利益冲突的文件。由于蒂勒森在石油巨头埃克森美孚担任过首席执行官，参议院民主党人还要求他提交过去数年来的个人所得税记录。

02

2017 年 1 月 11 日，酷寒，华盛顿的街道沉浸在一片清冷之中。然而在高耸的白色国会山里，却是人头攒动，热闹非凡。

上午，赵小兰作为特朗普总统提名的交通部长人选，接受参议院商业、科学和交通委员会的两党参议员们提问。她曾在老布什政府中担任过交通部副部长，也曾是小布什政府时期的劳工部长。她是首位进入美国总统内阁的华裔女性。如获参院批准，赵小兰将第二次入阁。

赵小兰在父亲和亲友们的陪伴下走进听证会大厅。她身着深枣红色镶驼色领粗呢上衣，浓密的栗色柔发高高隆起，精致的妆容，亲切地微笑着向在场的人们挥手致意。

听证会首先由提名人所在的肯塔基州的两位参议员引见，其中一位正是赵小兰的丈夫——参议院共和党领袖麦康诺参议员（Mitch McConnell）。他自信满满地做开场介绍：

"赵小兰不仅是我的人生伴侣，还是一位颇具才能和忠诚的人民公仆。她有出众的能力和极好的判断力……"

这位七十四岁的共和党参议院大佬，刚刚再次连任联邦参议员，历经美国五任总统。他举例说明，参院多数党领袖之妻担任交通部长

2017 年 1 月 11 日，在美国交通部长候选人赵小兰国会听证会上，赵锡成博士表示感谢。赵小兰的丈夫麦康诺参议员和其他亲友在座

2017 年 1 月 11 日，在美国交通部长候选人国会听证会后，作者晓晓同赵小兰和赵锡成博士在国会听证会现场合影

有先例可循：在二十世纪八十年代和九十年代担任过参议院共和党领袖的鲍勃·多尔（Bob Dole）之妻伊丽莎白·多尔（Elizabeth Dole），曾分别在里根总统和老布什总统执政期间出任过交通部长和劳工部长。

"很遗憾，我只有这么一位妻子可以贡献给国家。"麦康诺参议员借用鲍勃·多尔的名言诙谐地说，全场一片爆笑。

"我将在今日晚餐时锁定多数党领袖的支持。"赵小兰不失幽默地"反唇相讥"。一开场，台上台下便呈现出轻松愉快的气氛。

随后，相关的两党参议员们轮流对赵小兰提问。他们提出各自代表州所关注的交通问题，内容涉及美国交通运输业监管的方方面面，从高速公路到航空管制，从无人机到商业太空业务，不一而足。

听证会中，赵小兰称特朗普的基建计划是"富有雄心"和"着眼未来"的。新政府就任后将建立基础设施特别工作组，也将支持使用联邦资金为项目融资。共和、民主两党都对有益就业的基建项目抱有热情，分歧在于对融资渠道、环境保护和劳工标准等问题的不同取向。赵小兰和参议员们都认为，成功推进基础设施建设的唯一方法是两党加强合作，当然国会与白宫也要积极配合。

赵小兰特别强调，提升交通系统安全是首要任务，也是最大的挑战。她说，制定规则一定要有坚实的科学、数据基础做支撑，要通过风险分析等方式竭尽所能避免事故发生。在预算方面，要保证相关联邦资金充分地投入到提高交通运行效率，这对提升美国竞争力至关重要。

赵小兰在回答参议员尼尔森提问时说：

"我将争取在三十天内提出详细的基建计划融资方案，交通部最近一次的2017年财政预算仅有九百八十亿美元可用。"

特朗普总统曾承诺在上任头一百天之内，要与国会合作制订总额为一万亿美元的基础设施建设计划。赵小兰无疑将成为总统所承诺计划的关键执行人之一。

《纽约时报》曾报道说，在此前离开政府公职后，赵小兰加入了富国银行（Wells Fargo）、新闻集团（News Corporation）和火神材料（Vulcan Materials）等公司的董事会。赵小兰表示，如果交通部长的提名获得参议院通过，她将辞去在这些公司的职务。不过，根据她提交给美国政府伦理办公室的文件，她自己将在一段时间内继续从富国银行和火神材料公司领取报酬。她同意不参与涉及这些公司的事务，以规避其利益冲突。

赵小兰在美国政界服务多年，与国会关系深厚。参议员们熟识她，她也熟识参议员们。参与听证会的许多参议员都是她的老朋友，不时给她带来"我妻子让我向你致意"的问候；也有参议员感叹"你父亲现正坐在你的身后该有多自豪"，"你的经历是移民追求美国梦最好的见证"……

听证会现场一片温馨和谐，没有出现交锋和质问，也没有参议员反对或质疑她的提名。这与当天同一时间同一座大楼内火药味十足的国务卿提名人蒂勒森听证会形成强烈的反差。

最后，参议院交通委员会主席约翰·图恩称赞赵小兰是"一位理想的候选人"。该委员会的民主党籍首席议员比尔·尼尔森也赞扬赵小兰的优秀，并表示："我相当期待你在新政府里有同样卓著的表现。"

整整三小时后，交通部长提名人赵小兰的参议院听证会在极其融洽、充满祥和叙家常的气氛中结束。

这一天，她占尽天时、地利、人和，拔得头筹。

03

1月31日午后，美国国会参议院以九十三票赞成，六票反对，高票通过赵小兰担任美国交通部长的提名。因她是参议院领袖麦康诺的妻子，故鉴于避免利益冲突原则，麦康诺给赵小兰投了中立票（Present）。

当日黄昏，夕阳照耀着白宫艾森豪威尔行政办公楼。彭斯副总统在自己的办公室内，为赵小兰主持交通部长的宣誓就职仪式。

赵小兰神采奕奕，身着深枣红色圆领长袖连衣裙，衬着白皙的面庞，显得分外优雅大方。年近九十、精神矍铄的父亲赵锡成，满脸欣慰地手捧《圣经》。夫婿麦康诺参议员侧立一旁，见证妻子人生中的重要时刻。赵小兰左手轻抚《圣经》，右手举起，郑重宣誓：

"效忠国家，恪守尽职。"

彭斯副总统代表国家对赵小兰委以重任：

"你将监管美国的道路、桥梁、机场，甚至是国家未来的投资。特朗普总统和我都相信，你将在交通部长的职位上，对让美国再次伟大做出贡献。我们在此表示感谢！"

赵小兰——这位两度进入美国政府内阁的华裔女性，在其传奇人

2017 年 1 月 31 日，赵小兰由美国彭斯副总统主持宣誓就职美国交通部长。父亲赵锡成博士手持《圣经》，丈夫麦康诺参议员陪伴在旁

生的道路上，在美国华人艰难漫长的移民史上，再次写下了浓墨重彩的一笔。

百年前的 1882 年，美国国会通过了有史以来第一个耻辱的明文排斥单一种族移民的歧视性《排华法案》。该条文禁止华工入境，拒绝外籍华人取得美国籍。该法案于 1943 年因第二次世界大战两国成为盟友才正式废除，以此改善中美之间的关系。

回眸历史，朗朗乾坤。从当年美国的《排华法案》，到如今美国华裔内阁部长的诞生，彰显了美国社会的诸多文明与进步。

每四年一次的美国总统大选，就是一场全民参与的竞技。共和、民主两党轮流夺冠，各部门的领军人物也随之走马换将。

政府部门里通常有三种类型的人：

一、政治人士；

二、不隶属于党派的公务员；

三、来去自由的合同工。

后两种人在换党换届时可自由选择去留。第一种有党派人士的命运要根据总统大选后的输赢而定。届时输者无条件地拱手让出地盘，赢者的大队人马"乘着凯歌的翅膀"收复失地。

在每次大选更换党派之后，华盛顿街头巷尾便出现一片独特的热闹景象——卷铺盖走人者如潮，新官上任者如潮。平日被丢弃的纸盒便一时"洛阳纸贵"，街边废品满地狼藉。

联邦交通部位于国会山的东南侧，是一座雄伟的现代化六层建筑。2017 年 2 月 1 日，赵小兰带领行政主管、律师、人事主管三人，在众目睽睽之下，从容地走进交通部大理石的圆形大厅。

久违了，交通部！

赵小兰对这里是那么亲切熟悉。她曾于 1988 年被里根总统任命为联邦海事委员会主席。次年，她被新上任的老布什总统任命为交通部副部长。这次是她第三度进入交通部。

"三十年前刚进交通部时，我曾为第一次见到部长伊丽莎白而胆怯；也曾为见到她穿着典雅的背影而兴奋不已。现在我希望年轻人和少数族裔，不要有任何胆怯的心理，人人有平等的权利和自由，要勇敢，不要怕，放手去做你喜欢的事情，努力实现自己的追求和梦想。"赵小兰感慨万千。

今非昔比。她的脚步更加坚定，眼光更加笃定，更加从容自信。

今天，这里已成为她的帅帐。她像一位临战的统帅，签下生死状，跨上战马，率队出征。

3月29日，交通部举行成立五十周年庆典暨赵小兰部长欢迎仪式。赵小兰和丈夫麦康诺参议员，以及多名嘉宾出席并发表演讲。赵小兰在演讲中一如既往地强调新技术、基础设施及安全等议题，并表示自己将同交通部的员工们团结一致，努力促进交通部与国家的协调，勇于迎接变化所带来的新挑战，开创前所未有的新时代。

交通部有近六万名员工，每年七千五百亿美元的预算。交通部的领导岗位由副部长、次长、助理部长和副助理部长四层主管组成。多年的历练，使赵小兰充分认识到，作为一位好的领袖所应具有的基本素质。

"我一直在寻找聪明人。我不害怕他们比我聪明。领导者必须建立团队精神，拥有一支具有相同目标和理念的强大队伍……领导者必须认真倾听，需花大量的时间和精力与团队沟通协调，让团队成员看到复杂现实中的真相，以便及时获得反馈，从中得到动力和灵感，避免盲从行动。"

上任几个月来，赵小兰稳扎稳打地梳理着交通部的日常事务，并经常去白宫参加内阁会议，多次到全美各地视察。她积极地为新政府承诺的一万亿美元"战略性基础建设"计划准备立法方案，全面升级美国的交通基础设施，并将领导出台自动驾驶车的管理规则。交通部的职责还包括全美的陆海空交通管理与战时运输调度。

在部长办公室的一幅大屏幕上，时时显示着美国民用航空飞机的

2017 年 3 月 15 日，美国特朗普总统在空军一号上会见赵锡成博士

飞行实况。安全，正点，确保美国公民的出行安全，对于交通部来说是头等大事，是重中之重。

3月底，特朗普在密歇根州会见汽车业界人士，赵小兰偕父亲同时登上了空军一号。这架著名的总统专机宽敞舒适，随处摆放着美味。这是一次特殊的旅行，父亲与总统先生相谈甚欢，留下了美好难忘的记忆。

特朗普政府计划将依靠公共资金和公私合作（PPP）模式，融资也可能来自即将到来的税改立法中海外收益的汇回收入。这项交通建设，涉及政府诸多部门，需要与白宫进行大量的协商和沟通。"特朗普基建"将是长达十年的战略项目，不局限于交通基础设施，还将涵盖能源、水利工程、网络基础设施，以及退伍军人医院等领域。

老百姓已对美国陈旧的海陆空交通设施怨声载道，翘首期盼着这一计划的顺利实施。

媒体评论道："这将是美国近代最大的基础设施投入，赵小兰将成为这项计划的灵魂人物。"

04

2017 年岁末，人们正在欢乐地加快迎接圣诞节的脚步，却传来噩耗。12 月 18 日，赵小兰刚到纽约探望父亲，接到紧急报告，立即掉头从纽约返回华盛顿交通部处理突发事件。

当日，美国铁路客运公司（Amtrak）501 次客车，在华盛顿州五号州际公路的高架桥上发生脱轨事件，造成三人死亡，百人受伤。出事现场翻滚的车厢和大桥支架如玩具积木般叠加交织，扭作一团，惨不忍睹。尤其是桥下被砸中的汽车和车主们，大概出门没看皇历，祸从天降，比中彩票的概率还小，所幸地面无人伤亡。

美国和世界各大媒体都在第一时间追踪报道。交通部安全委员会当即赶赴现场展开调查。经初步调查显示：脱轨事故发生在华盛顿州西雅图以南约 64 公里附近，是塔科马市与奥林匹克市之间线路开通的首日。当时列车正以 81 英里（130 公里／小时）的时速，通过最高限速 30 英里（48 公里／小时）的弯道。列车有十二节车厢和两节火车头，其中十二节出轨。有几节车厢跌落到桥下，砸中五辆汽车和两辆拖车。

一位客运公司的退休员工当时正坐在列车商务席，他的腿部在事故中被擦伤。他说列车在经过一个弯道时开始出现摇摆，然后滑向了一侧，看起来就是拐弯速度太快，导致倾覆翻车。那时，列车上的灯全灭了，人们陷入一片恐惧之中，幸好大多数乘客没有受伤。

稍后，美国铁路客运公司主席声称，这条新线路设计的初衷是避开急转弯、货运线路和其他可能会降低速度的障碍，为人们提供一个全新高速的出行方式。这也是一个耗资一亿八千万美元提速项目的一部分。本应在检测到列车超速时强制实行减速或急停的"精密列车控制系统（Positive Train Control）"，却在事故发生时睡大觉未启动。

好初衷，花巨资，结果却事与愿违，导致车毁人亡，这简直是极大的讽刺。

美国地铁的情况甚至比美国铁路客运公司更加糟糕。尤其是纽约地铁，其信号系统等基础技术都有上百年的历史。纽约地铁为了向政府要钱升级线路，专门拍了个视频发到网上，向人们展示上世纪的机器是怎么运营现在的纽约地铁的。现在的信号系统只能识别哪一区段的铁轨上有车，而不能判断列车的具体位置，也不能判断是哪辆车，因此需要员工手动追踪各个列车的方位。使用手动系统的结果可想而知，2016 年纽约市的地铁，每个月会发生超过七万次延误。

纽约地铁设施之脏乱差更是"举世闻名"。铁轨和车厢里通常垃圾遍地，老鼠四处乱窜，很多站臭气熏天，不少流浪汉住在站台或车厢里……中国任何一个城市的地铁都可对纽约地铁"笑傲江湖"。

但纽约地铁也有其自大之处，毕竟它是超百岁老寿星，上上世纪它降生之时是何等的骄傲，那时中国还是大清朝满街的大辫子时代。

作为交通部长，赵小兰在次日发表公开信，敦促有关方面尽快调查事故发生的具体原因，并要求联邦铁路管理局官员要同铁路公司紧密合作，要有紧迫感，必须在国会提出的 2018 年 12 月 31 日截止日期之前，大力加快安装"精密列车控制系统"。

国家交通安全委员会说，自 1969 年该委员会已调查自动刹车系统能有效预防的一百四十六起铁路事故，造成三百人丧生，超过六千五百人受伤。这种技术搜集列车和轨道信息，将信号送回调度中心，列车上工程师没有反应时，调度中心可以控制列车减速或停下，可避免其他车祸的发生，以挽救生命。

事发之后，特朗普总统也在推文中指出，这一事故再次显示出美国基础设施老化的严重问题：

"我们应该立刻开始改善美国的基础设施，即将提交的基础设施计划需要更快地获得通过。我们花几万亿美元在中东地区，但我们自己的道路、桥梁、隧道、铁路系统等等却破败不堪。挺不了太久了，不久之后我们将改变现状！"在十分钟后的第二条推文中，他表达了对遇难者的哀悼和祈祷。

主流媒体一如既往地对特朗普总统开火猛烈抨击，谴责他没有在第一条推文中首先哀悼而是宣扬自己的政治议题。但特朗普总统确实说了句大实话，美国当前的基础设施老化问题相当严重，对广大美国人民的日常生活造成了非常恶劣的影响。

05

赵小兰这任交通部长的新政特色之一，是要重视和支持高科技应用。

2018年，拉斯维加斯消费电子展（CES）于1月9日正式揭幕，吸引了全球三千九百家厂商与两万多件消费电子产品参展，其中包括九百家初创企业。

美国消费技术协会总裁兼首席执行官加里·夏皮罗在开幕式上表示："很高兴邀请到美国交通部长赵小兰女士参加2018年国际消费电子展，与来自世界各地的政府领导人共同见证、体验并探讨创新技术如何让我们的生活变得更加美好。"

赵小兰一袭简洁大方的湖蓝色上装，衬托得人十分干练稳重。她满面春风，热情洋溢，在座谈会上侃侃而谈：

"很开心来到消费电子展，这是美国展现天分、企业精神和创新之地。美国交通部聚焦于以最为安全可靠的方式，整合能够从根本上改善美国人出行方式的新技术，如自动驾驶汽车、无人驾驶飞机等议题……我认为自动驾驶汽车能给人带来很多益处，包括让长者和残疾人有机会改善生活品质。当他们有了自驾车后，就能增加行动力。百分之七十四的高速路车祸等意外是人为过失，有了自动驾车的技术，希望能降低人为的错误，当然就更安全并能拯救生命……我相信未来无人机能在执行灾难救援任务、侦测有害物质和拯救生命上，起到积极的作用。"

目前，每家汽车公司都在大力投资无人驾驶技术，将其视为未来，包括美国的优步(Uber)、中国的滴滴等。美国消费技术协会的报告表明，大多数美国消费者对自动驾驶汽车带来的好处感到振奋，几乎有三分之二的消费者有意愿要把自己目前的车换成自动驾驶汽车。

不断发展的交通网络和技术也将影响如何建设社区。随着自动驾驶汽车的发展，城市的建筑将会改变，在建筑物下面不需要太多的停车位。人们不需要把车停得那么紧密，因为这些自动驾驶的汽车可以停在很远的地方，随叫随到你身边。道路、桥梁和高速公路将嵌入"智能技术"，将引导自动驾驶汽车。

在可预见的将来，共驾拼车将成为人们交通选择的一部分，整个行业正发生巨大变化，并已进入全球政府法规。

美国已有上百万人注册无人飞机驾驶，其中八十七万人为业余兴趣爱好者。

赵小兰郑重表示：政府鼓励创新，在确保交通安全的前提下，在技术选择方面保持中立。交通部建立网页听取民众和企业的反馈意见，正在研拟相关法规，尽量废除已经过时的管理条款，欢迎社会大众踊跃发表意见。

作为前美国劳工部长和现任美国交通部长，赵小兰也担心新技术将取代许多司机，如何处理好就业机会和新技术的潜在冲突，是必须面对的新矛盾和挑战。政府和社会需要共同努力，帮助流离失所的工人过渡找到新的机会，尽管这是一个艰难的过程。

这次展会有很多国家主管经济和城市发展的官员前来了解科技进展，赵小兰是美国来的最高官员。她的见解将为行业领导者提供宝贵的机会，让大家了解美国政府将如何重建老化的基础设施，以及如何通过整合技术解决方案，改善目前交通运输状况。

由于赵小兰开放的政府管理理念，被大会主办机构誉为美国的"创新部长"。

世界发展之快，变化之大，令人眼花缭乱，目不暇接。

迄今为止，小兰已经服务过四位总统。从每一位总统身上，她都受益匪浅，积累宝贵经验，从而更有信心：

"我曾经和四位总统一起工作：里根总统时期任白宫研究员、海事署副署长、联邦海事局主席。他是二十世纪第一位保守的总统，改变了政府的角色。老布什总统时期任交通部副部长、和平团主任，看到了柏林墙倒塌象征的冷战结束。小布什总统时期任劳工部长，他决心在 2001 年 9 月 11 日的恐怖袭击事件后保护美国免遭袭击。特朗普总统时期任交通部长，他希望振兴美国经济，创造更多就业机会，改善国家基础设施。他从私营部门的职业带来了独特的视角，不仅包括改善道路、桥梁，还包括水、能源、宽带、医疗，以及退伍军人医院等。"

"任务很重，但我已准备好了！"

天再降大任于斯人。赵小兰肩负使命，任重而道远。

第二章

美梦自伊始

01

悠悠半个多世纪，如过眼烟云。

1961 年 6 月 8 日，八岁的赵小兰和两个妹妹，跟随着母亲登上了一艘远洋货轮，踏上了命运转折的漫漫航程。

那时，多方托人才买到紧缺的车票，母女四人从台北赶夜车到高雄，再搭乘台湾招商局的"海明轮"，万里迢迢奔赴美国纽约，与离别三载的父亲团聚。

在台北送别时，外公外婆百般嘱咐母亲珍藏好那张全家合影，以寄托思念之情。在照片背后，外公用隽秀的蝇头小楷亲笔题字："次女木兰自二九年（民国）即携之逃亡辗转各地，艰苦备尝，来台之后始行婚嫁，今亦儿女成行矣。爱婿锡成工作纽约，木兰等亦将赴美国团聚，在惜别之前特摄此帧以慰老怀于此世界扰扰之时，而余夫妇亦垂垂老矣，望珍惜此帧或为他日相见之佳话也。"

区区百字，血浓于水，骨肉深情，尽在其中。

"儿行千里母担忧"，更何况这是到万里之遥的异国他乡。小兰母亲虽刚过而立之年，但已为人妻为人母，深知老人此时的复杂心情。老人心中既有对女儿的不舍、对外孙女的惦念、对一家人前途的担忧，

赵锡成留美期间，朱木兰带着三个幼女，与父母在台湾家中留影

但又期望一家人能早日团聚，拓展事业，过上更美好的生活。

外公似有千言万语，但欲言又止。外婆眼中止不住地淌着泪水，舍不得松开外孙女的手。小姨淮北不停地呜咽着，直到车已缓缓启动，仍能听到那呼唤声：

"二姐，二姐，我们何时才能再相聚啊？"

这依依惜别的场景仍历历在目，令小兰母亲心中溢满酸楚，也令小兰随着母亲泪水簌簌如泉涌。但跟着最心爱的母亲，去找最思念的父亲，小兰心中充满了兴奋与期盼。

"海明轮"鸣着长笛呼啸而去。不知不觉中，那个美丽的岛屿越来越远，消失在海天苍茫处……

母女四人住在一个相当于三等舱的狭小房间里，仅能放下两张上下铺床。因父亲那时经济拮据，只能给她们买实惠的远洋货轮船票。资深船长徐际云先生是父亲的老朋友，自然对母女们照顾有加。

小兰满头乌黑卷曲的头发，眉宇间透着机灵，圆圆的脸庞上两只明亮的大眼睛，含着天真与烂漫。她整日活蹦乱跳，满船奔跑，好奇心大大发作。

"船为什么能在海里走？"

"舵为什么能指挥船的方向？"

"海那边是什么？"

她不停歇地四处"考察"，问题层出不穷，很快便成了船员和同行的几位赴美留学生的宠儿。她向船长伯伯学会了下五子棋，经常拉着他对垒，棋艺不断见长，时不时还能小赢两把。

"舟遥遥以轻飏，风飘飘而吹衣。"小兰喜爱站在甲板上，任凭海风抚摸全身的感觉。太平洋上跳着小步舞的气流，把她的小花连衣裙吹得像张满的帆。她看日出、看晚霞、看明月、看星空、看浪卷浪舒，终日陶醉在大自然的怀抱中。

海上升明月，洒下绸缎般的柔和。海风徐徐，清凉湿润。夜深沉静谧，只听见船在水中行进时"唰唰"的破浪声。小姐妹们都睡熟了，在大海的摇篮里，睡得香甜安稳，嘴边还带着笑意，大概正在做一个美丽的梦。她们梦见在大洋彼岸的那一端，有七彩的路，有父亲温暖的怀抱，有漂亮的洋娃娃。

孩子们心中总有无数的梦，像万花筒，变幻无穷，色彩斑斓，一个比一个更绚丽。

02

　　"海明轮"穿越太平洋，到达美国西海岸洛杉矶补充给养，又匆匆启航上路，驶向南美洲，穿越巴拿马运河，开进大西洋，再一路北上，奔赴美国东海岸。

　　在途经巴拿马运河时，正值盛夏，酷暑难耐，燥热不堪。两岁多的妹妹小美突然感染恶疾，多日高烧不退。因船上仅备有简单的常用药，母亲只能用酒精给全身滚烫的小美涂抹降温，可徒劳无效。大家群策群力，出谋划策，但无医无药，仍是一筹莫展。全船人都捏着一把汗，母亲更是焦虑万分。她毅然决然地把高烧昏迷中的小美放入浴缸中，不停地用冷水毛巾给幼小的身体降温。

　　母亲用双手平托着在水中昏睡的女儿，通宵达旦，熬红了眼，熬碎了心。她蹲在地板上像尊雕像，一动不动，呆呆地守望着水中的女儿。小兰伏在母亲身旁，寸步不离，眼睁睁地看着昏睡中的妹妹脸蛋被烧得通红，小鼻孔急促地一张一合，呼出滚烫的气息。这时，小美身上的白血球正浴血奋战、前仆后继，拼命挽救这弱小的生命。

　　小兰心急如焚，无所适从，充满恐惧与无奈。她急切地盼望自己能快点长大，能替母亲分担那份煎熬，能给母亲一副坚实的肩膀，能为母亲排忧解难。她才八岁，对"死"与"命运"并无确切的概念。但她深知轻重，知道若事态恶变，将对母亲构成重大打击。

绝望的空气笼罩着整艘货轮，令人窒息。在这场生死较量中，不知谁是赢家？大家都在焦急地等待一个判决：噩耗或奇迹，化险为夷或死神降临。

"好心的上帝啊，救救妹妹吧！病魔，请不要那么残忍，放开手吧！"小兰虔诚地祈祷着，无声地呼喊着，一心只盼望轮船能快快跑，找父亲，救妹妹。她再也无心陶醉于那变幻莫测的大自然，深感在浩瀚大海中颠簸着的人与小船，是多么的无足轻重。

时钟一分一秒、嘀嘀嗒嗒地走着，显得极其慵懒。

"海明轮"劈开海面奋力前行。但大海仍茫茫，烈日仍炎炎，纽约仍遥遥。

夜晚，起风了。凝固燥热的空气开始微微松动，开始缓缓流动，海风送来了一丝丝清凉。

上苍有眼，似乎听到了小女孩的祈祷和呐喊。三妹小美稚嫩的身体开始降温，眼睛慢慢睁开，小嘴又喃喃地叫妈妈。她终于挣脱了死神的魔爪，转危为安，回到了母亲的怀抱，回到了姐姐们身边。全船人都松了口气。小兰高兴地拉着妹妹的手，在她的小脸上印满了亲吻，不停地欢呼着：

"小美病好了！我们一起去看爸爸喽！"

这时，她看到母亲的眼中噙着泪水，含着笑意，显得更加清瘦苍白。但母亲的眼光仍是那么从容，意志仍是那么坚定。为了能与深爱的丈夫携手，为了能给孩子们更大的空间和自由，她忍辱负重，义无反顾。

1961 年，在"海明轮"的甲板上，朱木兰带着小兰和两个小妹妹，
从台湾越洋来美国与赵锡成团聚

　　黎明，一轮红日披着彩霞跃出海面，喷薄升起，耀眼的橘红色覆盖万物，像梦中的天堂般灿烂夺目。自登上"海明轮"之日起，每当东方刚刚露出一线晨曦，小兰便会站在船头迎接曙光，拥抱朝阳，沐浴在一泻千里的光芒里，沉浸在太阳横空出世的壮观奇景中。

　　她与太阳有缘。她与太阳有约。在往后的日子里，不论是风和日丽，还是凄风苦雨，她心中的太阳总是照耀着她。

　　黄昏来临，夕阳和晚霞在耀眼的辉煌中刚刚谢幕，大海即被沉沉的灰暗笼罩，瞬息万变，喜怒无常，露出一脸的冷峻与狰狞。天上的云越积越厚、越变越黑、越压越低。云涛翻滚着，浪涛加倍翻滚着，像策划好一场兴风作浪的竞技大赛。

暴雨倾盆如注，电闪雷鸣，海涛怒吼。"海明轮"忽而被捧到风口浪尖，高高在上，瞬间又被摔落在浪谷，任凭大海肆虐践踏。它像只玩具小船颠簸在海天之间，显得那么渺小乏力、微不足道。

但船头仍坚定地破开海面，绝不随波逐流。船舵的方向也始终坚定不移，一寸一尺，一尺一寸，向着纽约行进。

母亲紧紧地搂着三个女儿，用亲吻抚摸着孩子们，给她们慰藉与安宁。她用温柔的语言给她们讲安徒生的童话，讲凄美的爱情故事《海的女儿》：

"在海的远处，水是那么蓝，像最美丽的矢车菊的花瓣，同时又是那么清，像最明亮的玻璃。然而它又是那么深，深得任何锚链都达不到底……"小兰和妹妹们偎依着母亲，为那奇异动听的故事而痴迷，忘却了因大海的癫狂而带来的惊慌与恐惧。

"那后来呢，小美人鱼杀死了心爱的王子吗？"小兰凝神倾听，迫不及待地催促着母亲。

"后来，她把这刀子远远地向浪花里扔去。她再一次把迷糊的视线投向王子，然后从船上跳到海里，她觉得她的身体融化成为泡沫。于是她就跟其他空气中的孩子们一道，骑上玫瑰色的云块，升入天空里去了……小美人鱼并没有感到灭亡。她看到光明的太阳，同时在她上面飞舞着无数透明的、美丽的生物。透过它们，她可以看到船上的白帆和天空的彩云，它们的声音是和谐的音乐……她已经升到精灵的世界里来了。通过她的善良，她就可以为自己创造出一个不灭的灵魂。"

在舱外"大海交响曲"的伴奏下，在善良最终战胜邪恶的故事中，女孩们安然入睡，入梦……童话终究是童话，但大家都喜欢，因为人们心中都有一个美好的童话世界。

03

　　"海明轮"开足马力，乘风破浪，像一位正在向终点冲刺的长跑运动员，调动了全身的能量，迎接长途跋涉最后的胜利。

　　在海上漂泊一个月后，在海天相连处，隐约出现了一道舒展的地平线，朦朦胧胧，莽莽苍苍，似海市蜃楼，不知是真实还是梦幻。

　　啊！终于看到了那久违的地平线！它越来越近，越来越宽，越来越阔，后面连接的是一望无际的绿洲，是一片能孕育神奇的沃土，是无数美梦成真的地方。

　　漫漫漂泊终于看到了尽头。船上的人们欢呼着跑到甲板上眺望。船上的留学生们个个心中充满喜悦，充满迎接新生活的激情与畅想。母亲倚着船舷，给女儿们遥指远方，遥指那片影影绰绰的北美洲大陆。

　　"就要见到爸爸啦！就要回新家喽！"小兰情不自禁地欢呼，掩饰不住地激动。尽管她心目中已有些模糊了"爸爸"的含义。

　　在漂泊了整整三十七天后，在度过了漫长枯燥的八百八十八个小时后，"海明轮"终于缓缓驶进了美国的东大门纽约港。

　　1961 年 7 月 14 日——这是多么美好的一天！永生难忘的一日！

　　碧海蓝天里，一位屹立着的女神正张开双臂，迎接所有投入她怀抱的人。她美丽庄严，头戴光芒四射的冠冕，身披罗马式宽松长袍，右手高擎象征自由的火炬，左手握着《美国独立宣言》的铜版，脚上散落着已经断裂的锁链，肩负着人类追求自由的崇高理想。

小兰抬起头，凝视着女神，心中陡然升起无比崇敬之情。这是她仰慕已久的女神，但比想象中的更加高大亲切，更加气宇轩昂。

"妈妈，她就是您跟我常说的那位女神吗？她真神气呀！像玉一样的颜色，好漂亮啊！"

小兰为女神倾倒，为她的魅力所震撼，心中溢满感动。这是她对"美国"这个概念的第一印象，无与伦比的美好。

她虽年幼懵懂，还无法真正意识到"自由女神"对父母的含义，更无法意识到对她自己未来人生的举足轻重。但她本能地对女神崇拜、敬仰、厚爱甚至偏爱，把女神的身影珍藏在心中。

04

　　纽约码头上，父亲赵锡成早已在岸边望眼欲穿，翘首等候多时。他心潮起伏，激动不已，终于苦尽甘来，就要见到魂牵梦绕的妻子，就要见到小兰、小琴，还有没见过面的小美，全家就要团聚了！女儿们一定长高了，懂事了，她们会认生吗？还记得爸爸吗？

　　桩桩往事，浮上心头。

　　一次远航归来，深夜静悄悄。他轻轻走到小床前，深情地看着熟睡中的女儿。那年小兰三岁，圆圆的小脸稚嫩可爱。父亲给女儿拉好被子，在饱满的小额头上印上亲吻。没想到第二天清晨，小兰醒来时见到房间里多了一位"陌生"男人，便惊恐地大叫起来。那场景刺痛了父亲的心，令他至今难忘。他常年在外，天南地北，身不由己，与妻女聚少离多，难怪小兰连爸爸都生疏淡忘了。

　　在台湾时每当轮船回港，都是木兰和女儿们"过大年"的日子。母亲给女儿们穿上漂亮的衣服，早早便从台北乘火车赶到高雄或基隆码头，在岸边翘首等待。海面上一艘轮船终于出现了，吐着袅袅白烟，响着"呜呜"的汽笛声，惊得白色的海鸥翩翩起舞，游走在蔚蓝的海天之间，如一幅壮观的"胜利返航图"。

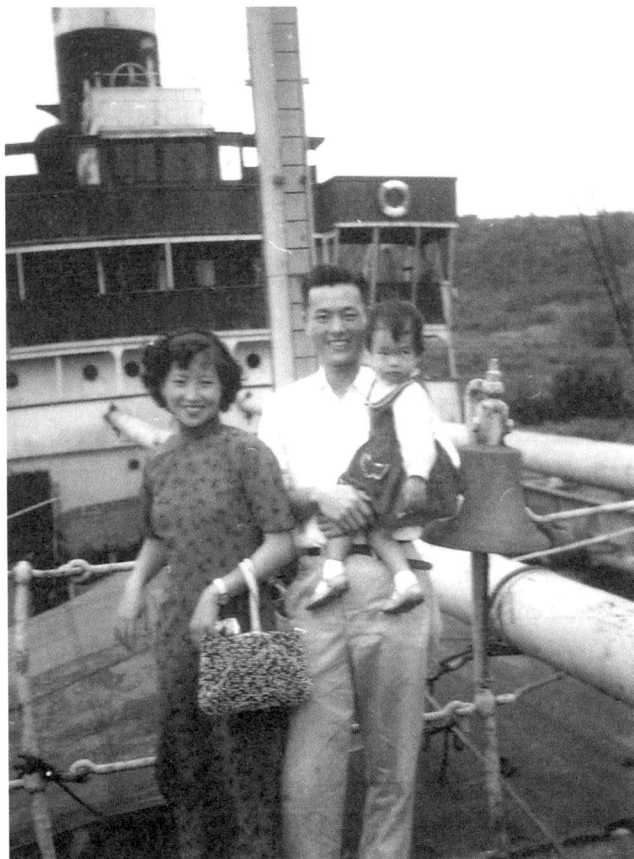

1954年，赵锡成任大副的商船停靠在台湾港口时，与妻子朱木兰和女儿小兰留影

"来了，来了，爸爸的大船来了！"小兰雀跃着，欢呼着。

母亲也看见了，心中一阵难以名状的涌动，不知是酸甜苦辣的哪一味，或许是五味俱全。女人是水做的。女人的心更柔情似水。丈夫的归来，对一个日夜守望的妻子来说，寓意无穷无尽。

1957 年 7 月 22 日，当获悉锡成的轮船"唐山号"将在高雄港停靠卸货，作短暂停留，木兰便领着小兰、抱着小琴，从台北匆匆坐火车赶到高雄。她心中充满期待，这相聚虽转瞬即逝，环境虽凌乱不堪，却是期盼已久的全家团聚，已足够心满意足了。

　　在高雄港，"唐山号"静静地停靠在码头上，却不见了锡成的踪影。原来另一艘"祥云号"在启航之际，大副因故不能出航，便临时找锡成顶替。当妻女们赶到码头上时，他临危受命，正驾驶着"祥云号"，孤独地与海天为伴。

　　在空荡荡的码头上，木兰一手领着一个女儿，站在码头呆呆地望着，望着那载着丈夫漂泊的大海。失望、无奈、疲倦迎头袭来，木兰感到一阵晕眩。

　　"妈妈，我们下次再来吧！爸爸也想回家。他不是去玩，是去工作。"小兰拉着母亲的衣襟，竭力寻找各种理由安慰她，像个善解人意的小大人儿。母亲俯身抱住女儿，热泪盈眶，为有这么贴心的女儿，为有如此牵肠挂肚的家。

　　她极目远眺，那深邃缥缈的海天相连处，是苍穹的尽头。海深不见底，天遥不可及，哪里才是一家人团聚的归宿？

　　三个月后，"祥云号"返航，赵锡成心急如焚，匆匆赶回家，却于次日又被派遣出海。他倍感愧对妻子女儿，不禁潸然泪下，望着似乎一脸平静的木兰说："你总是这么坚强，从不流泪……"木兰悄然转身捧起枕头——那雪白的枕上满是泪痕斑斑。

　　因常年漂泊于海上，许多船员都感到航海生活枯燥乏味，寂寞难耐，床头情人的照片便随着地域的迁徙而迁徙。海员们用高额薪金换来纸醉金迷，漂泊到哪里就挥霍到哪里，挥霍金钱的同时也在挥霍自己的生命和前途。今朝有酒今朝醉。挥霍之人不以为然，并以此为追逐时尚的潮流。

"有许多船长都是船开到哪里便风流到哪里，你不担心丈夫吗？"朋友有时半真半假地对木兰开玩笑。

"锡成心中只有我，不会做出任何伤害我的事情。我们彼此有约，终生不渝。"木兰坚信丈夫有足够的定力，超强的免疫力，绝不会同流合污，绝不会被诱惑所俘虏。"燕雀安知鸿鹄之志"，木兰心如明镜，随波逐流绝不是锡成的性格，也不是他的理想和追求。

长相知，不相疑。长相知才能不相疑，不相疑才能长相知。

婚后那几年，夫妻相亲相爱，生活安定。丈夫已从代理二副升为二副，又晋升为大副，再晋升为代理船长。他们的女儿也由小兰加小琴再加上正在妻子腹中孕育的小美，真可谓事业发展，人丁兴旺。

一日，丈夫出海返航回到台北家中，给妻子讲了一个令他啼笑皆非的故事。在码头上，听说有人找船长，时任代理船长的锡成立即答应道："我就是。"

那人瞄了他一眼："就你？这么年轻就想当船长？"

"我坐在船长的位子上，你还不信？"

那人仍然坚决地摇头否定，一脸不屑的样子。

"这件事令我很沮丧，但同时也得到了鼓励，看来我可真是年轻有为了。"丈夫哭笑不得，不胜感慨。

当时社会论资排辈，无论年轻人多么努力上进，仍是难以越位，前程大受局限。尽管他已升迁为当时最年轻的船长，前途被业界一致看好，能让家庭过上舒心无忧的生活。但他是个满怀抱负、不甘平庸寂寞、要一路向上攀登的人。

于是，在1957年7月，锡成毅然参加了台湾"考试院"举办的甲级船长特种考试。他成绩斐然，台湾《中央日报》《中华日报》《联合报》和《新生报》四大报纸都刊登了这震动业界的消息：

> 考试院历年船长考试获分最高的"船长状元"赵锡成，是一位年方三十岁的青年船长，服务于中国航运公司达十年之久。他为人热情、真诚，尤其负责遵纪，颇受同仁赞赏。典试委员长张默君先生以赵锡成为历届最高分荣获"船长状元"得来不易特致函道贺，并赠以亲书之条屏一幅。据典试委员长称，赵君成绩有出人意料之佳，尤其是一般船长感觉最难的"海图应用学"及"国际避碰章程"，均分获98.94分之多。而"三民主义"一课也得了92分之高分。张默君认为，他年轻有为，前程似锦，希望能继续努力，争取更大成功。

赵锡成一夜之间成了新闻人物。国民党也认为他大有培养前途。但他内心清高，对政治不感兴趣，决心另辟新径，追寻自己更高的理想。

他热爱大海，陶醉于那一望无垠的海阔天空。他喜爱站在甲板上被海风吹拂、被大海拥抱的感觉。他了解大海，大海也了解他。他与大海之间似乎有一种特殊的默契，一种不解之缘。他一生的命运都与大海相连，被大海呵护，并受益于大海的善待与恩惠。

地平线另一端的世界神秘而精彩，像块磁石，对他具有极大的吸引力。他充满了好奇与向往，决心要到那里去读书深造，去迎接新的

高　鷺　字第　085　號 O

試筆

四十六年第二次特種考試

河海航行員考試

入　場　證

應考　甲種　船長　級

姓名　趙錫成

便於核對此證限（屆）次考試有效
入場應試須攜帶此證核對證置考桌以上

1957年，三十岁的赵锡成参加了台湾"考试院"举办的甲级船长特种考试，并获得第一名

39

挑战，去圆今生的一个梦。

妻子深知丈夫。不断追求是夫妻间对人生最大的共识。他们骨子里都有一种勇于创新、不畏挑战，甚至喜欢冒险的潜质。为了寻求更大的发展空间，为了家庭更美好的明天，开辟新生活，创出新天地，夫妻俩主动做出了一个艰难而大胆的决定。

1958 年岁末，赵锡成义无反顾地告别了薪金丰厚的航海生涯，请准有关部门和公司，怀揣着梦想和家人的重托，只身越洋赴美留学。

"花自飘零水自流，一种相思，两处闲愁。"丈夫一别就是三年，万里迢迢，深情悠悠。两人只能鸿雁传书，寄相思，解心愁。那时书信来往的周期漫长，最快也要半月有余，越洋长途电话费更是昂贵得不敢问津。小小的信纸上写满了各个角落，但怎能容下他们的万语千言，写不完的相思，诉不尽的衷肠。家书抵万金，给夫妻双方带来的是莫大的安慰和勇气。

锡成赴美时，木兰正身怀六甲。当三女儿小美出生时，锡成正处于披荆斩棘的垦荒阶段。但他们坚信，暂时的别离是为了将来更好的团聚。夫妻心中充满了爱，任何能使对方满意的事，他们都会不遗余力地去做。他们之间深切的信任和炽热的爱情，成了逾越一切艰难险阻的动力源泉。

母亲带着女儿们去照相馆专门合照了一张相片，寄给远隔重洋的父亲，以释思念之情。在那张黑白老照片上，木兰身边立着小兰和小琴，怀中抱着刚满月的小美。孩子们在照片背面歪歪斜斜地盖了三个图章，以示郑重其事，并用五彩的蜡笔，特殊的语言，现代派的线条，描绘了一幅"女儿思父图"。这是一张用童稚绘制的彩图，只有当父亲的才能读得懂的"天书"。木兰在照片下方写着："48、5、2（民国），照了寄给在美国的成。"

这离别之苦，相思之苦，困扰夫妻多年，也困扰女儿们多年，现在终将得以团聚。

05

1958 年 12 月 26 日圣诞节次日，三十岁的赵锡成踌躇满志，拎着一只皮箱，孤身乘飞机到东京，再搭乘"瑞云号"远洋轮，穿越太平洋赴美。

华裔船王"瑞云号"老板与赵锡成交易：如果赵锡成帮着新雇的船长把这条船从横滨开到美国，便可免船票。赵锡成欣然应允，因当时旅费昂贵，从台湾飞到美国要上千美元，实难承受。

12 月 30 日，赵锡成从横滨码头以旅客的身份登船赴美。"瑞云号"吴船长和船员多为新友旧识，锡成勤快友善，一路备受尊重关照，心中感激不尽。

有一事出乎意料，没想到赴美半年后接到妻子来信："有件事我必须告诉你，船老板的公司送来一张账单，要你缴船上的饭钱，共 57.5 美元……"原来船王账算得清，赵锡成帮他在船上做事不拿薪水，船票可免但饭钱不能免。锡成如数缴纳了"欠款"，对此行帮华裔船王携带的不可名状的私人物品守口如瓶。此事至今记忆犹新。

初来乍到美国，赵锡成无亲无故，起点很低，只能凭借着多年对船业航运的经验，在纽约招商局代表处做些日常业务，待遇十分微薄。周末，他还要承担第二职业，在另一家"复兴航运公司"兼职做事。

他思念妻女心切，为了能尽快实现全家团聚的目标，他希望能把所有的时间和精力都快速转变为资金，便绞尽脑汁，积极寻找第三职业。

他毛遂自荐，找到曼哈顿23街"顺利园"餐馆打工。事先，朋友给他面授机宜，必须佯装自己曾在餐馆里端过盘子，否则无人会给一个生手练兵的机会，并嘱咐他面谈时千万别因脸皮薄而露了马脚。他如此这般照办，果然侥幸被老板录用。

"顺利园"是一家早年移民来美的华人开办的餐馆，老板姓顾，内设几十个客座，经营传统的江浙佳肴，还配有可口的小点心，在纽约华人餐饮业中小有名气。

第一天上工前，赵锡成穿上白色工作服，打好黑色领结，望着镜子中的自己左右端详。他笑了笑，对镜中那个标准的跑堂倌儿还算满意。由神气的船长沦落为端盘子的小伙计，他心里不仅没有失落感，反而满心欢喜。尽管跑堂赚的是辛苦钱，仨瓜俩枣，但总是向他的既定目标又迈进了一小步。他心想，若能天天一小步加一小步地向前进，再向前进，那么达到目标岂不是指日可待。为此，他什么都可以做，什么都可以付出，什么都可以忍受。这个理由对他来说已经足够充分了。

在一片热闹嘈杂、混着菜香酱油味的气氛中，新堂倌儿闪亮登场。他小心翼翼地双手托着盘子，但深感沉重且两腿打晃，动作极不协调，四肢均不在大脑的掌控之中。那天也许非黄道吉日，到底"水仙装不了大头蒜"，没干两个回合，他就露了马脚。

在顾客一声呵斥中，他还没反应过来，稀里哗啦，刹那间盘子就不知怎么全掉在地上了。伴随着陶瓷清脆响亮的破碎声，地板上一片

NOV · 59

1959年11月，在美国餐馆打工时的赵锡成

狼藉。他直挺挺地僵立着，呆若木鸡，满脸尴尬，不知如何是好。

顾老板闻声奔来，自然怒不可遏、大发雷霆，二话不说，当即就把他"炒了鱿鱼"。看来这"顺利园"并不顺利，赵锡成心中颇感愧疚，为自己善意的谎言，为自己的不慎，为自己的失手而自责。他向顾老板诚恳地赔礼道歉，主动要求擦干净那片狼藉，并表示愿意在店里义务刷几天碗作为赔偿。

听罢，顾老板反而怔住了，好奇地上下打量赵锡成。他开餐馆几十年，见多不怪，这种事情在店里屡见不鲜。一般人肯定会扬长而去，没有口水之战就算万幸。但这位文质彬彬的年轻人却表现异常，除了道歉外，还能替老板的损失着想，能做到如此份儿上的人可是为数不多。

人心都是肉长的，碰到这样的仁义之人想不动心都难。顾老板不由自主地心生同情，脸上浮起一丝宽容，好奇地问：

"你看起来还挺实诚，以前到底是做什么的？"

谁料无巧不成书，正好顾老板的乘龙快婿是上海交通大学航海系高班的学兄。顾老板随之大动恻隐之心，和颜悦色地说道：

"万事开头难，你明天接着来端盘子吧！我来教你，一回生，二回熟，熟能生巧嘛！"

以诚待人，以心换心。赵锡成从此因祸得福，受到了顾老板的特殊关照。此后，为报答老板的知遇之恩，他做事格外尽心尽力，很快就成了一把好手，练就了一手端碗端盘子的绝活，脚底轻快如风，驾轻就熟地照顾满堂客人，赢得了顾客们的一致称赞。

假如世界上能多些像赵锡成这样以不变应万变、化干戈为玉帛的人，天下岂不多些太平？！

1961年，赵锡成已来美国近三年。一日，他熟识的那位华裔船王来到纽约，有人请船王在"顺利园"餐馆吃饭。朋友通知锡成，为避免尴尬，到时最好躲避一下。锡成如此照办。谁知周末，华裔船王要来"顺利园"餐馆做东请客。朋友请锡成再次躲避，这次锡成断然拒绝了朋友的好意：

"我靠辛苦劳动挣钱，不丢人，这是我的工作，就让我来为他服务好了。"

锡成一如既往，鞍前马后，服务热情周到。原本十二人的餐桌，十四人用餐，船王让加了两把椅子。结账时消费38.75美元，船王递给锡成40美元。

"你把要找给我的那1.25美元，就留作小费吧！"船王语气很是慷慨。

锡成向船王致谢，并一直送出餐馆门外。顾老板和同事们都义愤填膺，看不下去这一幕，怂恿锡成扔掉那烫手的1.25美元。锡成却淡淡地说：

"这没什么，大丈夫要能屈能伸，路才能继续走下去。"

造化捉弄人，风水轮流转。谁知半个世纪后，历经沧桑，华裔船王的桂冠竟戴在了赵锡成的头上。

对自尊自爱的人来说，有时羞辱、屈辱、挫败反而是一剂强心针，一剂鼓舞斗志的良药。在这种刺激下，人的内心深处，人的潜意识里，会产生一种巨大的能量，无可抗衡的动力，一种超乎自己想象的毅力，像点燃了一堆干柴，时时燃烧着……有时火焰快熄灭了，但火种已深植心中，适时又会重新燃烧，甚至更猛烈地燃烧。

"真诚终将赢得尊重。"这是赵锡成积累一生的肺腑之言。

这是生活的艺术，也是艺术的生活，是现实生活中最为实用的真正的学问。

锡成真诚的为人，儒雅的秉性，以柔克刚顽强的处世作风，常能使他出奇制胜，化险为夷，得到贵人相助。他奋力拼搏，用三年的时间，打下了全家团聚的经济基础。

06

在海上漂泊漫漫三十七天后，"海明轮"稳稳地停靠在纽约港，把怀揣梦想的人们从亚洲载到了北美洲，功德圆满地完成了使命。

母亲领着三个可爱的"小花蕾"，终于出现在码头。

小兰远远就看见了，在码头最醒目的地方，站着一位高高扬起手的人。尽管有些陌生，但她立刻准确地判断出，那就是她朝思暮想的父亲。他手势欢快，有节奏地舞动着，如海上通信联络的手语，传递着语言和情感，就像当年母亲站立在码头上迎接父亲归来时一样。

久别重逢，是人间最美好的时刻。任何描写此情此景的语言和文字，这时都显得苍白无力。难怪有人痛下决心一生只接人不送人，只享受重逢的喜悦，不忍受离别的痛苦。看来这似乎不近人情的"歪理"，也有其老到精辟之处。

父亲与潘文渊学长夫妇早就等候在码头。这也是上海交大的优良传统，老学长尽心帮带小学弟。潘文渊夫妇驾驶着一辆普通四门克莱斯勒轿车，要装下赵家五口及很多行李绝非易事。潘学长经验丰富，把行李合理排列组合放在后备厢，安排赵家夫妇及两个小女儿在中座，潘先生夫妇及随身行李和小兰挤在前座。那时小兰是个半大小姑娘，整个人就坐在潘文渊的腿上。

这情景犹如印度电影《大篷车》中全家迁徙的镜头，充满欢乐、别致、浪漫，是许多新移民初来异国他乡时常见的戏剧性场景。

汽车摇摇晃晃地启动了，艰难笨拙地前行。

超载的车上载满了人，载满了家当，载满了欢歌笑语，载满了憧憬希望，缓缓地向纽约皇后区驶去。

第三章

小荷才露尖尖角

01

　　在纽约皇后区一室一厅的狭小公寓里，赵家五口在此安营扎寨。

　　人们常说：父亲是山，母亲是水。这下可好了，小兰每日能"依山傍水"，生活在"山水"的怀抱之中，不仅有"山"的支撑呵护，还有"水"的滋润爱抚。八年来的夙愿终于如愿以偿，小兰心满意足。

　　父亲是全家人所依靠的大山，白天身兼两职，晚上攻读学位，周末还要做零工。他像一根上紧了弦的发条，从不停摆地向同一个方向高速运转着。他恨不得把所有能挤出的时间都用来挣钱养家，可近三分之一的收入要交房租，家中依旧捉襟见肘，经济拮据。

　　那时，儿童服装很贵，妈妈便买来花布按照纸样自己动手剪裁。因此，小兰姐妹们经常穿着同样花色的衣裙，像商店里同款不同号的洋娃娃系列。布料虽廉价，但经过妈妈的巧手，总能把女儿们打扮得衣着得体，花枝招展。

　　午后，门外常会响起沿街叫卖冰激凌的铃声。那"叮咚叮咚"声像八音盒奏出的悦耳音乐，具有难以抗拒的诱惑力，总能不由自主地勾出孩子们嘴里的馋虫儿。冰激凌车欢叫着驶来，白色的车身上画满各色诱人的冰激凌。有的孩子立即冲出家门，踮起脚尖往车窗里送点钱，

1961 年 7 月 18 日，在三年别离后，赵锡成和妻子朱木兰在纽约团聚的第一个夜晚

1962 年，在位于纽约州皇后区的公寓里，赵家庆祝在美国的第一个春节。三个女儿穿上传统的中国服装

1962 年，赵锡成夫妇与三个女儿在纽约中央公园留影

53

窗内便会递出香甜的冰激凌来，令人垂涎欲滴。那时小兰和妹妹积攒够了钱，便迫不及待地买来一个冰激凌共同分享。你舔一下，我尝一口，半天舍不得吃掉它。那冰激凌又凉又甜又润，真好吃啊！迄今为止，小兰仍认为那是天下最棒的冰激凌。

当年学校组织外出野营时，父母只给小兰4美分买一小罐牛奶。看到其他同学不仅能买糖果零食，还能买心仪的纪念品，心中自然羡慕不已。

那时候，家里没有车，所以全家出动去任何地方总是坐地铁。有一次朋友好心让搭顺风车，但一家五口只能违规挤在车里。那是一辆非常古老破旧的汽车，晃晃悠悠开动起来到处乱响。没想到汽车拐弯时，突然车门大开，七八岁的小琴居然从车里被甩了出来，幸好没有受伤。

儿时的点滴趣事，犹如被打上的生活烙印。多年后每每提及这些往事，小兰依旧记忆犹新。

喜欢洋娃娃过家家，是大多数女孩儿的天性，小兰也不例外。她乖巧懂事，深知家境窘迫，从不主动向父母提出任何奢求。父母自然也了解女儿的心思。小兰过生日那天，一个娇美的芭比娃娃似自天而降的小天使来到她身边。她如获至宝，爱不释手，夜夜与芭比娃娃相拥而眠。可投胎到赵家的这个芭比娃娃没有时髦的衣服，没有漂亮的房子，也只能与主人一起过着清贫的生活。

"我们一起动手给芭比娃娃建造个家园好吗？"看着小兰眼中流露出的一丝遗憾，母亲安慰女儿。

小兰将信将疑，看着母亲的手像变魔术一般，在一只装水果的大纸盒上剪了一扇门和一个小窗，又把一块花布头缝了一个有褶边的小窗帘。母亲把面巾纸盒翻转过来即变成了一个舒适的小床，并缝制了与窗帘配套的床单和枕头。纸板房内还放置了一个纸叠的小书架和桌子，转眼间基本用具一应俱全。母亲当然不会委屈芭比娃娃，又缝制了几套漂亮的新衣，供小兰给娃娃更换打扮。

白手起家，从无到有，从此芭比娃娃拥有了一个别具一格的小家。尽管简陋，尽管贫寒，但小兰用满腔的爱充溢了这个小小的空间，她和芭比娃娃都无比开心快乐。这份甜蜜，至今仍是小兰最珍贵的童年记忆。

美国法律规定，十二岁以下的孩子单独在家必须有成年人陪伴。因此每星期到超级市场采购时，母亲只能一手领着大的，另一手抱着小的，与三个女儿同时出行。母亲需精打细算，货比三家，一分钱掰两半花，争取花最少的钱，买最多最好的商品。偌大的超市货架林立，商品琳琅满目，令女儿们目不暇接，像到了诱人的糖果店和玩具店。她们兴奋不已，东瞧西望，让母亲总是忙不迭地叫了这个又招呼那个，唯恐有什么闪失。

有一次在超级市场出口处，母亲忙于照顾四处游逛的孩子，回头看时却怔怔地呆住了。她身后居然空空如也，那满满的购物车眨眼间不翼而飞，可能是被哪位"梁上君子"顺手牵羊了。这可是丈夫的血汗钱，是一家五口人一周的口中食啊！母亲十分焦急但又束手无策，只能悻悻地领着三个女儿再次回到超市重新采购。母亲当时并没有过多地责怪孩子，但她一脸无奈沮丧的神情，却印在小兰心里。

多年后小兰才知道，妈妈在焦虑与恐惧中度日如年：

"我每天心中都惶恐不安，万一哪天晚上你爸爸回不来了……

我带着你们三个女儿，身无分文，又不会说英语，这日子该怎么过下去啊！"

小兰虽年幼，但善解人意。母亲的焦虑，家境的艰难，使她敏感而早慧。穷人的孩子早当家，有时小兰需独自在家照看三岁的妹妹，这在美国其实是不合法的。但八岁的她勇敢地担起当大姐的责任，尽力多替父母分忧解难。看着妈妈每日为家务辛苦操劳，小兰看在眼里。一天，她郑重其事地告诉妈妈：

"今天下午我来照顾妹妹们，你好好睡一个午觉。"

母亲小憩之后，看到小兰正悄声地给妹妹们讲故事，厨房被收拾得井井有条，一尘不染。不久，小兰又拍着胸脯别出心裁地建议道：

"妈妈，星期六你出去玩，去玩一整天，中午在外边吃饭，晚上再回来。家里的事情我全包了。你放心吧，我能行！"

母亲看着贴心的"小棉袄"，心中涌上暖流，再多的辛苦都化为乌有。

02

天渐渐凉了，金黄的树叶随秋风漫天飞舞。小兰迎来了在美国的第一个秋天。

一日黄昏，咚咚的砸门声突然响起，一阵紧似一阵；叫喊声此起彼伏，一声高过一声。小兰急忙从屋内的门镜里向外张望，只见昏暗的楼道里，几个身材矮小的人蒙着狰狞的面具，头戴怪异的帽子，身披黑色的斗篷，手中提着橘黄色的灯笼，嘴里大声喊着："不给糖就捣蛋！（trick or treat！）"

小兰一头雾水，突然意识到来者不善，必是打劫之徒，惊出一身冷汗，赶紧叫来母亲。母亲一时也丈二和尚摸不着头脑，便悄声嘱咐女儿们不要出声，锁紧大门，观察片刻再作决断。

窗外暮色沉沉，秋风瑟瑟，门外叫声连连，更增添了屋内的紧张气氛，母女四人躲在房间里连大气也不敢出。大门被"咚咚、咚咚"连续地砸了好一阵子，"妖魔鬼怪"们见无任何动静，想必房中无人，便口中依旧念念有词"不给糖就捣蛋"，而后悻悻地离去了。楼道里终于安静下来，母女这才如噩梦初醒，半天回不过神儿来。

晚上父亲回家后，小兰和妹妹们依旧惊魂未定，急忙向父亲详细禀报大门外发生的"严重事件"。

父亲听后不急不恼，反而哈哈大笑说道："不必大惊小怪，今天是美国传统的'鬼节'，也叫'万圣节'。"

"为什么会有这么奇怪的节日？"小兰满腹狐疑。

"关于万圣节的来源有许多不同说法。传说自公元前五百年左右，居住在爱尔兰和苏格兰等地的人们，认为这一天是夏日终结、冬天正式开始之日。那时的人们相信，当年死亡的人的魂灵会在这天造访人世，在故居的活人身上找寻生灵，借此再生还魂。这是他们弃阴还阳的唯一希望。活人当然惧怕死人来夺性命，便在这一天熄灭炉火烛光，把自己打扮成妖魔的模样来驱赶真正的鬼怪。而后，人们重新燃起炉火烛光，开始新的生活。"

"这故事还真有点儿吓人。但今晚孩子们为何来我家砸门呢？他们嘴里不停地在说着什么？"小兰大惑不解。

"万圣节有一个有趣的习俗叫：不请客就捣蛋。这一天欧洲基督教的信徒们跋涉于乡间僻壤挨门挨户乞讨。村民们都相信如慷慨赠予其糕饼，并能听到他们的祈祷祝福，便会得到上帝的保佑，让故去的亲人早日进入天堂。于是这种沿街乞讨的方式演变至今，就成了孩子们打扮成精灵古怪的模样讨糖吃的传统游戏。孩子们见人就发出'不请客就捣蛋'的威胁，主人们自然不敢随意怠慢这些可爱顽皮的'不速之客'，便把大把的糖果放进孩子们的口袋里以保平安。"

父亲笑眯眯地看着女儿们，希望她们尽可能地多了解当地的习俗，且能尽快融入其中。伴随着既充满神秘色彩又略显刺激的小故事，小兰的好奇心欢快地跳动着，迫不及待地催着父亲讲下文。

"据说古代爱尔兰有个叫杰克的人，是个醉汉和捣蛋鬼。他经常搞些恶作剧，人见人嫌，搅得四邻鸡犬不宁。一天，杰克把恶魔骗上了一棵大树并在树上刻了个十字，恐吓恶魔不能下来。然后杰克与恶魔约法三章，让恶魔施展法术，保证杰克永远不会因犯罪而受到惩罚，才允许恶魔下树。后来杰克死了，其亡灵既上不了天堂，又不能下地狱。于是杰克的亡灵只能靠一根小蜡烛指引着，在天地之间永远徘徊游荡。"

小兰急切地问："那小孩们手中为什么都提着橘黄色的灯笼呢？"

"别急，听我慢慢道来。现在演变而来的灯叫杰克灯，是把南瓜掏空后，表面刻上笑眯眯的眼睛和大嘴巴，就成了一张憨态可掬的笑脸，然后在瓜中插一根点燃的蜡烛。孩子们提着杰克灯到处恶作剧，报复那些不给糖吃的小气鬼。他们以特别的方式发挥聪明才智，不是把人家大门的把手涂上油漆，就是在门前放上小障碍物捉弄人家，令人啼笑皆非。人们自然还是很乐于款待这些小淘气鬼，所以万圣节是孩子们最开心的节日，同时还会满载而归。"

小兰和妹妹们听得津津有味，且跃跃欲试，满心期盼下一个鬼节的来临，届时也能亲自操刀上阵大显身手。

来年秋风又起，落叶再次飘零之时，万圣节如期而至。

满街的大小店铺都各显神通，精心布置橱窗。瘆人的骷髅，青面獠牙的怪物，张牙舞爪的吸血鬼，如幔帐般落下的白色蜘蛛网，反正怎么吓人怎么搞，犹如一场令人毛骨悚然的"地狱模拟"大竞赛。当然还有各式的南瓜灯，被雕刻得如卡通人物，又如嬉皮笑脸串场的小丑，使视觉受到强烈冲击时起到缓解作用。

这街景除了人们自娱自乐，或许还有点儿歪打正着的积极意义。没准儿哪位作恶多端的坏人能暂时被这种恐怖气氛吓住，心想若死后真要下这般狰狞可怕的地狱，不禁魂飞魄散，也许会重新掂量自己的所作所为，若真能拯救一位或几位浪子回头，可就金盆洗手"金不换"了。

这天，小兰和妹妹们脸上都抹上油彩，披上妈妈给准备好的床单，头戴怪异的帽子，提着精心雕刻的南瓜灯，像一群舞台上的鬼怪精灵般出笼了。她们理直气壮地敲左邻右舍的门，大喊大叫着"不给糖就捣蛋"。她们嬉笑着，打闹着，走街串巷乐翻了天，反正这一天出什么洋相都不过分。

待夜幕降临时，小姐妹们满载而归，既尽兴过瘾又战果累累。这游戏不仅能名正言顺不受约束地调皮捣蛋，还能得到满篮子的水果蜜糖，真是太好玩了！小兰对这种游戏情有独钟，相信全美国的小朋友都真诚地感激当初发明这个传统节日的爱尔兰人，只可惜一年仅此一次。

03

不久，圣诞节在飞雪中飘然而至。

曼哈顿冰天雪地，被凛冽刺骨的寒风包裹着，同时也被绚丽多彩的节日气氛笼罩着。这是一年中最色彩缤纷的时节，感恩节连着圣诞节连着新年，既是岁末又是伊始，既是回顾又是展望。每个人心中都会不由自主地激起浪花，掀起波澜。胸中的热度与外界的冰点形成最大的温差，最强的对比。

人们巧夺天工，按照自己喜爱的方式装点着城市，装点着生活，装点着世界，令灰色冰冷的冬日充满喜庆。尤为乐不可支的当属街边站岗的秃树们，居然能在隆冬时节"枯木逢春"，被人们用灯火彩带打扮得比春日里更加花枝招展。

鹅毛雪片纷纷扬扬，树木白了，道路白了，房屋白了，一夜之间成为人们期盼的白色圣诞节。

这是南国出生的小姐妹们第一次见到雪，晶莹剔透，洁白无瑕，令她们惊喜万分！小兰带着妹妹在雪地里尽情奔跑，摔倒了便就势躺在雪地上，捧起大把松软的雪花抹在冻红的小脸蛋上，凉在脸上，热在心里。她仰面朝天，任凭纷纷扬扬的雪片轻吻她的脸颊，陶醉在神

1961年冬，刚到美国的赵小兰第一次看到大雪，欣喜不已

奇的大自然中。姐妹们堆起了一个胖墩墩的小雪人，给雪人插上胡萝卜翘鼻子，戴上红色的小歪帽，用小黑石头点睛之后，小雪人顿时变得活灵活现，神气十足起来。姐妹们得意地看着自己的杰作，欢呼雀跃，拍手叫好。

但这看起来养眼的白雪，也令小兰颇感烦恼。不知纽约的冬天为何这么漫长，似乎没完没了没尽头。那带着哨音的刺骨寒风说来就来，有时还夹带着冰冻雨雪，把太阳都刮得昏昏沉沉、无精打采，令生在花红柳绿南国的小兰感到实在难以消受，甚至开始羡慕起那些躲在树洞里冬眠的小熊。

父亲耐心地告诉女儿：纽约的冬天几乎年年如此，适者生存，慢慢你们就会习惯适应，而且必须习惯适应。纽约位于北纬四十多度，这种温带气候很适宜植物生长和人类生活，没准你们今后还会爱上这四季分明的纽约，甚至爱上这白雪皑皑的冬日。

圣诞之夜，人间的灯火比夏夜的星空还要璀璨。父亲带领全家到洛克菲勒中心去看圣诞树。

广场上人山人海，熙熙攘攘。小兰第一次见到这么热闹非凡的场面，紧拉着父亲的衣襟，眼花缭乱，兴奋不已。

这里矗立着全美最大的圣诞树。这棵圣诞树王声名显赫，身披华贵的衣袍，流光溢彩，傲视群雄地耸立着。在人们的仰望中，在一片崇拜的赞美声中，在竞相留影的频频闪光中，圣诞树王集万众宠爱于一身，婆娑抖擞，恃宠而骄，比那些耀眼的明星还要趾高气扬，得意忘形。但树王也许忘了，它的根已被斩断，离开了滋养它的土地，为了这短暂的辉煌，付出的却是生命的代价。

广场上还立着两排插着翅膀的白色天使雕塑，身披彩灯编织的锦衣，手持长长的喇叭，仪态万方，倾情吹奏。这一定是首最美妙动听的圣歌，由上帝谱曲填词，与街头随风飘来的乐声汇成一曲，和谐悦耳，是上帝赐予芸芸众生的祝福歌。

这是小兰在美国度过的第一个圣诞节，如万花筒般绚烂夺目，如梦幻般精彩神奇。

在小兰心目中，尽管有那么多的不习惯甚至不喜欢，但那么多的新鲜事物，兴奋刺激，都令她痴醉沉迷。这片新土地就像一块巨大的磁石，牢牢地吸引着她。

04

新学期开学后，小兰成为当地小学三年级的一名插班生。

晨风徐徐，太阳公公明媚温暖，笑逐颜开地照耀着小兰。这是她第一天上学，将翻开生活中新的一页。她背着新书包，穿着新衣，心情异常激动，脚步格外轻盈。

小兰走进教室后便向老师深深鞠了一躬，恭敬施了一礼。谁知竟引起全班同学的哄堂大笑，令她一时不知所措，尴尬万分。

"一日为师，终身为父"是祖训，是毋庸置疑的尊师之道。难道向老师鞠躬行礼有什么不妥吗？她心中充满疑惑，甚是不解。

黄皮肤黑眼睛黑头发的小兰坐在一群异族孩子中间，不仅是一个另类，还是个"聋哑人"，听不懂半句英文，更不会说，不会读，不会写。听老师讲课如在云里雾中，不知其然，更不知其所以然。

那个字母 p 和 q，还有那个 b 和 d 长得如此相像，实在难以辨认，令小兰抓耳挠腮，心急如焚。看到其他同学在一起有说有笑，自己却像一只被冷落的丑小鸭，既入不了人群，又无处藏身。同学们似乎有意无意地在玩"不带你玩儿"的游戏，再加上他们注视她时那异样的目光，更令她浑身不自在。

一天课后，同学们聚在一起聊得热火朝天。

　　"我家里来了'伯母'，真是讨厌死了，一定要赶快消灭掉。"一位同学煞有介事地说。小兰听后不禁大惊！"伯母"要尊之敬之，怎能消灭之？这岂不是斗胆包天冒天下之大不韪嘛！小兰忍不住急切地询问，却又惹来同学们前仰后合捧腹大笑。简直驴唇不对马嘴，原来同学们说的是地上爬的蚂蚁。

　　英文单词中的"蚂蚁"与"伯母"两词发音近似，"ant"与"aunt"仅一个字母之差。语言是门大学问，其实汉语中同字不同音、同音不同字的例子也有的是。对小兰来说，英文不是母语，要能熟练掌握第二种语言谈何容易，不是一朝一夕之事，而是要有足够的耐心和毅力，日积月累方能运用自如的长远之事。

　　冬天终于走了。临走时又刮了两天呼啸的狂风，以示冬的威严，像一名蹩脚的演员迟迟不肯谢幕，丢下一句不中听的话：哼，等着瞧吧，欢迎不欢迎都由不得你们，明年再见！

　　随后，天气乍暖，春光明媚，柳树吐绿，小草茵茵。报春的杜鹃鸟在枝头歌唱，万物盎然，大地焕然一新。

　　小兰在送暖的春风中迎来了在美国的第一个生日。沿袭当地孩子们的习惯，她也热情地邀请了同学们来家中做客，为自己庆贺生日的同时，也能创造机会与大家增进感情，成为亲密的朋友。

　　那天，小兰和妈妈早早就开始整理房间，用彩纸把家里布置得充满了喜庆。在妈妈指点下，小兰自己动手烘烤小点心，还尝试着做了一个带有花卉的奶油生日蛋糕。虽一整天忙个不停，但她心里却乐开了花。她要给同学们一个意外的惊喜，请同学们品尝地道的中国菜。

一切就绪后，小兰按捺着兴奋的心情，等待着同学们的到来。

夕阳西下，黄昏来临，门外寂静无声。屋内掌灯了，小兰在门镜里不知向外瞭望过多少次，但凡楼道内有一点儿动静，她便冲出门外，可惜不是邻居就是不相干的过路人。

等待，等待，再等待。但客人依旧不见踪影。小兰兴奋的心情不翼而飞，失落和沮丧渐渐袭上心头。

时间嘀嗒嘀嗒执着地向前走着。屋内的空气懒洋洋地被笼罩在沉闷中。桌上丰盛的大盘小碟早已等得不耐烦，凉透了心。

看到小兰眼中已开始流露出焦急与不安，妈妈便高声招呼妹妹们围坐在一起：

"来，咱们一起为姐姐庆贺生日吧！"

谁知话音刚落，门铃突然"叮咚、叮咚"地唱了起来。

小兰再次冲向门口，急切地打开大门。她愣住了，以为门外会是捧着鲜花姗姗来迟的一群同学，哪想到仅有孤零零的两个人。

母亲热情地招呼那两位同学就座，带领着大家一起高唱《祝你生日快乐》，分食自制的生日蛋糕。

在大家的掌声中，小兰默默地许了个愿：但愿明年此时全班同学都会来参加我的生日聚会。然后，她深呼吸，鼓足力，一口气吹灭了九支小蜡烛。

欢快活跃的气氛立即弥漫开来，小兰的嘴角重新绽开了笑容。

05

美国是一个移民国家。移民政策是美国文化的精髓，是建国的基本国策，是国家繁荣强盛的百年大计。

赵锡成一家当年也是这新移民大军中的普通一员。那曾经是一段举步维艰、充满挑战，但又令他们满怀憧憬的岁月。

第一代新移民，满怀激情理想，充满好奇与惊喜。这里海阔凭鱼跃，天高任鸟飞。初来乍到，人们会被许多表面强大耀眼的光芒晃悠得睁不开眼，晕头转向找不到北，患上急性"新移民晕眩症"。

但移民不是旅游，不能走马观花，哪儿热闹去哪儿。在一阵"晕眩"过后，从真正踏上移民之路的那一刻起，不论种族，不论先后，均会遇到文化两生、语言两生、人地两生的尴尬局面。面对陌生的一切，在努力适应外界环境的同时，更要调整自己的心态，要协调自己因"文化惊讶"现象所导致的精神与身体的全面失衡。

这当然亦难亦简，仁者见仁，智者见智。时过境迁，物非人也非，原来自以为天经地义的规律也许都会错位，都要重新认识，重新估价。在现实中，突然降临的角色变换，让许多人一时无所适从。人们虽知移民之路艰辛漫长，但到底有多艰辛？有多漫长？现实与自己心中的目标到底有多遥远？

诸多疑问若一时无解，人们的满腔热情会被骤然冷却，苦涩之情便会油然而生，从巅峰摔到谷底，不禁感到茫然失措，孤独无助，甚至迷失了自己。

这是一种虽看不见摸不着，但确实存在于千百万移民大军中的一种无形的压力，巨大而沉重，几乎人人在劫难逃。若想跳出这怪圈，在夹缝中求得生存，就要仰仗个人的十八般武艺，适应能力、调节能力、忍受能力、生存能力、意志的坚强度等诸多因素。

俗话说："树挪死，人挪活。"但在移民问题上，这绝不是一个放之四海而皆准的定律。"活"和"死"均因人而异，因地制宜。就像一场望不到头的马拉松长跑，"是骡子是马，拉出来遛遛"。在一场无情的竞技淘汰赛中，有到达终点胜利者的欢呼雀跃，也不乏半途而废者的掩面哭泣。

在漫漫移民路上，多少凄风苦雨，多少艰辛叵测，只有过来人自己心知肚明。许多新移民至今仍念念不忘那段刻骨铭心、不堪回首的历程，感叹唏嘘当年的蹉跎岁月。

这，怎是一个难字了得！

二十世纪六十年代初期，移民美国的华人不多，亚裔的小孩子更是凤毛麟角。这里的一切与小兰所熟悉的台北迥然不同，新奇而陌生，常令小兰感到自己似乎并不属于这里，这里似乎也不属于她。

她开始怀念在台北再兴小学的校园生活，想念那些可亲的老师和同学。她在那里虽然仅就读了两年，但她积极上进，活泼自信，如鱼儿畅游在水中，是该校品学兼优的好学生。

还记得一日课间，她走过教室窗口时，被百叶窗粗糙的叶片剐破了耳朵，顿时鲜血顺着脖子流淌，吓坏了老师和同学，急忙把她送进医院急诊，缝了十几针。老师让小兰回家休息，但倔强的小兰执意要与老师同返课堂，坚持上完课才肯回家。

一次台北晚间突然停电，小兰便在蜡烛下继续做功课。在万籁寂静的夜色中，在柔和的烛光旁，在妈妈亲切的目光下，一个稚嫩的小姑娘面色严肃，伏案疾书，如一幅温馨动人的画面。第二天，班上能交出作业的仅有小兰一人。

在离开台北赴美的那天清晨，出发时间定为下午，小兰依旧背着小书包去学校坚持上完最后一堂课。她恋恋不舍地与老师同学们告别，与生育养育她的台北告别，跟随母亲漂洋过海，踏上新的旅程。

在陌生的环境中，小兰常为自己的与众不同而感到困惑。父母以各种不同的方式教育她、启发她：中国文化博大精深，西方崇尚自由文明，中西文化各有所长。在两种文化和人生交叉的坐标中你可选择最佳点，你可拥有更多的机会和更大的选择空间，何乐而不为呢？

响鼓不用重槌。小兰顿开茅塞，转忧为喜，庆幸自己是命运的宠儿，有机会获得众家之所长。她是个决不轻易认输的孩子，骨血里有着父母倔强自立、不屈不挠的基因。

在新的国度，新的家园，新的学校，尽管要面临许多陌生事物，但小兰没有沮丧，没有眼泪，每天依旧高高兴兴地大步走进教室。她用真诚的微笑面对同学，面对老师，面对黑板，面对那些调皮捣蛋的p、q、b、d等字母。她用心地把老师的板书一字不漏地记在笔记本上，回家后请父亲帮助补习功课，挑灯夜战，一遍遍练习，一遍遍背诵，甚至睡在床上时仍口中念念有词。她虽年仅十岁，但勤奋好学，认真刻苦的倔强精神已初见端倪。

在下一个新学年开始时，小兰已焕然一新，又重新如鱼得水了。她人小心大，第二年便积极参加班长竞选演说。她拟定的竞选纲领是希望同学们能更了解她，支持她，给她机会，以便更好地为同学们服务，为班集体服务。在竞选活动中，她雄心勃勃，口若悬河，充分展示了自己的组织能力和领导潜质，并出人意料地旗开得胜，一举夺魁，得到了同学们的拥戴，成为班长。

磨刀不误砍柴工，功夫不负有心人。

她不仅长高了，长结实了，目光中更增加了自信与开朗。她的语言关已顺利通过，以最快的速度入乡随俗，与同学们融为一体，成为他们中的一员，而且是更加出色的一员。

第四章

赵家有女初长成

01

　　"一人为大家，大家为一人（All for one, one for all）"是赵家家训，也是《赵氏诫女篇》。

　　父母常说：家园，应是一个团队，要荣辱与共，同心协力。每个成员都是家的主人，都有责任为其尽心尽力，为家庭争得荣誉，这个家才能称为家园。

　　那些年，孩子们总是等着父亲下班回来一起吃晚餐。

　　"爸爸回来啦！"女儿们欢呼着，竞相把饭菜摆好，等父亲拿起筷子后才围坐在一起，边吃母亲烹调的可口的家常便饭，边听父亲讲述外面的精彩世界。这是每天一家人最开心的时刻。

　　父亲传承了祖父热情好客的习惯，常在家中宴请亲朋好友。那时，不管哪个女儿在家，都会恭敬地出来招待客人，沏茶斟酒，帮厨上菜，但从不上桌。大家认为这不是什么麻烦负担，而是锻炼待人接物的好机会。

　　赵家这个不成文的规矩，大传小、姐传妹，一直延续多年。直至有一次，小兰已是美国联邦交通部副部长时，回家正好遇上家中高朋满座。她卷起袖子，一如既往地在厨房与饭厅之间穿梭，站在长辈们身后殷勤伺候、热情照料。这等级别的款待令在座的客人如坐针毡，实在难以消受。在客人们强烈请求下，经父母特批，小兰从此才在家中宴客时正式落座，简直比她在官场上的升迁晋爵还难。后来，这段小插曲不胫而走，成为呈现赵家风范的一段佳话。

至今小兰仍清晰地记得，当年那些与父亲共度的周末。父亲心灵手巧，喜欢到处修修补补，眼里总有干不完的活，把对家庭的爱撒在屋里的各个角落。尽管后来家境大大改观，他仍保持优良传统，家务事尽量自己动手，不请帮工。他喜欢叫小兰或妹妹们给他打下手。"小学徒"们更是乐得其所，帮着父亲递工具、打手电筒，边帮父亲做家务，边津津有味地听父亲讲他的家乡、他的父母、他童年的故事。父亲用心良苦，把中国传统文化中的美德懿行在不知不觉中传承给孩子。

每年的暑假和圣诞节，是姐妹们最为翘首期盼的日子。届时小兰指挥着妹妹们统筹规划，分工合作，制订全家出游的计划。选地点、买机票、订旅馆，均由姐妹们拍板定夺，当家做主。姐妹们到纽约的自然历史博物馆、中央公园、康尼岛、果园海滩、皇后植物园、帝国大厦、自由女神像……父母只管听从指挥当跟班，轻松享受就是了。

小兰果断干练，事无巨细，那"指点江山"的感觉真是好极了！

这样的旅游模式不仅能充分调动孩子们的积极性，挖掘聪明才智，还能培养她们认真负责、敢于担当的素质。每次出游，都能帮助孩子们了解美国，开阔眼界、增长见识，学到书本上学不到的知识、得到学校里得不到的锻炼，还能借机孝敬父母，真是一举多得，事半功倍的好事。

高中毕业的那个暑假，尽管经济上没有必要，小兰仍执意去打工，以便积累实践经验，锻炼自立能力。她找到一份曼哈顿图书馆管理员助手的工作。第一天上班，父亲亲自把小兰送到图书馆门口，语重心长地对她说：

"还是那句重复多次的话，凡事总要尽心尽力做到最好，学得越多，就是你得到的最好回报。"

小兰心领神会，在工作中满怀热情，无论是搬书、接电话，还是参与学术工作，她都主动认真，一丝不苟。短短几十天，便得到馆内同事的一致好评，并希望下一个暑假能再次见到她。

从小学直到离家读大学，小兰姐妹们无论家搬到何处，也无论家境如何，每天清晨都要自己听闹钟起床，自己料理早餐，赶校车上学，放学后要立即回家，不能随处游逛。回家后大姐主动带头做功课，妹妹们也都各就各位，各尽其职。晚饭后父母以身作则，或读书或做事，极少看电视。有时全家人聚在客厅，交流畅谈在学校里的趣闻轶事。家中总是弥漫着孜孜不倦的学习气氛，洋溢着浓浓的亲情。

每逢周末，小兰都要带头帮母亲做力所能及的家务事。姐妹们一起整理庭院、打扫车道、清理泛滥的杂草，把房前屋后两英亩多的院子收拾得干净整齐。

有一年连续几个周末，在父母带领下，姐妹们齐心协力，满身泥土，干起了筑路工的活计，铺就了一条从车库到院门口的柏油路。这条一百多米长铅灰色的蜿蜒小路，是姐妹们用双手和汗水一寸一寸铺就而成，甚至连小妹安吉也不闲着，跑前跑后为姐姐们送水喝。当时家庭完全有条件请专业包工队修路，小兰并不理解父母给她们这项艰巨任务的良苦用心。但多年后再看这条路，虽经风吹雨打已现斑驳沧桑，其中的意义却非比寻常。这条小路时常唤醒姐妹们在一起嬉闹成长的

1984 年 8 月，纽约哈瑞森赵家后院聚会

美好记忆，至今仍是她们自鸣得意的集体创作，犹如一件具有实用价值的"现代艺术品"。

在赵家后院有一个游泳池。每年春末夏初，姐妹们都迫不及待地把游泳池打扫干净，轮流值日保持水面清澈无尘，使游泳池至今完好无损。在一池碧水中，姐妹们鱼跃而入，追逐嬉戏。小兰带领着妹妹们，从呛喝第一口水时的狼狈不堪，到畅游自如的小美人鱼，既锻炼了筋骨又磨砺了意志，游泳池可谓功不可没。

当地住户几乎家家都有游泳池，但赵家的却别具一格。池边上立着两个神气活现的石狮子，喷出涓涓清水，使院内潺潺流水声不绝于耳。这对汉白玉的"门神"不远万里来自中国，给游泳池增添了一道独特的风景线，招致左邻右舍的孩子们羡慕不已，想方设法也要到赵家一游。

后院那片郁郁葱葱的小竹林，是当年姐妹们帮父母一起移植栽培的。这批来自中国江南的"新移民"，年复一年，日复一日，"清明一尺，谷雨一丈"，以顽强的生命力在赵家庭院安家落户，并不断地繁衍子孙，以至于根蔓不断地向房屋地基进军。为保卫赵宅的地基不被竹子动摇，每年要花很大力气斩断盘根错节的竹根，破坏竹林疯狂扩张的速度。当然每年春光明媚之时，那鲜嫩的春笋是人见人爱，常被送到办公室与大家分享。

翠竹清俊不阿，高风亮节，被文人雅士赋予了多少神韵与魂灵。父母结缘于江南，寄情于这片竹林，更期盼女儿们如碧竹般清雅脱俗，具有凌云之志。

父母都是虔诚的基督徒。每逢周日上午，他们都会雷打不动地带着女儿们上教堂，接受主的教诲。那里是全家人寄托信仰的地方，是他们与上帝对话的地方，是他们深爱的另一个家园。有时教会举行午餐会，小兰便随同母亲一起进厨房做义工，尽其所能地帮助他人。

多年后，尽管女儿们都已成家立业，孙儿满地，但赵家的这些传统依旧继续传承。这个家园坚实、宁静、温馨、快乐，具有极强的凝聚力，永远是孩子们憩息的港湾。

02

时隔三秋，赵家也今非昔比，令人刮目相看。

父亲的事业已大有起色，成立了自己的福茂航运公司。赵家随即搬到了纽约长岛赛奥斯特区（Syosset）独门独户的庭院中，居住环境大大改善。

小兰进了当地的公立中学，就读八年级。

她不仅学业优异，还继承了父亲当年爱运动的习惯，德智体都有全面的发展。她参加了学校的排球队、曲棍球队，操场上总能看到她矫健的身影。她组织了校乒乓球队，还被选为学校年鉴编辑和校刊的小记者，成为学生骨干。

中学时代是青少年生理心理成长的发育期，也是世界观初步建立的重要阶段，对人的一生都具有举足轻重的意义。在孩子们的成长过程中，父母始终奉行因材施教、严而不苛的原则，并一贯主张积极借鉴、汲取东西方教育之精华。

小兰姐妹六人性格迥异，朝夕相处自然免不了矛盾与摩擦，但父母从不直接干预，不做裁判和法官，而是让她们自行谈判调解。姐妹们各抒己见，充分辩论，直至最后达成共识或各持保留意见，相互尊重谦让，和好如初。事后父母点评是非曲直、孰轻孰重，让孩子们永远分清手足情分的重要位置。

父母常告诫孩子们：世上有些事情并不存在"是"与"非"，也并非你的兴趣所在，但却是有责任、有必要去做的。既然要做，就要耐着性子把事情做完做好。社会中人人都要面对各种约束，无论大人小孩、男人女人、高官百姓、富贾贫民，谁也难逃其对应的社会制约。

父母引导孩子们从小要学会调整心态，培养感性与理性间的相互协调，不任性骄纵，不患得患失，凡事三思而后行。父母不包办代替，不充当遮风挡雨的老母鸡，不直接告诉孩子们问题的答案，而是采取循循善诱的启发式教育，让孩子们独立作出判断和结论，以便在真正走入社会时，已有了能够飞翔的翅膀。

小妹妹安吉从小冰雪聪明，乖巧活泼，深得父母和姐姐们的喜爱。安吉上小学时，一日间忽然心血来潮，迷恋上了具有圆润音色的法国号。她一再向父母请求，要买一把法国号参加学校的训练班。

"只要是你的正当要求，我们都会支持，但一定要持之以恒，不能半途而废。安吉，你要想好，一旦开始，至少要坚持一年。"母亲也针锋相对地提出要求。

安吉大喜。只要能得到法国号，哪管三七二十一，当即郑重其事地保证，她愿意接受母亲提出的任何条件。安吉如愿以偿，得到了一把朝思暮想的法国号。她想象中那朦胧美妙的乐声是从自己的口中吹出，不禁心花怒放，欣喜若狂。

谁知，第一天麻烦便不期而至。安吉当时年仅十岁，且生得秀气玲珑。而法国号膀大腰圆，且是个金属器件，分量可想而知。每星期她要独自背着圆号到学校参加三次训练，几乎寸步难行，更别提需要多少底气，那个庞然大物才肯发声了。

母亲要求安吉自己想办法解决难题，要对自己当初的行为负责。安吉想打退堂鼓，但出于曾拍胸脯的承诺而左右为难，欲罢不能。她只好硬着头皮，抱着这个"烫手的山芋"坚持了整整三百六十五天，到底也没吹成个调儿。

姐姐们天天看着安吉"小人背大号"的滑稽相，既爱怜又心疼，可谁也不敢违抗母命私自伸出援手。一天天度日如年，终于进入倒计时，最后熬到一年期满，安吉如释重负，赶紧把这只爱恨交加的法国号束之高阁，从此不再问津。

"法国号事件"就此结束。虽以失败告终，但母亲开放而不放任，严格委婉的教育方式，使安吉吃一堑长一智，且刻骨铭心。

在小妹妹安吉青少年发育时期，脊椎需要校正。但她对整日佩戴沉重的校正器感到痛苦不堪，常常拒绝使用。母亲看在眼里，疼在心里，对小女儿严肃地说：

"我真希望替你受这个罪，可为了你的发育成长，为了将来的身体健康，你必须坚持治疗。"母亲让安吉鼓起勇气，承受考验，坚信身体一天会比一天好，用安抚和鼓励陪女儿一起共渡难关。

当时安吉正处于少女懵懂时期，对姐姐们化妆得如此美丽动人羡慕不已，便私下找来各种粉彩，尝试着"对镜贴花黄"，把稚气未脱的小脸蛋儿涂抹得五彩缤纷，像只斑斓的小鸟儿。她自认为这样看起来既增加了美丽又增添了成熟，不禁沾沾自喜。

母亲看到小女儿的新面孔后哭笑不得，为安吉的幼稚无知而忧心。

但她没有一句生硬的叱责，只是耐心地开导劝说：

"你现在是尚未成熟的学生，化妆还为时尚早。你如含苞欲放的花蕾，鲜嫩娇美，无须乔装打扮，清纯自然最美。"

父亲下班后，见到小女儿如此尊容，便笑嘻嘻地"叽叽喳喳"学鸟叫：

"家里怎么少了个女儿，多了一只小鹦鹉啊？"父母俩一唱一和，像演双簧，虽和颜悦色，却搞得安吉感到不好意思、无地自容。

安吉跑到镜子前仔细端详着自己，发现镜中出现的是一张色彩堆积的面具，而那个白净可爱的小女孩儿却不见了。她突然感到一种无以名状的失落，于是二话不说赶紧求助于清水。脂粉消失后，一张清纯的面庞重现，安吉这才舒了口气。

父母看到女儿回归天然，脸上浮现出欣慰。安吉心悦诚服，再没有了浓妆艳抹的欲望。在孩子好奇心强烈时期的一场小危机，就这样轻松化解了。

在姐姐们各自长大离家后，十六岁的安吉接替了她们的职务，负责处理家里的账单和杂事，晚间接听电话，把家中亲友的名单输入电脑，以便在圣诞节和哪位生日时，能及时送上赵家的祝福。

日积月累，厚积薄发，使她练就了一身精于管理的童子功。

在小兰的中学时代，虽父亲事业有成，家境已大大改观，但母亲仍坚持要女儿们养成量入为出的好习惯。她规定孩子们在外的花销，不论大小，都要拿收据回家报账，并要从小锻炼控制自己的购买欲。母亲要求女儿们在购买物品时，再喜欢的东西若华而不实，超出预算就不能问津，要以经济实惠为原则。

母亲是大家闺秀，但能上能下，勤俭持家，仍沿袭中国的传统美德。"由俭入奢易，由奢入俭难。"她认为勤俭与小气大相径庭，有天壤之别。孩子们要从小学会理财，自立自强，今后才能在复杂的生存竞争中掌握主动，不至于身陷困境。

她要求女儿们独善其身，仪表整齐，养成良好的生活习惯。家中虽有管家，但仍要求女儿们用完东西物归原处，自己洗衣整理内务。她说管家是来帮助父母的，要孩子们从小便打消好逸恶劳的企图，从而培养穷不苟且、富不骄纵的风范。

03

朱木兰祖籍安徽滁州来安县。父亲朱维谦（朱吉甫），母亲田慧英，育有姐弟五人：大姐朱罗兰，三妹朱佩兰，弟弟朱明志及幺妹朱淮北。因木兰排行第二，大家都称她为二姐，后来连不沾亲带故的人也喜欢这样亲昵地称呼她。朱家世代书香，是当地的望族，家境殷实，拥有大片良田。朱老先生学识渊博，德高望重，毕生在司法界任职。

朱家素以儒家精神为本，尊崇教育，对子女规矩林立，管教甚严。但在保持东方传统文化的同时又具有相当开明的西方风格，豁达开放，绝不因循守旧。就连年逾古稀的老祖母都主张男女平等，更主张女子独立自尊。因此，朱家不惜工本培育子女，接连送三个女儿去南京就读教会女中，接受当时最好的教育。

"你们家要卖多少稻子才能供小姐们念书，而且还是三个？"

"女儿总归要结婚远嫁，这不是为他人作嫁衣吗？"

"这值得吗？这不是大大赔本吗？"

当地曾有人七嘴八舌。

但木兰的祖母、外祖母、母亲却英雄所见略同，具有深谋远虑的眼光。她们一致认为，正因为社会存在如此偏见，女孩子才要教育为先、

朱木兰女士和兄弟姐妹在台湾合影

自立自强、自尊自爱，否则她们就要遭人歧视而贻误终身。

在中国二十世纪上半叶，"女子无才便是德"被公认为是天经地义的价值观。朱家当时提倡男女平等的思想更显得难能可贵。

木兰的母亲六十多岁时移民来美与儿女团聚，安享晚年。当她九十岁高龄时，人老心不老，居然要参加美国公民的入籍考试。她一丝不苟，积极做功课、查资料、背考题，十分认真。

考试那天，外婆梳妆整齐，郑重其事地来到考场。法官问了外婆两个问题，就示意她已通过了考试。没想到老人家还没过够瘾：

"怎么这样两个问题就考完了？我还准备好了许多呢！"考官看着眼前这位满头银发、满脸慈祥的老人，被她的勇气所折服，恭敬地把老太太亲自送出大门。

"教育至上"的宗旨赋予朱木兰根深蒂固的影响，使她及她的女儿们都终身受益。

有其母必有其女。木兰像母亲一样也有惊人之举。在女儿们长大之后，五十一岁的木兰毅然决定重返校园。

她要还多年的夙愿，完善自我的人生价值，决定攻读亚洲文学和历史硕士学位。当时小兰并不十分理解母亲的这一举措，觉得她应该享享清福，没有必要再那么辛苦，但全家对母亲的执着和毅力，学而不倦的精神倍加赞许，决定鼎力支持。

木兰驾驶着一辆白色的奔驰轿车，开始了学生生涯。这是丈夫为鼓励她而送的礼物。此后，每周至少三次，木兰往返于纽约上州威彻斯特郡与皇后区纽约圣若望大学。

两年的学生生涯，她风雨无阻，从未迟到缺席。一次，纽约遭遇大暴风雪，呼啸的狂风夹着雪片铺天盖地。小白车被纷纷扬扬的大雪挟持着，与白色的世界浑然一体，但木兰仍然奋力正点赶到学校。那天，课堂上仅有木兰和教授两人相视而笑。

在同学们眼中，一位老母亲级别的人物，正襟危坐在年轻人中间，全神贯注地听课，跟着教授大声朗读，还经常主动举手回答问题，像一幅别致有趣的素描漫画，令他们至今难忘。木兰的笔记认真整洁，

1983 年，五十三岁的朱木兰毕业于纽约圣若望大学，获得亚洲文学和历史硕士学位

常被溜课的同学借去应急。她回家后同女儿们一起伏案复习，精心准备考试，俨然是个标准的好学生。她和同学们一起在饭厅吃饭，活跃地讨论学术问题，沉浸在返老还童的喜悦里。

"回想起那两年，是我最快乐的时光，既还了我的心愿，又能借此机会了解年轻人，因而更好地了解我的女儿们，减少代沟，做她们的朋友，真是一举数得，事半功倍。"木兰对自己的壮举颇为满意。

两年后，她顺利地拿到了硕士学位。毕业典礼那天，是全家大喜的日子。穿着红色毕业礼服、戴着硕士帽的木兰显得英姿勃勃。孩子们簇拥着她竞相拍照留念，为有这样的母亲而深感自豪。

木兰从小喜爱文学和历史，很早便显露才华。中学时她的一篇小散文《雨》，流畅清新，寓意丰富，刊登在校刊上：

我从小就爱雨天——霏霏的细雨与倾盆大雨觉得一样的可爱。我喜欢连绵的春雨，狂暴的夏雨，潇潇的秋雨和掺着飞雪的冬雨。冬有冬的姿态，也同样觉得可爱，并不是因为有什么逸致与雅兴，而是因为有晴天就应该有雨天，雨天对晴天是一种调节。

　　雨天虽然有许多情趣，如果您是流浪异乡或困顿逆旅的游子或多愁善感的人，那么，这婀娜的雨丝非但不能给你心底的安宁，反而会使人增加一份愁上愁。因此，有人歌颂雨，也有人咒骂雨。不过雨天究竟是值得歌颂的，它能平复你心头的烦闷，增添意境和情趣。更重要的是它能象征着晴朗的将来，所谓"雨过天晴"，犹似黑暗象征光明莅临一样。

　　一段往事，令朱家人传诵至今。抗战时期，兵荒马乱，父亲受命赴南京司法院任职，随后举家迁往南京定居。一大家子人在南京开销甚大，仅靠父亲的薪俸维持生活较为困难，只好从安徽老家不断输送银两以贴补家用。往返老家途中需经过多道封锁线和关卡，要冒很大风险，令父母感到十分棘手。

　　万般无奈之下，父母便想到了八岁的二女儿木兰。木兰娴静早慧，外柔内刚，从小便显现出胆大心细、处事不惊的潜质。因小孩子不易引人注目，可浑水摸鱼。父母万般无奈之下，便决定让女儿铤而走险，代替大人穿梭于炮火之间。木兰深知父母对自己的期许，临危受命，赴汤蹈火，以解家中燃眉之急。

　　她用心记下复杂的"联络图"和老家藏匿金条的秘址，跟随管家穿过多道军事封锁线，行程百余里，潜回家乡青龙小巷的老屋。那些宝贝有的藏在后院，有的镶在墙里。在悄然完成了秘密任务之后，她腰缠重金，装作若无其事的样子，与管家重赴封锁线，长途跋涉返回南京。

谁知南京这边父母早已望眼欲穿，正如热锅蚂蚁般焦虑不安，悔不该一时考虑不周，把孩子抛入水深火热之中。

这日，二老正眉头紧锁，掐指计算着木兰离家的日子，突见木兰风尘仆仆平安归来，抱着女儿喜极而泣。木兰为能顺利完成父母委以的重任而颇感自豪，并几次如此炮制，往返于南京和安徽老家，穿梭于重重封锁线。

这段冒险经历使她从小历练了勇于担当、临危不惧、处险不惊的品格，在炮火的洗礼中长大成人。

04

　　看到赵家的六个女儿，爱操心的人们常常关心她们的陪嫁问题，打趣地"警告"赵家父母，不要为此而倾家荡产。

　　"教育是我们给女儿们最好的嫁妆。"母亲含笑答道。

八十年代，赵家全家在纽约哈瑞森家的圣诞树前合影

1997年7月，赵锡成夫妇在五女儿赵小婷的婚礼上，在赵家后院的游泳池旁漫步

天下的母亲是共同的，天下的母爱是共通的。

据说母性是人类除男性、女性之外的第三种属性，只有母亲身上与生命、大地和爱相关联的一切，才是人类最终的家园，才是这个世界的终极拯救。

有人说赵家六姐妹像著名电影《音乐之声》中有组织、有纪律的孩子梯队。这似乎正应了孟子那句古话：没有规矩，不成方圆。

父母对中国传统文化的爱戴尊重，深厚的东方文化底蕴，虽身处异国他乡，但从未数典忘祖、妄自菲薄。他们处处身教重于言教，遵从该循的规，该蹈的矩，对女儿们从立志到自立的成长过程，产生了潜移默化的影响。

"天下之本在国，国之本在家，家之本在身。"

修身齐家治国平天下，正是匹夫强则家庭强，家庭强则国家强。这些至理名言，至今还应是毋庸置疑、颠扑不破的道理。

90

老布什总统当年在白宫接见赵小兰全家时，带着极为赞赏的口气向夫人芭芭拉说：

"应该向赵家父母学习怎样管教孩子。"看来这绝非总统先生的客套恭维之词。

东西方家庭教育孰优孰劣？智者似会选择中西合璧，取其精华，去其糟粕，相辅相成之道才是。

它山之石，可以攻玉。

第五章

叶根情意浓

01

　　小兰具有极强的好奇心，对于身边的事物总是喜欢"打破砂锅问到底"，非搞清来龙去脉才肯罢休。她自幼活泼早慧，总是睁着一双好奇的大眼睛，用天真的目光观察着周围的一切，用稚童的天真思维判断着所见所闻。

　　有一次在台北，母亲带小兰去坐公共汽车。她的眼睛自始至终未离开司机的驾驶方向盘。下车后她即刻发表理想感言，声称长大后要做一名车长。母亲十分纳闷地问为什么。

　　"当车长多神气啊！只要他哨子一吹，乘客们都得听他指挥。"她那郑重其事的认真劲，看来绝非儿戏。

　　但上学后不久，她便开始垂青于教师职业。因老师为人师表，献身教育的精神感动了她。小兰认为，只有老师才有更多的机会把知识传授给孩子，育人育才，堪当人类灵魂的工程师。于是这便成为她今后要奋斗的目标。

　　她还曾热切地盼望当一名良医，最好是一位神医。因为救死扶伤、治病救人的职业太崇高、太伟大了，对社会和人类的贡献无人能比，重要性更是毋庸置疑。

1972年春，赵小兰与父母在曼荷莲女子学院新生宿舍前留影

在高中后期，小兰开始对每天报纸上登载的汇率、股市、失业率、通货膨胀等商业信息格外关注，对那些枯燥无味的数字产生了浓厚兴趣。

愿望和理想就这样伴随着小兰的成长而不断地变换着，与时俱进着。

高中毕业后，小兰被父母送到马萨诸塞州曼荷莲女子学院（Mount Holyoke College）学习。父母对她抱有殷切期望，愿她不仅要学习知识文化，更重要的是建立人格，培养气质和修养。

进入大学后，小兰决心女承父业，沿袭父亲所走的路，便选择了学商，主修经济学。

曼荷莲女子学院由化学家、教育学家玛丽·劳茵女士（Mary lyon）创建于1837年，是著名"七姊妹女子学院"中的大姐。学院的治校宗旨是"走没人走过的路，做没人做过的事"。也就是"敢为天下先"的先驱精神。学校提倡女子解放、创新、探索、个性化的宗旨由此可见一斑。

在学院四十多个科系中，以人文、政经、艺术最为见长，因卓越的教学和出色的学术而享有盛誉。学校设备完善，师资力量雄厚，全校仅有学生约两千名，与教授的比例约为十比一。该校教授中有著名作家、画家、作曲家，很多人得过各类成就奖。校友中更是人才辈出，有内阁成员、女州长、名诗人、《芝麻街》电视制作人、奥斯卡电影制作人等。

学院坐落于麻省波士顿近郊的小镇，距纽约市北部约三小时车程。校园环境清幽开阔，湖光山色，有三个不同落差的瀑布不停歇地奏出潺潺流水声。大学的校园生活充满活力与浪漫。小兰全面开发自己的德育、智育、体育的潜力，如一块贪婪的海绵，在知识的海洋里如饥似渴地吮吸着。她因品学兼优，连续保持优异成绩，而获得了四年全额奖学金，成为学院的风云人物。

第一学年结束时，同学们公认这个学校的特点是吃得很好，但学业繁重，忙不迭地如小鸟归巢般返回家中度暑假。父母见到家中第一个大学生带着全优的成绩归来，甚感欣慰。小兰向父母详细汇报她的校园生活，同时坦率地向父母提出了一个请求：能否把自己余下的三年奖学金让给其他更需要的同学？

那时，父亲的福茂公司已奠定了一定的经济基础，事业稳步上升。可私立大学的学费对于家境刚刚开始好转的赵家来说，仍是一笔不小的费用。父母被女儿的胸襟所感动，为女儿能主动替他人着想的情操而自豪，立即表态全力支持女儿的心愿。小兰随即主动向校方提出了放弃奖学金的要求，此慷慨之举得到了学校师生的一致赞许。

四年的大学生活转瞬即逝。小兰风华正茂，不负众望，以全优的成绩上交给父母和学校一份完美的答卷。

近水楼台先得月。二十二岁的小兰从曼荷莲女子学院获经济学学士学位后，便到父亲的福茂航运公司实习。每个女儿大学毕业后，都要进福茂公司实习两年——是赵家不成文的规矩，以便在父亲的亲自指点下，能有更多的机会了解商业规则，积累实践经验。

进公司的前三个月，父亲犹如一位战场上的将军，铁面无私，规定女儿们埋头做事，只带耳朵不带嘴巴：

"你们刚开始做事时是没有发言权的，你们要多做、多想、多观察，还没有到你们贡献意见的时候。"

父亲让小兰先从打字学起，要求她上班只能早到不许迟到，下班只许晚走不许早退，当天工作不完成不能回家。有时母亲看着心疼，便出面替女儿求情，但一般都被父亲婉言拒绝。

父亲是个兢兢业业、眼里不揉沙子的人。他认为精心栽培女儿的机会可以多给，但绝不能姑息纵容。当女儿们的基本训练合格后，父亲便因材施教，放开手脚，根据女儿们不同的个性和兴趣，或动或静，让她们自由地选择职业，自由地选择飞翔的天空。

为了使公司业务初具规模化，以应对市场需求，也为了历练女儿，父亲决定在日本建造三艘 1.7 万吨的大型货轮。小兰初涉商海，便接受了执笔起草周密可行的业务发展计划书的复杂任务。

她首先同全球第二大谷物公司柯克（Cook Industrial Co.）签订多份长期租船合同，与香港银行谈妥贷款，再会同股东在日本大船厂订造新船，最后向全国最大的保险公司劳埃德(Lloyds Insurance)贷款投保。小兰学以致用，尝试把商业风险降到最小，使诸多步骤布局缜密，环环相扣，一气呵成，用聪明才智和勤奋努力，圆满地完成了任务。

三艘货轮终于在1977年先后在日本落成下水。由小兰和柯克公司董事长夫人、香港银行执行人夫人分别主持掷瓶仪式，祝贺福茂公司在商海中乘风破浪，一帆风顺。这三艘货轮不仅大大增强了公司的实力，开拓了新的局面，并对公司日后的发展起到了巨大的推动作用。

小兰初试牛刀，便展现了魄力和才华，把智慧、胆识与努力巧妙地融合一体，呈现出在商界独当一面的巨大潜力。她不愧是父亲的好女儿，勤奋好学，日趋成熟，成为父亲的左膀右臂。

02

父亲身教重于言教，手把手教女儿为人之道、经商之道、诚信之道，无论大小商业活动都带着女儿出席，让她经风雨、见世面。父亲把半生积累的真经都毫无保留地传授给大女儿，对她寄予厚望。

父亲是小兰心目中的巨人，更是她为人做事的楷模。她希望自己也能成为父亲那样的人，成为父亲那样成功的儒商。

1981 年，父亲曾要帮助朋友出售一艘 1.6 万吨的货轮，当价钱、合同等事宜均已谈妥并要交货时，没想到买主却因从银行拿不到贷款而无法兑现承诺，令这桩买卖突然意外搁置。卖主为此大为恼火，一边指责买主出尔反尔不守信用，一边又大为不悦，埋怨父亲办事欠妥，使交易半途而废。买卖双方均为父亲的朋友，他夹在当中甚为尴尬。他一贯奉行和气生财之道，便答应愿意自己买下这条船，免得朋友之间伤了和气。

父亲好人做了，义气讲了，海口也夸下了，但接下来头疼之事就转嫁到自己头上了。因卖主很急，要求在一星期之内了断此事，但福茂公司过去均是与香港银行打交道，在美国各家银行中均无信用记录和历史背景，因而很难找到一家银行愿意扮演第一个吃螃蟹的角色，主动承担风险给他发放贷款。公司在美国生存发展，从长远考虑，建立在当地银行的信誉尤为重要。

他不断地去敲各家银行的大门，不屈不挠，锲而不舍，用最大的诚意想方设法说服银行。谁都要有零的突破，都会有第一次和第一步。

父亲认为自己只是一个小生意人，因此只敢进小银行。几天匆匆而过，他从一家银行走到另一家银行，尽管纽约街头银行林立，但他遇到的不是客气地拒绝，就是微笑地摇头。

在星期五的早晨，也是周末前银行开门的最后一天，赵锡成心想反正也是最后一搏，干脆一不做二不休，索性找一家美国的大银行试试。他衣着笔挺的西装，不断地鼓励着自己，怀着忐忑不安的心情走进了纽约最大的一家银行。

接待他的是一位名叫努欧的俊朗的年轻人，浑身散发着青春与健美，皮肤中泛着古铜色的光泽，眼光中透着灵气，但又带着稍许难以觉察的矜持与尊贵，估计是位中东人的后裔。

父亲以最大的热忱，向努欧先生介绍着目前的国际航运业形势是一片大好，百年不遇的好，千载难逢的好！当然机不可失，时不再来，对于银行和客户都是双赢的良机。他以自己在航运界摸爬滚打近三十年的经验与自信侃侃而谈，甚至被自己的执着与投入燃烧得眼中大放异彩。他似乎具有一种与生俱来的魅力，总能够用满腔热忱打动听众，让人不由自主，心甘情愿地助他一臂之力。

努欧先生完全被眼前这位中国人铿锵有力的话语镇住了，被他煽风点火的热情感染了，被无懈可击的理由说服了，左思右想似乎也找不到适当的理由加以拒绝。努欧先生当即表示会认真考虑父亲的贷款申请，并尽快给予答复。

当父亲从这家银行走出来时，他感到天空似乎格外晴朗，阳光也分外明媚。

那个星期天午后，父母驾车把二女儿小琴送回麻省的住宿学院。在回家的路上，父亲一直沉默寡言，好似在专心开车。因几个女儿都在麻省的学校上学，他自然是熟门熟路。

"你怎么往新英格兰方向开？方向完全反了，难道忘了回家的路？"忽听母亲大声提醒，父亲这才回过神来，果然自己南辕北辙，犯了方向路线性错误。父亲此时不但不急不恼，毫无沮丧之意，反而笑眯眯地看着母亲：

"我相信，我们应该得到贷款了！"他忽然没头没脑地冒出一句。但这句话说得铿锵有力、斩钉截铁。原来他全神贯注，脑海中一直在细细回顾分析前天与银行的交涉过程。

星期一上午，父亲果然接到努欧先生的电话，银行决定给他以个人的名义发放八十万美元贷款。这巨大的惊喜对于锡成来说意义非凡，开创了他在美国发展的新纪元。

星期三，父亲设家宴招待慷慨出手的银行相关人士。母亲做了一桌地道的中国佳肴款待贵宾。努欧先生亲自把银行信用证交到父亲手中，并送来大捧的鲜花以示庆贺，预祝今后双方精诚合作愉快。

席间，大家相谈甚欢。父亲这才得知这家银行是破天荒第一次给航海运输行业提供贷款。努欧先生表示相信锡成的为人和能力，本人愿意承担风险并极力说服了上级主管巴克曼先生。

闲聊中得知努欧先生原来是伊朗著名的富贾之子，其父一度垄断全伊朗的地毯行业。努欧从小就受过良好的教育，将来必定前途无量。

父亲在事业不断前行的途中，有幸又结识了一位鼎力相助的贵人。

一年半后，锡成在航海业巅峰时期以六百万美元果断卖掉了这条进价二百万美元的货轮，不仅迅速还清了银行贷款，还使自己获利颇丰，并从此敲开了银行的大门，成为信誉最好的客户，扎扎实实地迈出了在美国金融界具有良好信誉的第一步。

这真是"山重水复疑无路，柳暗花明又一村"。

事隔二十八年之后，2008 年 7 月 26 日，赵小兰收到了一封有趣的电子邮件，并随即转给了父亲，居然是努欧先生当年的老板巴克曼先生寄来的。原来在前日的电视中，巴克曼先生看到身为劳工部长的赵小兰在纽约证券交易所敲槌关市，并看到报纸上有关劳工部长活动的相关报道，随即沉浸在怀旧的记忆中有感而发。

巴克曼先生津津乐道地回忆了曾与赵父之间的那段佳话和赵家丰盛的家宴，并大为感慨当年那个刚走出校门、风华正茂的年轻姑娘，居然成为现任美国内阁成员。他在邮件中请小兰代为问候赵父，并介绍了自己的近况。巴克曼先生现已半退休，身为太平洋银行驻洛杉矶的董事，并成为金融专家，是当地大学和法院的资深顾问。

时过境迁，父亲谈起当年那个未卜先知的灵感，从而导致忘记家门的趣事时仍乐不可支，并为老朋友们在各自领域里的骄人业绩不胜欣喜。

03

赵锡成的家乡，在上海嘉定区马陆镇彭赵大队（曾为江苏省嘉定县公孙乡种杏村）。

1927 年初冬时节，雪过天晴。

"哇——哇——"赵家宅院西厢房内传出新生儿的第一声啼哭。刚刚诞生的新生命是赵家的长门长孙。

父亲赵以仁双手捧着白胖的儿子，看着婴儿的小腿有力地乱蹬乱踹，充满鲜活的生命力，笑得合不拢嘴。父亲给儿子取名"锡成"，是赵家"锡"字辈，成长、成才、成人、成事、成就、成气候。总之，一个"成"字中饱含了父亲的殷切期望。

赵家宅院四面环水，水面上仅有一架轻巧的小木桥与外界相连。祖上曾留下百余亩田地，后人在这片土地上耕耘生息、读书育人，也可谓书香门第。祖父是乡间绅士，颇具医道，深受邻里敬重。他一生喜爱吟诗作画，雅趣甚浓。儿孙们竭尽孝心，在祖父晚年时在自家宅院旁修造了一个小花园，让老人颐养天年。

嘉定县虽与大上海近在咫尺，却丝毫没有那个花花世界的浮躁繁华，纸醉金迷。这里古贤今秀，文人雅士云集，崇尚中国传统孔孟之道，把"忠孝节义""仁义礼智信""修身为本，止于至善"的儒家人文思想奉为做人做事的美德。

这里人杰地灵，一方水土养一方人。

父亲赵以仁先生是乡上西封小学校长，毕生从事农村教育，为人正直豪爽，治学严谨，兢兢业业，深得当地人们的尊重爱戴。

他一米八五的高大身躯，仪表堂堂，是江南难得一见的英俊男子。他五官搭配匀称，几近完美地镶嵌在瘦长的四方脸上。他眼光深邃，凝眉中透着些许威严。他平日不苟言笑，但笑时面容温厚慈祥。虽刚过不惑之年便白了头，但小平头和唇上的八字胡修剪得一丝不苟，充满阳刚俊朗之气。他总是一袭中式素色长袍，一尘不染，更平添了文人的儒雅之气。看得出，这是一个热爱生活、作风严谨、细致讲究的人，一见便令人心生敬佩之情。

锡成从小生得眉清目秀，活泼伶俐，聪慧过人，没想到后来竟成为赵以仁这一支脉的独生子。他被祖父母捧在手上怕掉了，含在嘴里怕化了，甚至流了鼻涕老人亲自用嘴吸掉也不许别人擦拭。

锡成虽比不上贾家宝玉金贵，但也集祖父母、父母、叔叔等至亲的宠爱于一身，当然也集赵家的众多期望于一身。

父亲唯恐儿子因在家中的特殊地位被娇生惯养坏了筋骨作风，便把他带到小学校住宿，并以"严而不苟"的方式亲自调教培养。小学校舍十分简陋，生活很是清苦。父亲深知，虽爱子心切，但天降大任于斯人也，必先苦其心智，劳其筋骨，饿其体肤。这是他集多年教育经验之精髓，给自己儿子制定的启蒙教育经。

锡成自幼天真活泼，有时会因小顽童的调皮之事令父亲动怒，责罚自然是逃脱不了的事。为了让儿子接受教训长记性，父亲历来严惩不贷，并把道理讲明讲透，让儿子悔过自省，不再就范。

锡成骨子里有一种倔强的天性，挨打时从来不哭，只是怔怔地看着父亲。但他天生聪慧，仔细思量后便觉得父亲的管教在情在理。而后他会主动向父亲认错，并表示今后会吃一堑长一智，决不重蹈覆辙。父亲为儿子颇有悟性而甚感欣慰，喜叹"孺子可教也"。

孔子曰："人之行，莫大于孝。孝莫大于严父。"锡成明白父亲的良苦用心，相信父亲的所作所为都是为他好，为他将来更好。

每逢假期，锡成便随父亲回家看望祖父母和母亲。这是他最期盼的事。春末夏初，他背着小书包，一蹦一跳地穿过大片绿油油的菜田和稻田。那时金灿灿的油菜花正烂漫，不时飘来阵阵菜花和着泥土的芳香。家越来越近了。环绕赵家宅院的河面上常有缕缕雾气飘浮，使老宅轮廓虚幻，像一幅大写意的江南水墨画。

母亲早已守候在大门口，翘首盼儿归。望见母亲的身影，锡成三步并两步地跨过小木桥，一头扎进母亲的怀里，享受着久违的爱抚与温暖。母亲许月琴身高一米六七，素来温顺善良、勤俭持家、相夫教子，是典型的贤妻良母。

祖父过世后，家境渐趋衰落，赵以仁便成为赵家的顶梁柱和灵魂人物。从此长兄如父，赵家大院的天便由他支撑着，大事小事均需他操持料理。以他多年的为人，大家心悦诚服，遇到难解之事便找他主持公道，商量讨教。他平日话虽不多，但掷地有声。无论宗亲近邻，男女老少，都尊称他为"赵先"。大家认定他睿智通达，凡事均有先见之明。

这里曾是一个清静安宁的小镇，江南富饶的鱼米之乡，人们按照祖祖辈辈流传的方式耕耘着家园。无论哪朝哪代，何时何地，父母们均望子成龙，望女成凤。在当地民众心目中，小学校神圣高尚，是拜读圣贤之地，是育人育才之地，是迈向"成龙成凤"的基石。

　　小学校被大片良田环绕着，和煦的微风中带着油菜花香，又夹着书声琅琅。校长重义轻利，安贫乐道，视教育为强国利民之本，坚信知识的力量。不管这个小学校多么小，多么普通，多么基层，这里是他苦心经营并同孩子们一起生活成长的地方，是他用心血浇灌的地方。他爱这个乡镇小学，爱这些天真无邪的学生，爱这里的一砖一瓦、一草一木。

04

1937 年 7 月 7 日，燕京八景中最妩媚的一景"卢沟晓月"被狼烟遮蔽。从此中华民族遭受到前所未有的苦难和屈辱，陷入灾难的深渊。战争就这样无情地降临了，就以这种残酷的方式，降临到每一个中国人的头上。

全面抗战初期，赵家地处战区，首当其冲被抛进血雨腥风之中。

日军的飞机如黑压压的乌云，遮住了蓝天红日，群魔乱舞，把罪恶的炸弹投在这片宁静古老的小镇上，投向手无寸铁、束手无策的百姓。在狂轰滥炸中，西封小学转眼断壁残垣，遍地碎砖烂瓦，成为一片废墟。学生们惊呆了，不知所措，充满恐惧，落入无助的深渊。白昼突然变成黑夜，弥漫的硝烟令人窒息，似魔鬼般的地狱。

锡成本能地抓住父亲的手，偎依在他高大的身旁，尽管还不真正明白究竟发生了什么，但他预感到这是一场灭顶之灾。

他看到父亲眼中有泪，更似有火在胸中燃烧。他感觉到父亲结实有力的大手把他柔弱的小手攥得生疼。面对着这一幕，锡成好像一下子长大了，懂事了，心中第一次感受到了恐怖与仇恨。

那曾是令赵家父子极为震惊的一天，撕心裂肺的一天，刻骨铭心的一天。从此，小桥流水不再，粉墙黛瓦不再，油菜花儿不再，江南美景不再，国家尊严不再！

一日，一队日本兵闯进村庄，野蛮地抓捕壮年人充当壮丁。他们见到高大魁梧的赵父，不由分说上前扭住手臂便要带走。锡成见状立即冲出屋子，不顾一切地扑倒在地，两手死死抱住父亲的腿不放。铁蹄下的锡成显得那么弱小无力，涨红的脸已因紧张愤怒而扭曲，眼睛直直地盯着眼前的恶煞。

1935 年，八岁的赵锡成在上海嘉定简陋的家屋外留影

情急之下，他急中生智，用仅知道的几句生涩的日语，胡乱罗列堆积在一起，不停地大叫着，恳求着：

"先生，今天好……对不起……谢谢你……请吃饭。"日本兵一惊，被这半大的孩子爆发出的气势镇住了，在片刻的犹豫中，居然手一松放开了赵父，转身走了。

父亲俯身紧紧地抱住儿子，庆幸逃过这一劫。事后全家人越想越后怕，九岁的孩子居然敢面对魔鬼，挑战魔鬼！日本兵手中有黑洞洞的枪，有亮闪闪的刺刀，当时就悬在锡成的头上，霎时间任何事情都有可能发生。也许锡成人头落地，也许父亲即刻倒在屠刀下，也许父子双双倒在血泊中……那后果将不堪设想，必定凶多吉少！此后，村民们口口相传孝子临危不惧、舍身救父的故事。

中华民族也曾骄傲自尊，也曾强盛繁荣，为何今日会任人蹂躏宰割，落得如此这般下场？！中国的大地上，人人捶胸顿足，仰天呐喊，声震九霄，共赴国难！

面对国破家亡，赵以仁先生视国难为己难，愤然表示孩子是民族的希望，是国家的明天，再苦再难课堂不能停，教育不能停。他出面筹借民房，对孩子们进行爱国主义教育。他积极聘请当地和因战乱回乡的有识之士来校任教，使这所乡村小学校拥有出色的师资人才。治学严谨、学识渊博的郁允椿老师，毕业于师范学校的高才生赵炳江老师，均在这非常时期，把民族仇恨化作满腔热忱，兢兢业业，给孩子们的启蒙教育打下了坚实的基础。

西封小学的师生们在校长的呵护下，一边躲避日寇的空袭，一边坚持学习。在飞机和炸弹咆哮的间隙，战地课堂又传出琅琅书声。

正值民族危难关头，生活十分艰苦，赵以仁先生侠骨柔肠，时常请生活更艰难者来家里吃饭。但巧妇难为无米之炊，锡成母亲只好四处借米来维持父亲的慷慨之举。哪知随后校长先生又请来更多的艰难者来家中施善济贫。母亲哭笑不得，便与他私下争吵。

"你说他们俩谁有理？"祖父悄悄问孙子锡成。

"我看他们俩都有理！"锡成看看母亲，又望望父亲，然后果断地评判道。

长辈们都被逗笑了，竖起拇指夸奖他人虽小，但既明事理又不失公允，将来必定能担当大任。锡成那时仅是十岁小童，受长辈们的耳濡目染，谆谆教诲，日后也甚爱交朋结友，并一生严于律己，宽以待人。

那时社会动荡不安，时局变幻莫测，生灵惨遭涂炭，瘟疫肆虐横行。许多学龄儿童跟随父母一起奔波逃难，居无定所，辗转多次多地求学，想方设法不荒废学业。锡成也被送到上海租借区振华义务小学借读一年，后又回到家乡插班复读，不断迁徙转校以维持学业。

那个时代的孩子们在炮火中读书，在战乱中成长，恐惧、迷茫、义愤，经常搅扰他们幼小的心灵，无疑给这些孩子的身上打上了深深的烙印。

乱世出英雄。在今后的人生道路上，经历过战火洗礼的这一代人，更具有顽强的意志、极大的忍耐力、处事不惊的素质、超强的生存能力、不懈的奋斗精神、博大的悲天悯人情怀。他们中的许多人后来成为社会的精英、国家的中流砥柱、不同领域里的领军人物，为社会做出了杰出的贡献。

05

1941 年，锡成与三位同学一起参加了由嘉定爱国人士和教师在城乡中创办的私立勤业中学的入学考试。发榜那天，父亲一大清早便买来了报纸，展示给睡眼惺忪的儿子。锡成顺着百余人录取名单细细查找，越看眼睛睁得越大，睡意全无。另三名同学的大名都跃然纸上，直至看到最后一名，锡成意外地发现自己竟然榜上无名。

"我不会考得这么差吧？"锡成纳闷地自言自语。

他怔怔地看着父亲，脸上一片茫然。父亲不言不语，轻轻打开被折起的报纸篇头。锡成惊喜地发现自己的大名居然在金榜的最前面。

他中了榜眼！父亲嬉戏地向他眨眨眼，竖起大拇指。父子俩开怀大笑。

锡成天生好奇心极强，对各种新鲜事物总是充满兴趣。他灵活好动，什么都想亲身尝试，哪知身体却不争气，非但不强壮，且因不强壮而生了寄生虫病。看来真是"黄鼠狼专咬病鸭子"。他面黄肌瘦，身体单薄，整日被腹中的蛔虫骚扰得不得安宁。父亲鼓励儿子在治病的同时，更要积极锻炼身体，从运动中找回健康。

一为强身，二为爱好，锡成热爱上了体育运动。他和同学组织了足球队，并担任守门员，使球门固若金汤。大家一起还成立了篮球队，锡成担任右前锋，轻盈得像只燕子，在校际比赛中获得"最佳投球手"的荣誉。继之学校又成立了乒乓球队，令锡成更加痴迷于那飞跃的小白球，抽杀得不亦乐乎。

父亲逢赛必到，站脚助威，给儿子莫大的精神鼓励。锡成东征西伐，战果显赫，备受赞赏，打遍县城无敌手，成了当地小有名气的运动明星。从此运动锻炼在校园里蔚然成风，锡成也脱胎换骨，成长为一个身心健康的翩翩少年，并一生与运动结下了不解之缘。

一次县城乒乓球大赛后，锡成如愿以偿得胜归来。他边走边挥舞着球拍，轻飘飘地脚下生风，满脸抑制不住地得意扬扬、喜形于色。

知子莫若父。父亲意识到儿子少不更事，脚底轻飘飘，必然脑子也轻飘飘，沾沾自喜背后必然潜伏着若干危机，要对儿子及时提醒调教，防微杜渐，杜绝不良习气于萌芽之中。

父亲给儿子讲"楚汉相争"的历史故事。他绘声绘色，娓娓道来，把曾经英雄一世，最后却刚愎自用痛失半壁江山、四面楚歌、自刎于乌江边的西楚霸王描绘得栩栩如生。他分析项羽失败的根本缘由，从而启发儿子要学会借鉴历史人物的经验教训，好学不辍，勤勉努力，戒骄戒躁，永远脚踏实地。

他用儒家孔子经典给儿子身上打上烙印，要儿子独善其身，更要深刻领会精诚合作的团队精神，并要积极奠定与人和谐共处的信念。

他循循善诱儿子要分清"自信"与"自负"的天壤之别。虽一字之差，但这里的学问却高深莫测，充满玄机。一个是成功的钥匙，一个是失败的祸因，要能准确拿捏好分寸，品出人生游戏规则的尺度，并能运用自如，这才是驾驭生活并能游刃有余的重要法宝。

"响鼓不用重槌。"锡成悟性颇高，对父亲点拨道理的精髓心领神会。日后，无论荣华富贵还是虎落平阳，他始终不忘谦逊做人，脚踏实地做事，一步一个脚印地面对人生。

孩子是小树，父母是园丁。园丁既要见证小树成长，又要辛勤浇灌，修枝剪叶，大处着眼，小处着手，方能培育出栋梁之材。

1943 年，锡成以优异的成绩在嘉定勤业中学初中毕业，随后到上海自强附中就读，再转至大同中学上高三。此间，在敌占区伪政府统治下的中国人，含泪忍受屈辱与艰难。但锡成父亲信念坚定，决不为日本人做事。尽管私立学校学费较公立学校昂贵许多，但父亲仍想方设法筹措学费，坚持让儿子在私立学校就读。锡成深明父亲的苦衷，更加刻苦学习，并因成绩优秀而多次荣获奖学金，令父母颇感欣慰。

在日寇沦陷区，国耻是任何一个有民族自尊心的中国人的切肤之痛。锡成是个满腔热忱、胸怀大志的热血青年，更是义愤填膺。他当时读书进取的目的十分明确：为不当亡国奴，为报效祖国，愿义无反顾，尽匹夫之责。

无论世事沧桑，无论岁月蹉跎，无论天涯海角，赵家父子心中爱国、爱民族的情结根深蒂固，终生不渝。

1945 年 8 月 15 日，抗战胜利，举国欢腾。

长城依然巍峨，黄河依旧滔滔。

06

多难兴邦，浴火重生，人们渴望重建家园。

父亲原本希望儿子能选择学医，将来有一技之长在身，积德行善，职业高尚。但又觉得时下乱世纷争，在社会上做人做事不易，常要依靠人事背景，因此难以决断。

其实，锡成早就心仪大海，向往那浪漫自由的海阔天空。他以神气的船长赵以忠叔叔为楷模，盼望能成为一名出色的船长，在惊涛骇浪中驾驭舰船，掌控命运，凭借自己的努力升迁晋爵。再有，以实际生活考虑，海员薪金丰厚。如当时三副的月薪为五十七美元，而国内一般教师的月薪仅有七到十美元，相差悬殊。锡成期盼能早日撑起家业，以报答父母的养育之恩。

在叔父的全力支持下，锡成最终与父母达成共识，遂成心愿。他于1946年考入国立交通大学航海系，后由交通部将航海系与轮机系转至国立吴淞商船专科学校，学制五年，三年在校，两年实习。锡成孜孜不倦，倾心读书，无比珍惜这接受高等教育的机会。

光阴如梭，三年的校园生活转瞬即逝。锡成顺利地登上以叔父为船长的"天平轮"，成为一名实习生，往返于上海和高雄之间。"天平轮"

1949 年 4 月，赵锡成与父亲赵以仁、母亲许月琴最后的合影，与父亲诀别，直至二十三年后才与母亲团聚

是一艘德国造的二手大型货轮，载重 7750 吨。那时不像科技发达的今天，设备仪表精密先进，甚至可以无人驾驶。当时驾船航海要靠真本领，船长要有丰富的经验和全面的天文地理知识，船员要有过硬的操作应变能力。

锡成最初登上"天平轮"时感到无比兴奋好奇，跃跃欲试，但书本知识与实际操作相差甚远，一切都要从头学起。他勤奋好学，学以致用，很快便与海、与船、与船员们融为一体，成为一名真正的海员。

他爱海，爱天空，为钟爱的海上事业倾尽全力，肝脑涂地。

大海浩瀚、博大、有情有义，从未辜负于他，从未失信于他，总是呵护他、眷顾他，给他以丰厚的回报。

那一年的中国大地上，风雨飘摇，时局动荡，正孕育着一场翻天覆地的社会革命。

1949 年 5 月 12 日，解放军第三野战军终于吹响了"上海战役"的号角。兵临城下，形势愈加紧迫。国民党大势已去，溃不成军，纷纷登舰逃离，上海解放在即。

5 月 15 日，在上海三星码头，"天平轮"按照原定的航运日程，正准备起锚开航。

在暮色苍茫中，在码头的尽头，在能听见黄浦江涛声的地方，默默地站着父亲和儿子。

父亲身着素色长袍，一脸肃穆，从兜中取出一个小包交给儿子。锡成轻轻打开，看到里面是一些银元和一张美钞。他清楚地知道，对于家境清贫的父母，这十个袁大头和一张美元意味着什么。

他双手捧着这个不足几两的小包，却感到重若千斤。小包里不是货币，是父母对儿子的一片心，一腔血，价值连城。他把一美元还给父亲，把小包十分小心地放入上衣制服口袋中。

"呜——呜——呜——"空旷的码头上传来"天平轮"急促的长鸣。

父亲望着英姿勃勃但脸上仍带着些许稚气的儿子，目光中浸满慈爱、无奈与期待。此时此刻，欲留不能，欲别不舍，千言万语，尽在不言中……

锡成望着父亲，四目深情相视，如被定格了一般。他忽然看到父亲的脸上闪过一种极其凝重、令他陌生的神情。他的心突突地跳，脑门一阵阵发紧，一种不祥之兆袭上心头。

他看到父亲似乎突然苍老了许多，脸色苍白，眼窝深陷，两鬓如霜。他感到窒息，感到眩晕，好像浑身的血液都被凝固了，胸中空荡荡一片，心飞得无影无踪。

看着锡成的惊诧，父亲稍事镇静，长出了一口气，嘴角勉强露出一丝笑意，脸色渐趋缓和，像往日一样拍拍儿子的肩膀，示意就此话别。

父亲这轻轻的抚摸，那么亲切熟悉，曾经给了锡成无数信任和鼓励，像他每日要吃的饭、要饮的水一样不可或缺。

尽管前途叵测，心中忐忑不安、依依不舍，锡成仍毅然转身，走上"天平轮"的舷梯。

锡成站在轮船甲板上，满心牵挂，不断地向码头张望。

在浓浓的暮色中，他依稀看到一个高大瘦削的身影，素雅的长袍被海风吹起，依然牢牢地站在那里，站在与儿子分别的地方。父亲微仰着头，目光茫然地望着儿子将要离去的方向，望着那波涛滚滚的黄浦江。

锡成再也控制不住，任凭泪水尽情地流淌，点点滴滴，滴滴点点，流过面颊，流进心田，是那样的酸楚，那样的苦涩。

谁能料到？这竟是儿子今生今世看到父亲的最后一眼！

谁能相信？这竟是感情笃深的父子最后的诀别！

从此，这一湾浅浅的海峡，成为最大的国殇，最深的乡愁。

父子天各一方，隔海相望，遂成千古之恨！

"天平轮"仰天嘶鸣，呼喊着，与长江一起缓缓流入东海，汇入茫茫太平洋。

第六章

天若有情天亦老

01

1972 年，中美政治情势有了重大松动。2 月 21 日，美国总统尼克松访华，实现了他的融冰之旅。2 月 28 日《中美联合公报》的发表，成为中美关系史上的里程碑，为中美关系走向正常化开辟了新的前景，使两国长期隔绝敌对的状态得以结束，从而开创了中美关系的新纪元。

一夜之间，化敌为友。这一重大历史性消息的公布，使所有海外华人鼓舞振奋，奔走相告，皆大欢喜。他们期盼多年的愿望终于得以实现。

锡成听到这一喜讯更是兴奋得彻夜未眠。在第一时间，他便以爱国华侨的身份，于 1972 年 12 月匆匆由纽约转道法国、缅甸、巴基斯坦，费尽周折回到了上海嘉定，回到了那片朝思暮想的故土，回到了那个曾经生养他的江南小村庄。

"少小离家老大回，乡音无改鬓毛衰。"阔别故土整整二十三年，一踏上家乡的土地，一闻到泥土的芳香，锡成心潮澎湃，百感交集，既感到亲切，又感到陌生。

在家乡那两间破旧的茅屋里，油快干，灯快熄，但母亲始终执着

八十年代，赵锡成博士再次返乡，摄于上海嘉定破旧的家门前

精心地守护着那盏灯，那盏能照亮儿子回家之路的小油灯。

母亲盼儿归，盼白了头，盼弯了腰，盼碎了心。

"儿啊，你可回来啦！"漫漫二十三年后，母子终于得以相见，悲喜交加，相拥而泣。

"父亲拼命等你，可怎么也等不到！他已经走了十三年了……"母亲老泪纵横，泣不成声。

"我今生还能见到你，死也可以瞑目了！"母亲拍打着儿子的胸膛，无力地靠在他的肩上。

锡成双手搀扶着母亲，心如刀绞，硬撑着早已十分脆弱的神经，承受着眼前令人肝肠欲断的一切。在场的人无不潸然泪下。

他要去祭奠父亲的亡灵。母亲却痛苦地连连摇头，欲语不能。亲友们哽咽着，断断续续地向锡成诉说缘由。

父亲去世时，母亲重病缠身，卧床不起，悲恸欲绝，根本无法料理父亲的后事。多亏当年父亲悉心培养的侄子赵锡福奋不顾身，顶着巨大的压力，遭受着别人的白眼为父亲下葬。

在疯狂的"文化大革命"中，万万没有想到在黄泉之下的尸骨也难逃一劫。父亲的墓穴在乱坟之中被扒开暴尸，遗骨散落于荒野之中。父亲从此随风而去，冤魂飘散得无影无踪。

锡成万里迢迢回到家乡，竟连给父亲磕头的地方都找不到，真令他悲愤交加，遗憾难平。他多次问起离别这二十三年间到底发生过什么，但母亲始终守口如瓶，仅重复着一句话：

"这些年早就受够了，别再提了……"母亲什么也没有说，什么也不愿说。

02

往事不堪回首。

自 1949 年上海三星码头父子一别已多时，儿子杳无音信。

码头岁岁月月送往迎来，船只川流不息。但过尽千帆皆不是，何日迎儿归？

又是中秋月圆时，谁与共孤光，把盏凄然南望。赵家二老对坐院中，空对月，默无声。每逢佳节倍思亲，回想曾与锡成共享的二十二个中秋之夜，皎洁月光下，儿子绕膝，吟诗咏月，月饼米酒。小康之家虽无大富大贵，但阖家团聚，尽享天伦，人生足矣。

这情，这景，依然历历在目。但何时能重现？难道真会一去不复返？但愿苍天有眼，让亲人们不仅能千里共婵娟，还能举家再团聚，尽欢颜！

浩瀚深邃的夜空中，月明星稀，无风无云。锡成父亲在院中漫步，举头望明月，低头思儿郎。在他眼中，似乎每年的月亮都比今年的圆，月光都比今年的妩媚。难道是自己心中的阴影和眼含的泪水模糊了月亮的光辉？清冷的月光下，他呆呆地坐在院中，脸色比月光更苍白，不知不觉，东方已渐泛鱼肚白色，心中仍在惦念着南去台湾的儿郎。

赵家宅院在战争时被夷为平地。赵以仁随后在老宅附近盖了两间简易临时住房。哪知此后再无修复赵家宅院的机会和能力，这两间陋室便成了两位老人长久栖身之处。

赵以仁继承了祖上分给他这一支脉的四十多亩田地。随后他把一半土地分给弟弟赵以忠，又把一半的一半分给儿子锡成，自己名下仅留下十余亩土地。因此 1950 年土地改革时，他被划为中农成分，成为被团结的对象。

赵以仁曾经无比痛恨旧中国的腐败无能，热切盼望新社会能重振教育、重建中华民族的千秋伟业。他全身心地把自己奉献给农村的教育事业。多年来，西封小学的命运也随着社会的动荡而变迁。小学曾被日军炸毁，校长积极筹借民房恢复上课。抗战胜利后，校长与当地社会贤达人士共同筹资重建了两间教室和一间办公室，在校学生增至一百多名。

1949 年后，校长带领全校师生共同努力，将西封小学扩建至六个班级，学生达三百多人，成为一所农村完小。这是西封小学自建校以来的鼎盛时期。基层教育事业欣欣向荣，作为校长的赵以仁先生感到巨大的安慰与满足。

此后，中国大地上开展了一系列轰轰烈烈的政治运动。镇压反革命、土地改革、三反五反、思想改造、社会主义改造、反右派、"大跃进"等等，不一而足。政治运动日趋频繁，规模越来越大，整肃越来越严，纲越上越高，国内阶级斗争的弦越绷越紧。

在历次运动中，赵以仁虽不是"老运动员"，不是直接被整治的对象，但有直系独生子和同胞弟弟在台湾，在当时的政治背景下，这是严重反动的社会关系。可想而知，他的档案中有浓重黑色的一笔，自然被毫不留情地打入了另册。虽然他家的成分是团结的对象，但事实上早已被边缘化，政治地位一落千丈，成为被监控和歧视的目标。

经历多次运动后，社会政治空气愈加紧张，剑拔弩张，人人自危。为情势所迫，一些亲朋好友怕受牵连都逐渐疏远。有的为迎合政治潮流，明哲保身，与赵家划清界限，老死不相往来，甚至反戈一击，反目为仇，令人不禁感慨世态炎凉。

无形的压力和歧视，使这个素来德高望重的校长饱受精神压抑，备感生存空间的禁锢和窒息。对于物质生存的艰难，君子可以微笑面对，泰然处之。但精神上受到的歧视、侮辱，尤其是对有强烈自尊心的知识分子来说，更是雪上加霜，难以承受。

其间，终于盼到了儿子的消息，父母收到了由香港转寄来的家书和汇款。得知儿子虽历经颠簸、磨难，但平安健康，并按自己的心愿娶妻生子，事业稳步上升，令父母心中甚感欣慰。老两口过惯了清贫的日子，决定把汇款如数存储，把儿子的厚意珍藏于心。

一湾海峡阻碍了亲人的团聚。日子越久远，思念越真切。他常常做梦，梦见儿子戴着海员大檐帽回来。惊醒之后，家中空空，胸中平添无限的郁闷。

年复一年，日复一日，赵以仁的夜漆黑漫长，似乎总也熬不到头。他心力衰竭，话越来越少，人越来越憔悴，心越来越沉重。

他从此郁郁寡欢，积忧成疾，不幸罹患胃癌，从此一病不起。

03

1958年"大跃进"时期，在担当西封小学校长达二十二年之后，赵以仁被教育局免去了校长职务。

他病发时，已是癌症晚期。癌细胞大举进攻，肆无忌惮地扩散，恶魔般吞噬着他的生命。他高大的身躯逐渐消瘦萎缩，默默地忍受着身体的痛，更忍受着心中的痛。

他静卧在病榻上。如烟的往事，一缕缕从眼前飘浮而过。

他也曾年轻，也曾满怀抱负，疾恶如仇，也愿追求理想，成就一番事业，但无奈生不逢时，抱恨终生。他曾期盼退求其次，至少能小康之家，平安温馨，儿孙孝顺，也可不枉此生。

但在咄咄逼人的现实面前，个人是那么微不足道，那么不由自主，如一粒漂泊的尘埃，如汪洋大海中的一叶小舟，任凭风浪摆布，任凭命运之神捉弄。

岁月如此蹉跎，生活如此苦涩，人性如此被扭曲，精神如此被折磨，人生如此不尽如人意！

在生命奄奄一息之时，在意识到将要与妻子、儿子、亲人告别之际，他实在于心不甘！他内心一次次地挣扎，苦苦地再挣扎，但都乏力回天。

生命的残烛在风中摇曳，微弱至极。他把最后的梦想都寄托在儿子身上，默默地为儿子祈祷，把最美好的祝愿给予了他的子孙后代。

赵以仁临终前，妻子目光呆滞，泪水早已流干。她无声地抽泣着，孤独地守着奄奄一息的丈夫。

"让我随你一起去吧！留下我一人可怎么活？"妻子不断地哽咽着，喃喃自语。

丈夫挣扎着拉过妻子的手，艰难地喘着气，急切地再三叮嘱，声音极其微弱低沉，但一字一句却斩钉截铁：

"你不能走，你还有我们的儿子……他会管你的……你一定要等到嘉荣（锡成的奶名）啊！"

这是他最后的话。

1959 年 3 月 15 日，赵以仁先生撒手人寰，年仅五十四岁。

04

数月后，父亲溘然长逝报丧的信辗转香港、台湾，越过太平洋，才到达美国东岸纽约儿子的手中。

噩耗犹如晴天霹雳。锡成撕心裂肺！痛不欲生！

他不能相信，也不愿相信，在与父亲分别十年之后，等到的竟是这样的噩耗！

赵锡成的天塌了！

他心如刀绞，满腹悲愤，满腔哀情，不知向谁倾诉？他哭得昏天黑地，无法自拔，抱恨终身。他心中不断浮现出母亲孤苦伶仃的身影和那双望眼欲穿的眼睛。他心中只有一个念头，要不顾一切地回乡去为父奔丧、料理后事，成为支撑母亲的臂膀。

1949 年 5 月 15 日，在上海三星码头，父子诀别的情景仍历历在目，恍如昨日。

那天匆匆与父亲告别之后，他心事重重，拖着沉重的步履登上"天平轮"。还未缓过劲来，他随手一摸口袋，竟空空如也。他大惊失色，再仔细翻查口袋，却摸到了一个洞。父亲最后交给他的十个"袁大头"

不翼而飞。他痴立船头，呆呆地望着烟水苍茫。他一脸沮丧，挖空心思也想不明白，何时何地被扒手割破口袋，把钱币偷盗一空？他满脑子懊恼，心痛不已。那不仅是十个银元，而是父母对自己沉甸甸的一片心！

他不禁大为感慨："这个世道真是太乱了，该是非改变不可的时候了！"

他身无分文，连船上二十元的伙食费都无着落，难道还要求助叔叔吃饭不成？他是条硬汉子，为自助自救，沿途只要"天平轮"停靠码头，别的船员都去休息游玩，他便卷起袖子帮助卸货、搬运、记账。一日工资原本四元，但他一人做两人工，日夜做两班，便可一日挣十六元钱。依仗年富力强不惜力，他没日没夜地连续工作了十多天后，已挣了百余元港币，可自给自足了。

从那时起，锡成便开始了独立而艰辛的漂泊生涯，身边再无父亲的呵护，再无父亲殷切鼓励的目光。但他能清醒地感觉到父亲与他同在，温暖着他，支持着他，与他共赴艰难，共享成功。那是任何时空都割不断的骨肉亲情。

父亲离世的噩耗传来之时，锡成赴美还不足一年，正处在披荆斩棘、艰苦卓绝的垦荒阶段。

他正值而立之年，在台湾本已是年轻有为的船长，经济事业都处在腾飞阶段。但在异国他乡，一切都要从零开始，学业事业均一筹莫展，前途渺茫无望，令他心急如焚。他开始回首过去那个薪俸优厚、受人尊敬的船长位置，想念贤惠的妻子，怀念那个温馨的家。

他向来是个充满勇气的人，但这次却感到底气不足，内心犹豫不决，想打道回府，想打退堂鼓，有些惶惶不可终日。他反复责问自己，不知走上这条充满风险艰难的移民之路是否得不偿失，是否不切实际，是否不自量力。

正处在彷徨危难之时，丧父之痛更是雪上加霜，给了他致命的打击，使他从困境中无法自拔，压得他喘不过气来。他感到心衰力竭，精神几乎接近崩溃的边缘。

他连续接到妻子、岳父和叔叔的信。信中千言万语，语重心长，要他节哀顺变，于大悲大痛之中，切勿感情用事作出不明智的决断，在事业爬坡的关键时期毁了自己的前程。

妻子的信柔中带刚，刚中带柔，满纸鼓励与支持。她告诫锡成，要记住夫妻俩当初的约定，要对生活不断进取、对梦想不断追求的共同愿望。木兰的话语中饱含理解与体贴，重申无论前面的路多么艰难险阻，妻子都是他最坚强的后盾，永远与他并肩同行。

"在我的眼中，你永远是世上最棒的人。"在信的末尾，这句具有神奇功能的话，如一剂强心针，总能让锡成信心百倍，斗志昂扬。

岳父大人曾不忍将噩耗直接告诉锡成，在书信中打了埋伏，只告知他二老病重欠安。信中婉转写道："令尊大人病癌，令堂亦感不适，闻后不胜惊虑。况贤婿纯孝性成，其忧愁自可想见。余亦有老母，于今十年，音信杳然。每一念及，五中如沸……最好将二老劝至香港医治，贤婿虽在海外，木兰当尽事亲之道。万一不能，应筹寄款子若干，作为医药费用，稍尽人子之心，惟吉人天佑，尊大人必可康复。贤婿亦不必过虑。生不逢辰，贤尊堂亦必谅吾婿之心也。盖孝子之事亲，以爱身为重……"

岳父在信中还引经据典地疏导爱婿："孔子在孝经中言：孝子之事亲也，居则致其敬，养则致其乐，病则致其忧，丧则致其哀，祭则致其严。五者备矣，然后能事亲……"

叔叔赵以忠先生视长兄如父，手足深情尽在信中："惊悉仁哥之丧，不胜悲痛之至……他是我的哥哥，也是我的保护人，教育过我，指导过我，像保护你教育你一样。倘若没有他，我可能不会接受过去的教育，也不会达到现在的地位。所以我能有今日环境，大部分都是他栽培成功的。"

叔叔在信中为兄长写下如此墓志铭："他以教育为终身职业，教育下一代是辛勤艰苦的工作。他执教达三十多年，教学地方子弟万万千，桃李盈门，造福乡里，功在社会与国家。他的凋谢是我们家的损失，也是国家的损失……"

往事不堪回首，叔叔心中溢满酸楚："自从我们离开，整整十年不见，为了你和我，他的生活一定很艰苦……他常常想念你，这是父子之情。我去年曾在你的信中，附了一张短笺，劝他暂时不宜多想念，只要保持健康，我们还年轻，还有晤会的机会。他当然不能回复我，这是受环境所迫，也可能那时他已染病进医院了……仁哥已去了，我们的大家庭拆散了，手足分离了，这是惨事……我很是痛心。我们未能帮助他们，非常对不起他们。但是在此兵荒马乱的时代，我们实在也无法可想呢！仁哥之噩耗，是不幸大事，不能瞒了。但是我知道你一定哀痛万分，这是父子间天性……"

叔叔对锡成情同父子，在信中劝慰侄子："但是我还是要告诉，你应该顾及你现在的环境。你只身在外，健康要紧，倘因悲哀过甚而影响了体力和精神，那么非但无人照顾你，你的求学前程也就挫折了，这又违背了你父亲栽培你的初衷了！况且你的责任重大，还有你的母亲必须照顾呢……一切都要靠自己。待你学成后，我们再来共同追悼你的父亲，补行仪式不迟，不知你意以为然否？祝你一切顺利，并节哀为要！为盼！"

叔叔在信中晓之以理，动之以情。锡成反复阅读思量，并把岳父及叔叔来信珍藏至今。

人生之路漫长崎岖，总要遇到几次重大的选择关头，总要面临艰难痛苦的抉择取舍。在亲人的安抚劝说下，锡成终于作出了虽违背心愿、但符合实际的决定。

他满怀悲情，向着东方，向着那梦魂牵绕的地方，给父亲磕头，为父亲送行，祝愿父亲黄泉路上走好。

"十年生死两茫茫，不思量，自难忘。千里孤坟，无处话凄凉……"苏轼这首千古绝句《江城子》，虽为怀念亡妻所作，此时此刻却在他心中时时浮现。他满含热泪反复吟诵，情之凿凿，意之切切，字字句句最能恰如其分地道出他的心声。

夫妻深情，父子情深，古今相通，均为人性中最为可歌可泣，美好至上的情感。

为能随时凭吊祭奠，锡成在纽约上州距家不远的公墓为父亲大人立了衣冠冢。墓碑前常年鲜花不断，每逢祭日，他全家在美团聚后都前去谒拜，寄托哀思，告慰父亲的在天之灵。

子曰："身体发肤，受之父母，不敢毁伤，孝之始也。立身行道，扬名于后世，以显父母，孝之终也。"孝敬父母的最高境界是在发扬光大父母之言行德业。要能做到大孝尊亲，当注重自我修身，以立身扬名尊显其亲，才是善尽孝道之真谛。

　　锡成心中暗暗发誓，要不负父望，将父亲的心愿变为现实，让父亲为他而骄傲自豪。

05

1972 年的中国大地，正处在轰轰烈烈的"文化大革命"中。

锡成万里迢迢，重回故土，见到面目全非的家，内心无比沉重。他决心将母亲带在身边，不让母亲再遭受任何委屈与痛苦。他想方设法说服当地政府，让母亲能在独生儿子身边安度晚年。

当时办理出国探亲手续极其复杂烦琐，锡成只好先只身返回美国，再通过电话、信函方式催办母亲出国事宜。不幸中的万幸，1973 年夏初，母亲被批准赴香港治病探亲。锡成喜出望外，托人把母亲尽快辗转接到美国纽约家中。

历尽世事沧桑，祖孙三代终于团聚在异国他乡。

那时，锡成全家移民到美国已有十多个年头，已度过最为艰难的创业时期，生活事业都已步入正轨，开始蒸蒸日上。那年，赵家的小女儿出生，取名"安吉"，以此庆贺阖家欢聚，安乐吉祥。

锡成如愿以偿，尽管上有高堂，下有六个未成年的女儿，生活负担可想而知。但他感到不胜荣幸，虽任重而道远，但照顾亲人是男子汉大丈夫应尽的责任和义务，也正是他大显身手、尽孝道的好机会。

在这个九口之家，他是一个忠诚的孝子，一个勇于担当的丈夫，

1976年复活节，赵锡成携全家给母亲扫墓。左起：赵小琴、赵小婷、赵小美、赵安吉、赵小甫、朱木兰、赵小兰、赵锡成

更是一个蕴满爱心的好父亲。

时过境迁，苦尽甘来。全家想方设法要弥补锡成母亲曾经遭受的苦难，让母亲大人颐养天年，甚至连当时刚刚学会走路的小孙女安吉，都会摇摇摆摆跑着给奶奶拿来肥皂洗脚，围着奶奶团团转，逗奶奶开心。

1975年4月9日，在与儿孙共享一年有余天伦之乐后，锡成母亲因病撒手人寰。她在儿子、儿媳和六个孙女的无限爱戴中，安详平和地走了。

幽静的墓园中，儿子把母亲的灵柩与父亲的衣冠冢合葬，立碑于青草地上。那墓穴虽远离家乡，却在挚爱的亲人身旁，终于得到了一块属于自己并能永久安宁的天地。

清明时节雨纷纷，草木萌动，大地泛青。墓园被雨露沐浴，被绿荫环绕，肃穆中更显恬静祥和。

锡成携着妻子和六个女儿来到墓地为父母大人扫墓。他们肃立默哀，鞠躬拜谒，献上盛开的鲜花，送上深深的怀念。锡成弯下身来，拔去碑前的杂草，轻轻抚摸着墓碑。他声情并茂，给孩子们讲述爷爷奶奶的故事，讲述爷爷奶奶和他们儿子的故事。

"树欲静而风不止，子欲养而亲不待。"这古话道破了残酷而无奈的人生哲理，是锡成多年来心中酸楚和遗憾的真实写照。

妻子在一旁默默地望着丈夫。此时此刻，她深知丈夫心头涌动着何等样的情感波澜。小兰领着妹妹们围绕在墓碑旁，凝神聆听父亲娓娓道来的家世。

这是赵家"根"的故事，是赵家"叶与根"的情意的故事。这个故事女儿们早已耳熟能详，父亲的话语也已扎根于她们心中，并将随着血脉代代相传。

第七章

千里之行，始于足下

01

不断进取是赵家的传统。父亲如此，母亲如此，女儿亦如此。

小兰大学毕业后，在父亲的福茂公司工作了两年。为了能继续深造，提高自身素质，以便更好地适应瞬息万变的商场需求，她向父亲提出准备申请报考哈佛商学院的意愿。

那里是无数学子梦寐以求的地方，也是小兰多年憧憬的理想之地。哈佛大学（Harvard University）成立于 1636 年，是美国历史最悠久的常春藤盟校之一，为纪念第一位捐资人哈佛而命名。当年慈善家约翰·哈佛（John Harvard）把自己的一半财产——七百七十九英镑和四百本书籍慷慨地捐献给了学校。目前哈佛大学在诸多国际学院和大学排名仍居世界之首，并拥有非营利组织以外最大的财政捐赠。

哈佛人以"先有哈佛，后有美国"而引以为豪。自建校三百多年来，这里为美国以及世界培育了无数政治家、科学家、作家、学者等各界精英。迄今为止，共有八位总统出自哈佛，小布什和奥巴马都毕业于哈佛。建校以来的终身教授中，有四十三位诺贝尔奖奖金获得者，为世界和人类进步做出了杰出的贡献。

哈佛大学中更令人称道的是哈佛商学院，似王冠上最硕大耀眼的一颗宝珠。商学院是美国培养企业管理人才的著名学府，美国五百家大公司里担任高管的经理中有五分之一毕业于此。哈佛工商管理硕士学位（Master of Business Administration）简称MBA，便成了权力与金钱的象征。

这里的MBA人士们雄心勃勃，踌躇满志，有极强的追求成功意识，并有要主宰各个领域的强烈愿望，甚至还有要主宰世界的领袖欲望。这里是培养优秀企业家的摇篮，每年要招收近九百名两年制的硕士研究生，毕业后的平均年薪目前均在十五万美元以上。

尽管当年哈佛商学院招收女生的比例不足百分之五，小兰又是少数族裔，但在福茂公司实习期间因造船项目而结缘的美国银行、柯克公司及劳埃德保险公司主管都积极为小兰写推荐信，极力赞扬她的能力与才华，使小兰最终力挫群雄，击败了近万名竞争对手脱颖而出，成为1977年哈佛商学院的硕士研究生。

商学院将新生分为从A到I的九个班，每班八十多人，按同学们的背景、经历、特长和兴趣分组成班。学生中有已经获得博士学位的理科生、奥运会运动员、律师、会计师、银行家、工程师、权贵子女，甚至还有西点军校的教官等等，真可谓人才济济，群英荟萃。

在哈佛商学院获得一张文凭实属不易，进来不易，出去也不易，当然是指正常毕业而非半途而废。尤其是第一年的课程压得人喘不过气来，哪怕是自认为天才的学生，也会饱尝这个下马威的厉害，大都在一学期后才能逐步适应，被学生们称为"学而生畏"的学期。

学校的教学方法非常独特，是以案例式教学为主。这是一种没有唯一正确答案的教学法：学生没课本，教授不讲课。每周上午三节课共安排三个案例，大都是工商企业十分棘手的实际案例。

小兰与其他同学一样，开学几个月后仍忙得焦头烂额找不到北，每天仅一个案例就要准备近三个小时，没有一目十行的眼力和超强的分析能力是根本吃不消的。小兰每天都要用功到凌晨一点以后，然后倒头昏睡几小时，清晨匆匆去赶早八点半的课直至下午两点半，而后直奔图书馆查阅资料，这样每天要学习长达十三至十八小时之久。

由于课程进展神速，一旦误课就很难追赶，因此还要有一个健康的体魄才能应付。如有小病小灾，头疼脑热，同学们都会尽量坚持去上课，因为没有资格和时间生病，否则身体的病好了，心病就该不期而至了。

案例法训练学生的决策艺术，提高他们在有限的时间、资源、人力等条件下作出独立判断和决策能力。

有的案例是从一个元帅的角度观测整个战局，有的是阐述一个连长所面临的局部态势，有的故意不给足够的信息，有的又给太多的信息制造迷魂阵。总之是把案例的头绪搅得越乱越好，然后把难题抛给学生，迫使学生充分调动自己的才能，了解问题、分析问题、解决问题，从而提出自己的合理化建议。案例的内容尽管千奇百怪，千姿百态，但结束语经常是同一个大大的问号："你说该怎么办？"

在商学院学习的两年中，小兰和同学们要分析多达八百个案例。这个漫长而艰难的过程，使她由量变到质变，跨越了从象牙塔迈向商界的桥梁。经过这样的强化训练和打造，小兰不仅学会了善于抓住问题的核心本质，更善于分析难题中的关键因素，因而能及时诊断商业病情，对症下药，建立了决策能力和解决难题的技巧。

02

这是一个全力挖掘学生潜能、不断向学生施压的学习机制。学生成绩的百分之二十五到百分之五十取决于课上发言,其余的根据考试成绩而定,极少有书面作业。因此,每个学生都不敢轻易怠慢预习准备,这样才能在课堂上有备无患,带着昨晚胸有成竹的思考方案发言。

当每节课开始时,教授巡视课堂物色首位发言人选,因是阶梯教室,每个学生的状态都一览无余。教授洞察秋毫的锐利目光,铁面无私的面孔,令课堂里气氛十分紧张,鸦雀无声。

有的想拔头筹的同学也许会轻声咳嗽一声,或搔首弄姿企图吸引教授的注意力;而没底气的同学有的会假装弯腰拾笔或扭转头,以躲避教授的视线。但这些小伎俩一般都徒劳无用,谁也别想轻易蒙混过关。

假如点到你的大名时,你支支吾吾,荒腔走板,那就将大难临头了。这不仅会给教授留下不良印象,还会引起同学们的窃窃讥笑,令你无地自容。若如此这般不下三次,你便犯了哈佛大忌,有学籍不保的可能。

老师首先给中选的同学十到二十分钟时间,介绍并阐述分析案例。这是自我表现的良机,当然要在充分准备的前提下。当这位同学正夸夸其谈,为自己雄辩的口才和精明的见解得意之时,也正是其他同学群情激奋、跃跃欲试之时。随后八十多只手会争先恐后地高高举起，想方设法群起而攻之，把前一位发言者批得体无完肤，以此证明自己略胜一筹。

大家互不相让，毫不留情，都要竭力争取机会发表高见，并提供更加行之有效的措施。教室里顿时唇枪舌剑，此起彼伏，乱作一团，眼看"洪水"即将泛滥失控之时，教授才会出面力挽狂澜控制局面并引导发言，使讨论能够按照正常秩序继续进行。

起初在这样的课堂辩论中，每当小兰好不容易争取到机会发言，但刚开口便被别人强行打断，只好把说了半截的话咽进肚里。稍事调整待她鼓足勇气再次开口时，又是整句话没说完便被别人唐突地打断。无论她课下准备得多完美，多充分，但虽有发言权却很难有发言机会。小兰向来是上进心极强的学生，但这种张牙舞爪的辩论架势令她难以适应。总像是坐在竞赛场中看台上的观众，而非竞争场上的角斗士，就算是再有天赋，也只能在台下坐冷板凳，令她心中郁闷至极。

东西方文化因祖师爷不同、地域不同而具有很大差异，甚至南辕北辙，大相径庭。

美国文化鼓励个性张扬，积极表现自我并勇于参加竞争。而中国文化崇尚大直若屈、大巧若拙、大智若愚。小兰自小的教育虽为中西合璧，但身上仍具有浓郁的中国色彩，自敛、谦恭、含蓄、矜持，不善刀光剑影、咄咄逼人。

小兰是个善于观察、又会学习的人，深知适者生存的重要性。既然不能改变环境，那就要强行改变自己。她决心努力汲取西方文化的精髓，尽快适应环境，真正融入其中。

不久，在几番拼搏和尝试之后，课堂上再出现的是一个精神抖擞、

1994年6月9日，小妹赵安吉（左三）毕业于哈佛大学，与同是哈佛校友的三位姐姐赵小兰（右二）、赵小婷（左二）、赵小美（右一）和父母参加毕业典礼合影

语言犀利、大胆泼辣、充满竞争活力的斗士。小兰从此得到了巨大的锻炼和改变，在今后的各种搏击中都表现得旗帜鲜明、势如破竹、勇拔头筹。

商学院的每个案例并不存在绝对正确的答案，但其中丰富的内涵，需要教授和学生们投入大量的精力进行探讨并加以完善，培养创造性和发散型的思维方式，使哈佛商学院的教学体制别具一格。当然也因为教学相长的双方都是一流的教授和学生。

哈佛之所以能稳居大学之巅傲视群雄，影响力足以支配这个国家，正是由于其优秀的教学方法和辉煌的教育成就所致。

在哈佛的时间虽短暂，却是金色年华，使小兰受益终生。她深刻地领会到，哈佛所精心培育的高级管理人才应是一个好的策划人、组织人、协调人、分析家、实践家、设计师、决策人，应是一个成功的全才。哈佛培养的总经理型人才还应是一个总指挥，要富于远见，敢想敢为，在困难面前能够自信，在机遇面前能够大胆，充满号召力和个人魅力，能激励别人心甘情愿地追随自己建功立业。

在小兰毕业后所扮演的各种角色中，无论工作多么繁杂，多么任重而道远，她总能把纷乱如麻的事务快速理清头绪，抓住本质，作出正确的判断和选择，不急功近利，更不优柔寡断，显示了出色的管理才干。这除了她一贯勤奋认真的工作态度外，还有当年哈佛从难从严的训练，为她奠定了良好的基础。

名师指导，良友砥砺，浓浓的书香气，在结束难忘的两年校园生活的毕业典礼上，小兰被学校推选为该届全体毕业生的领队和永久级代表，成为佼佼者，载誉而归。

在哈佛商学院的经历刻骨铭心，深深地影响了小兰的性格成长历程，铺就了她今后人生道路的基石，敦促她不断地向自己的智力、潜力和耐力发起挑战。

榜样的力量是无穷的。后来赵家六千金中大妹赵小琴成为玛丽学院的硕士；三妹赵小甫成为哥伦比亚大学法学博士；另外三位中二妹赵小美、四妹赵小婷和小妹赵安吉均步大姐后尘，相继就读于哈佛商学院，开创了一家四女联袂哈佛商学院的先河，成为一段佳话。

03

　　自哈佛商学院毕业后，小兰内心发生了潜移默化的变化。她慎重地告诉父亲，不想再返回父亲的福茂航运公司，而愿去跨国大公司看一看，闯一闯，去尝试新的环境，开辟新的道路，迎接新的挑战。

　　这个决定完全出乎父亲所料，令他着实吃了一惊。他毫无思想准备，原想培养大女儿成为自己的接班人，这本应是顺理成章、水到渠成、情理中之事。

　　"好不容易培养孩子毕业了，为何要去别处上班？这岂不是给别人培养人才了吗？"亲朋好友们众说纷纭。

　　父母亲一向遵循的宗旨是把女儿的前途放在首位。为了女儿能有更好更大的发展空间，在深思熟虑之后，他们表示无论小兰对自己的前途有何种选择，作何种决定，都会义无反顾地支持，并一如既往地充当坚强后盾。

　　小兰深深感谢双亲的理解和鼓励，决定投身于花旗银行名下，在金融界一展才华。

　　1979 年初夏，小兰进入花旗银行纽约总行。

因她优异的学业和实践背景，当即被聘为高级会计师。她曾有航运工作的经验，本应安排在航运金融业务部门，但由于父亲的公司与该部门有业务往来，为了避嫌，小兰便被安置在其他部门工作。

为时不久，银行主管告知父亲，小兰虽初出茅庐，年纪尚轻，但不仅业务能力强，且严谨努力，是值得信任的管理人才。因此，银行决定重点培养并委以重任，把她调往国际航运业务部门工作。

女儿能得到领导的赏识并初战告捷，是为人父者最引以为荣的事，欣慰之情不言而喻。

"那好吧，为了女儿今后工作的顺利，我以后不再向你们借贷。"他打趣地说。

小兰被派去从事设于美国、欧洲、拉丁美洲等地国际航运公司的融资及审核贷款业务，经手的贷款额高达数百万美元。她整日穿着干练的职业套装，一丝不苟，勤勤恳恳，办事果敢又不乏细致谨慎，为银行创造了优秀的业绩。她思维活跃敏捷，常有独到的见解，令银行高管们刮目相看，因而不断地得到重用和提拔。

在代表银行与政府部门联系的过程中，她清楚地认识到政府与民间交流问题的重要性，双方理应加深了解，加大配合，加强互动，才能更有效有力地推动国家经济的发展。

尽管在银行工作非常忙碌，她仍秉承一贯全面发展的传统，积极参与多项社会公益活动。她与父亲一起在纽约圣若望大学联合开了一门"东亚市场贸易学"的课程。当讲到学生毕业后初涉社会将面临的诸多实际问题时，小兰用现身说法侃侃而谈，认为实践经验对于年轻人是不可缺少的必修课，得到学生们的共鸣与好评。

时间如梭，转眼间小兰在花旗银行度过了四个春秋。她不仅开阔了眼界，更增强了信心，积累了经验，获益匪浅。

04

吃水不忘挖井人。1982 年 3 月 17 日，小兰与父亲同时应邀，在美国哈佛大学商学院及麻省理工学院联合主办的"航运论坛"上发表演讲。这是一个著名论坛，每年举办一次，邀请航运界有名望的专家和企业家登台演讲。几年前，著名的世界船王包玉刚先生曾光顾此论坛并发表高见。

小兰父亲那天演讲的题目为《国际航运之前瞻》。他用自己多年在商海中拼搏的实践经验与反思，认为航运业和商业房地产业有异曲同工之处，是一个由多种相关行业因素相互交织影响的业务，盘根错节，十分错综复杂。比较起来，国际航运业更受全球经济的制约，风险由造船、需求、运量、融资、利息、货币交易等多种因素牵制，因变量太多很难预测，但为降低商业风险又不得不预测。当时国际航运业表面看起来正值鼎盛时期，似乎轰轰烈烈，热闹非凡，风景这边独好，因而使很多人利令智昏，想趁机涉足淘金，以期至少可以分得一小杯羹。

父亲系统全面地分析了国际航运业前十年的发展，发现相关指数波动的幅度越来越大、周期越来越快，并透过对航运行业产业链的悉心研究，发现当时正在快速孕育并隐藏着泡沫航运的险象。这个红色预警令当时在场的学者和行业人士都为之一惊！

随即，父亲据证反其道而行之，提出目前应该是航运业主到其他邻近的相关行业中扩展业务的最佳时机。航运业在资本运作方面也与商业地产业相类似，投资周期很长，其中风险指数变化无穷，是一项很不稳定的生意。他巧妙地借用了"举一反三"和"利令智昏"两句哲理颇深的中国成语，向美国人深刻地分析并阐述了国际航运业的前景。

小兰当时已在花旗银行工作了近三年，她主讲的题目是"银行与航运的关系"，用一双年轻的眼睛，从全新的角度观察世界，畅谈工作中的切身体会，令众人耳目一新。

父女两人各抒己见，相得益彰，令当天的演讲获得满堂彩。

在哈佛攻读商业管理硕士期间，小兰对母校怀有深厚的感情，毕业后仍念念不忘母校教育栽培的恩德，常以不同的方式"回娘家"。

1982年后，国际航运业五彩缤纷的泡沫膨胀到了极限，不堪重负，终于逐一破灭，令航运业遭遇了持续八年之久的衰退萧条，许多淘金者的黄粱美梦也随之破灭，烟消云散。这更加证实了父亲当年预测的准确，事后引起同行的广泛关注。他当时在"国际高级管理班"上所作的那篇预测报告，也被收入美国管理学论文集。

在一泻千里的国际航运业衰退之前，小兰父亲果断地卖掉了手中所持的全部船业股票，及时躲避了激流险滩，保存了实力。而后他举一反三，把多年积累的航运经验灵活运用到其他领域，用这笔雄厚的资金转做当时较为冷门且不被看好的外汇期货交易。这看似有些神妙的先见之明，加之准确的判断，使他在外汇期货交易中获利丰厚，在生意场上稳扎稳打。

1981 年的新学年，纽约圣若望大学请在校兼课的赵锡成博士开一门新课"东亚市场贸易学"。那时他已被校方聘任了五年多的学校董事，经常参加对学校有益的各项教学活动。锡成坦诚地向校方表示，自己是个实践多于理论的实干家，愿意毫无保留地把自己多年积累的经验体会传授给学生，但若讲理论书本知识，还是请教学经验丰富的教授来讲为好。校方欣然接受建议，此课定为每周两次，每次两小时，由锡成以任意形式、任意内容开课。

随之，一门别开生面的课程开始了。当讲到关于东亚市场的课程时，锡成便请来日本大使馆商务参赞先登台演讲半小时；在讲到关于保险业的课程时，便请来大保险公司的资深专家讲有趣的实例和故事；当讲到学生毕业后初涉社会将面临的实际问题时，父亲把小兰请来讲述自己在哈佛学习的真实心得体会，得到同龄学生们的强烈共鸣，台上台下互动不断。这种授课形式，生动活泼，不拘一格，大受学生们的欢迎。

小兰在业余时间还到海外电视公司用英语报道华人社区动态，介绍华侨在海外的杰出贡献，以加深美国对中国传统文化及华裔的了解。她在曼哈顿有线电视台主持晚间节目，虽有些不务正业之嫌，但任何新的尝试和挑战，都对小兰具有强烈的吸引力。这些参与媒体活动的锻炼和经验，培养了她流利的口才和从容稳健的气质，为今后面对媒体和公众演讲打下了良好的基础。

05

随着小兰的个子越来越高，学历越来越高，她心中的人生目标也越来越高。

她目睹了父亲志存高远、睿智果敢，事业从无到有、从小到大，在充满险恶的商海里奋力搏击、自强不息的奋斗历程，并与父亲分享着一路攀登所带来的成功与喜悦。

生活犹如下一盘前景迷茫叵测的围棋，充满曲折风险，但又乐在其中。下棋讲究大局观，走每一步棋都要以大局为重，博弈或弃子牺牲都是为了整体和长远的利益，都是为了最终的胜利。棋盘中千变万化，如同一个小小纷杂的世界，要有魄力布局，更要胆大心细，随时保持冷静清醒的头脑，用聪明才智化解各种风险，有效地占据天时地利，以取得最后的成功。

自 1961 年赵锡成把小兰母女接来美国，全家由此团聚，生活稍事稳定，达到了他的初级目标。但他想，如像现在这样身兼三职，每天晚上拖着精疲力竭的身心回到家中，就算再拼命，再增加一职两职也只能是事倍功半，永无出头之日。他清醒地认识到，若不在美国接受正规的再教育，很难开拓局面，离实现自己的美国梦相距甚远。

他审时度势，未雨绸缪，毅然作出决定，即使面临再多的困难也要咬紧牙关重返校园，学习美国的本土文化，尽快真正地融入美国社会。他申请到了去哥伦比亚大学就读的资格，但因战乱丢失了成绩单，只能被收做试读生，半工半读"水上保险"和"水上交通管理"专业。

"你那么浓重的上海嘉定口音，连中文都讲得谁也听不懂，更别说讲英文了，还想学管理哪，以后想管理谁呀？"曾有人这样讽刺他。是啊，连他自己也觉得有些滑稽可笑，语言表达确实是个不小的困难。有志者事竟成，功夫不负有心人，是他一生遵循的信条。坚定的信念像把锋利的剑，曾屡试不爽，伴随他多次披荆斩棘，勇往直前。

"君子欲讷于言，而敏于行。"有圣人指点，看来只要好好干就行，远比伶牙俐齿、能说会道重要。

他连续不断地向其他大学提交申请，但均因材料手续不齐全被拒之门外。他不断地去敲一所又一所大学的门，不甘心、不言败，相信失败一次便会离成功更近一步。正在他持续不断地重复"敲门"之际，招商局的一位好心同事程先生被他的执着感动，便帮助他开了一份因战乱成绩单丢失的证明。他喜出望外，无论如何，这又向着目标迈进了一小步。

而后，锡成在积极参加社交活动中结交了中美联谊社的陈神父。陈神父以助人为天职，随后就把他介绍给纽约天主教圣若望大学亚洲学院院长薛先生。

薛院长好善积德，热心地把锡成介绍给学校的第一副校长艾斯特里先生。这位副校长更是雪里送炭，随即把他介绍给本校工商管理学院的院长克拉克博士。克拉克博士向来菩萨心肠，以爱学生如子著称，居然给了他一次面试的机会。

那天，锡成精神抖擞，像一位奔赴战场的勇士，信心百倍地走进院长的办公室。只见这位院长大人身材高大魁梧，天庭饱满，地阁方圆，如关公般一脸好面相，但又不失学者的儒雅风度。他看起来年纪与锡成相仿，三十岁出头就能坐上院长的交椅，一定是位年轻有为、出类拔萃的人物。

锡成彬彬有礼，在恰到好处的开场白后，便调动了全部的聪明才智，有理、有利、有节地说服院长。他用最诚恳的语言介绍自己的理想，讲自己的故事。他求学若渴，努力用最大的诚意打动院长。

1965 年 6 月，赵锡成取得圣若望大学工商管理硕士学位，与夫人朱木兰合影留念

克拉克博士默默地观察着眼前这位陌生的中国人，在锡成炯炯有神的眼睛里发现了一种闪光的东西，从他神采飞扬的脸上发现了一种执着，一种决心，一种锲而不舍，一种势如破竹不达目的决不罢休的精神。锡成好似营造了一种特殊的磁场，使院长不由自主地被这种强大的磁力所吸引，被他的魅力所感染。

无巧不成书。恰巧院长先生也热爱海洋，更对舰船情有独钟，是位船模收藏家。他一生积累收藏了大大小小几百条船型各异的模型，后来都一并捐赠给了博物馆，这是后话。

院长得知锡成曾经是船长出身，主动放弃高薪求学充电，更加被他的精神所感动，被他的故事所征服。他本能地愿意相信锡成所说的每一句话，愿意尊重他讲的每一个事实，愿意尽力帮助他，愿意为这个素不相识甚至有点唐突的中国人承担风险。

克拉克院长答应锡成，允许他来学校先试上几堂基础课；如能顺利通过，便可以来校正式注册，攻读商业管理硕士学位。锡成欣喜若狂，如饥似渴地一头扎进知识的海洋。随后，他即上交了一份令校长十分满意的答卷。

他终于如愿以偿，纽约圣若望大学破格正式录取了他。

"书山有路勤为径，学海无涯苦作舟。"他曾是一言九鼎的船长，是驾驭着自己和全船命运的舵手。但在学问的海洋里，同样如大海般浩瀚深邃，却似乎更加神秘莫测，更加难以驾驭；难以逾越的语言障碍使他如同聋哑人一般，处处都要从头学起。

他边学习边工作，挑战自己的能力底线，承载着最大的负荷。他每日匆匆穿梭于学校与公司之间，奔波在皇后区与曼哈顿之间，成功地转换着老学生与小职员的角色。他常常挑灯夜战，苦心攻读，通宵达旦是家常便饭。

这门课的教授是位不苟言笑、十分严格的老师，见锡成英文笨拙，便希望他这学期退掉这门课。但这样锡成就要再延长半年才能毕业，与他的既定方针背道而驰。院长认定锡成虽然语言不好，但能力强，必定是一个很有潜力的学生，便主动替他说情，希望教授网开一面。

锡成不辜负院长的厚爱，勤学、好问、乐读、善思，用智慧和毅力攻克重重难关，成绩也呈直线上升趋势。果不其然，当这门课结束时，全班三十人中只有十人通过考试，而锡成名列第二，用事实证明了自己。他不断寻觅开发新的资源，不骄不躁，步步为营，不懈地向心中的金字塔攀登。

1965 年，赵锡成以优异成绩毕业，顺利拿到了工商管理硕士学位。这时的他，已焕然一新，登上了新的起点，站在了新的起跑线上。

"合抱之木，生于毫末；九层之台，起于累土；千里之行，始于足下。"老子之言，堪为经典。

06

　　"滴水之恩，当以涌泉相报"是赵家的祖训，也是赵锡成一生的为人宗旨。对克拉克博士的知遇之情，他感恩戴德。院长也为自己能慧眼识珠，具有伯乐之才而自豪，并破例于1969年聘请赵锡成为商业管理学院的顾问。锡成十分珍惜与院长之间的友情和缘分，后来竟与院长成了终生的挚友，甚至两个家庭之间也建立了深厚的友情。

　　克拉克夫妇均为博士，学识渊博，热忱宽厚，不染尘世。但遗憾一生无嗣，因此更加喜爱赵家的六朵金花，赞誉锡成夫妇教女有方。多年来两家的重要活动都相互参与，且都是对方家庭的上宾。

　　人有旦夕祸福。谁料想，克拉克博士竟于1977年突然罹患癌症，被病魔和医生无情地宣判了三个月的死缓。他当时仅五十二岁，年长锡成两岁。锡成惊闻噩耗，为将要丧失这样一位良师益友而不胜悲伤。他盛情邀请克拉克博士一家出席由日本船厂主持的新船掷瓶下水典礼，并同时周游亚洲，尽力让快乐伴随恩师度过最后的时光。克拉克博士夫妇欣然接受邀请，随锡成夫妇和长女小兰一同前往日本。

　　正值仲春四月，日本樱花烂漫时节。置身于漫天盛开的粉红花海之中，观其朵朵灵秀精致，闻其甜香沁人心脾。清风吹拂，满树落花如雪，令人赏心悦目，如醉如痴。

据说所谓"樱花七日"，即是一朵樱花从含苞欲放到凋谢仅为七天左右。随后花朵干脆利落，于一日一夜之间全部凋落，而不是挂在枝头慢慢枯萎，因此樱树上从不见残花败瓣。樱花展现给大自然的永远是自己最完美的一面，最光鲜的姿容。原来这正是樱花的傲骨风采，令人心生感动，更增爱慕之情。

黄昏时分，夕阳送来绚丽的晚霞，给大地和花海抹上一层柔美娇羞，使樱花更加浮华散尽、清新优雅。克拉克博士漫游于花丛之中，沉醉于这无比美好的大自然，流连忘返，心醉神怡。"夕阳无限好，只是近黄昏。"他感叹人生苦短，但犹如樱花般怒放一回，也可创造灿烂的瞬间。他一路谈笑风生，慷慨悲歌，充分享受人生晚霞中最后一抹瑰丽的余晖。

生命的奇迹和戏剧性往往令人错愕不已。谁又能料到，克拉克博士于绝望中笑傲人生的潇洒，居然镇住了病魔和医生，决定放他一马，重新宣布改判三个月的死缓为三十年的死缓。真是绝处逢生，给大家以莫大的惊喜！克拉克博士死里逃生，更加珍惜生命，为崇尚的教育事业，为心爱的学生，重新驰骋于校园疆场。在几乎零距离地面对死神整整三十一年后，直至2008年6月，他才淡然一笑，拂袖告别人生。

锡成痛失挚友，远道赶去参加葬礼，深深缅怀他人生中的这位贵人、良师益友。克拉克博士一生慷慨无私，欣赏并厚爱那些艰苦创业、奋斗不息的人，并竭尽全力帮助他们。他见证了锡成白手起家迈向成功的步伐，目睹了赵家女儿们逐个长大成人、风华正茂走向社会。

小兰满怀深情写信给克拉克夫人，追忆与他们夫妇共享的美好往事，感激克拉克博士在她父亲一筹莫展之际伸出援手相助，逆转赵家乾坤。小兰盛赞克拉克博士善良高尚、德高望重，终生奉献于教育，荫及桃李遍天下，是一位真正伟大的美国人！

正是千千万万像克拉克博士和赵锡成博士这样的人，书写了美国移民历史的灿烂篇章。

第八章

欲穷千里目，更上一层楼

01

黄昏来临，宿鸟归飞急。纽约曼哈顿街道上车水马龙，熙熙攘攘，辛勤劳作一天的人们如倦鸟归巢，匆匆返回家园。

在中城四十二街金碧辉煌的林肯大厦中，每日这时会走出一位温文尔雅、腰板笔直、架着金丝眼镜、身背公文包的绅士，大步流星地汇入人流。他疾步穿过繁忙的四十二街，跨进交通枢纽中央大火车站，驻足于火车时刻表的荧屏前，迅速找到当日火车的站台号码，眨眼间的工夫便跃上了通往纽约上州的列车。随即，火车徐徐启动、加速，驰骋在仅属于它的轨道上。所有这一切动作都在不到五分钟之内完成，很难相信这是一位年过七旬的老人。

随着火车不断加速的节奏声，赵锡成靠窗坐下，拿出手机，或给下属交代工作，或打电话给亲朋嘘寒问暖。有时他也会稍事放松，或闭目养神，或眺望窗外，望着天上浮动的云霞，望着那些迅速向后逝去的树木和田野。

每日清晨，他以同样的动作、同样的节奏反向而行。朝霞中，他大约用五分钟驾车到火车站，把汽车停泊在车场后，随即跃上准时准点呼啸而来的火车，四十分钟左右列车缓缓驶入曼哈顿中央大火车站。

随后他跳下列车，疾步穿越火车站大厅，于五分钟之内进入办公室。待秘书送上一杯醇香的咖啡后，便开始投入到一天紧张繁忙的工作之中。

其间，电话铃声不绝于耳，会议拜访交叉不断。午间，除必要的应酬外，他喜欢与办公室的同事们一起吃简单的工作餐，或带个棕色的小纸袋，内装三明治一类简单的美式午餐。这是聆听雇员们心声的好机会，不但能了解公司的实情，还可促进同事之间的和谐。

他常年乘坐公共交通，这样不仅可以最大限度地掌控上下班途中花费的时间，且可免除在闹市街区的交通堵塞之苦，还可充分利用旅途中的时间办公或休息。

这也是多年来他公司的地点虽数次搬迁，但总是选择在以火车站为圆心，五分钟之内驾车距离为半径的缘故。他拥有新型的高档奔驰车和凌志车，驾驶技术娴熟，但对他来说，坐骑仅是他的一种交通工具而已。

他做事一贯是以珍惜时间、讲究实效为准则，从不落于俗套形式，不为虚荣所羁绊。这也是他能在成功的道路上一路领先的不二法宝。多年来，他紧跟着时代的脚步，准确触摸着国际商界跳动的脉搏，从未有过半点儿懈怠，昂首迎接日新月异、变幻莫测的各种挑战。

1964 年 11 月，赵锡成在纽约圣若望大学获得工商管理硕士学位后，一边在台湾招商局驻美办事处兼职，协助创办并主管台美定期航线，一边积极协助筹建福茂航运公司，即目前福茂集团的前身。

福茂公司由五位台湾和香港华商共同集资组建，主要经营航运、贸易和金融业务。锡成当时被聘为经理，并与公司达成协议，除月薪

1964 年，赵锡成夫妇在新创立的福茂航运公司第一个办公室里

五百美元外，还可自行在外筹措生意，若有盈利便可与公司股东们酌情分成。股东们只是抱着投石问路的心态试试而已，根本没有奢望公司在短期内能赚钱，只希望能尽早不赔钱就是了。

但对锡成来说，尽管工资微薄，却给了他自由发挥的空间和时间。公司初建时需要魄力和开拓精神，规模小实力弱，凡事都要事必躬亲，一切从零开始。不足九个月，锡成势如破竹，雷厉风行，使公司初见成效。股东们欣喜地看见了曙光，并对他的信任度大大提高，随之把他提升为副总经理，不仅增大了权限，许多事情也可自行拍板定夺。这令锡成得到了展现才华的机会，更加跃跃欲试。

1965 年，正值越南战争期间，美国要向越南运输大批大米。此事由当时农业部的有关官员主管。当时从美国西岸到越南西贡大米的运费为每吨五十美元，同大米自身等价。这位官员为昂贵的运输费用感到头疼，便想起在哥伦比亚大学时的同窗好友赵锡成。他记得这位中国同学当年在半工半读就学期间，曾在国际海洋运输行业兼职，应该对市场行情有所了解，或许还能对高昂的运费以妙法应付。他灵机一动，便打电话约锡成见面磋商。

次日，锡成邀请了哥伦比亚大学同学大卫先生当陪客。因大卫有一家代理船务行，在出现尴尬局面时可以帮他救场。在农业部办公室，同窗好友惊喜相逢，互道安好。原来当年在哥大半工半读期间，锡成曾与这位官员同班，但官员当时因故经常溜课，就请锡成代劳做功课。锡成那时英文欠佳，也请他帮着修改英文作业。两人互通有无，各得其所，一来二往，便建立了友谊。

那位官员介绍了这桩生意的来龙去脉后，锡成立即意识到这是个绝好的商机，政府稳定的巨大订单将从此改变自己公司的命运，不禁心中暗喜。他把报价减半为每吨运费二十五美元。官员考虑片刻后说不行，只能给每吨二十三块五美元。两位同窗公事公办，你来我往讨价还价。锡成估算运输成本还不到每吨十元，这样运一船大米可净挣十五万美元左右，仍是桩好买卖，绝不能轻易放手。于是双方达成协议，握手言欢。随后，官员同学问起：那谁来起草并签发合同书呢？

"我最了解锡成，上学时他就很能干，什么事情都可以自己做。他自己就能起草合同，自己签字，而且自己可以去邮寄。你放心，他一个人全都包办了！"大卫先生好心地喋喋不休、献计献策。

"居然还有这样能干的老板！"官员惊呼。

锡成赶紧给大卫使眼色，叫他不要过奖了，否则适得其反，露了马脚就变成帮倒忙了。他们哪里知道，因公司规模和资金有限，锡成那时竟是公司的光杆司令。

此后，从 1965 年至 1969 年期间，运往越南的大米几乎全部由福茂公司独家代理承包运输。锡成业务娴熟，服务细致周到，从未出过一星半点差错，令农业部官员十分满意，并许诺今后如有相关生意，定会首先考虑福茂公司。

这桩生意对福茂公司具有划时代的意义，不仅因此获利丰厚，同时也在业界建立了良好的信誉口碑，对日后公司的发展奠定了扎实的基础。那时一艘万吨旧轮的市值大约为十八万美元，福茂公司每运两次大米便可以买一条旧船，这样连续买了四条万吨巨轮。可想而知，公司业绩已今非昔比，开始滚动式发展，实力由此大大增强。

锡成似乎又变成了当年那个神气活现的船长，驾驭着"福茂"这艘船，扬帆启航。

02

那一夜，令锡成至今刻骨铭心。1968 年 12 月 7 日晚，他因在教会开长老执事会被耽搁，近午夜时分才急急驱车回家。

夜色朦胧，无月无风，死一般的沉寂。路上空空荡荡，偶尔有一辆迎面开来的车呼啸疾驶而去，如一道闪电，划破幽暗寂静，瞬间又遁入茫茫黑夜之中。

自清晨离家至午夜方归，锡成略感疲倦，便将全身放松，头靠在椅背上，一只手搭在方向盘上，打开车内的收音机，边驾车，边有一搭无一搭地收听新闻广播。

"今天傍晚，在密西西比河上发生了一起恶性撞船事故。一艘由日本驶来的外国胜利型商船意外撞沉一艘美国海岸巡洋队的浮筒修护补给船，约有十八人当场丧生，仅有三人生还，事故原因仍在调查之中……"

锡成突然神经紧绷，惊讶得目瞪口呆，"船"这个字眼对他来说一向极其敏感。他下意识地立即从时间地点上作出判断：那艘肇事的船十有八九就是自己公司经营的商船。

这简直令人难以置信！难道真是自家那艘"赫勒拿"轮闯下大祸？

他不敢相信自己的耳朵，顿时感到天塌地陷，五雷轰顶，全身的肌肉紧紧收缩，背上冒出冷汗。

那晚回家的路好像很长、很崎岖、很陌生……

锡成轻轻走进家门时，孩子们都早已熟睡了。柔和的灯光下，妻子已守候多时，眼中流露出些许焦急与不安。尽管锡成努力保持若无其事的面孔，但细心的妻子还是从丈夫的脸上发现了异常。

那一晚长夜难眠，噩梦连连。次日凌晨，锡成在妻子既忧虑又信任的目光中，火速飞往密西西比河畔。

各大报纸都报道了这起重大事故，何况是十八条人命的大案。没想到死难者中还有两名船员的女朋友，据悉其中一位的父亲是美国政府的高官，自然更增加了事态的严重性。

福茂公司的股东们闻风丧胆、不知所措，深深领教了商海暗礁丛生，令人猝不及防的凶险。他们预测官司必输无疑，只能听天由命，希望能尽快息事宁人，度过这场飞来的横祸。

锡成在"赫勒拿"轮上找到了肇事的船长。那船长像被霜打了一般，两眼茫然呆滞，处于惊魂未定之中。锡成竭力安抚船长，"居官不避难"，大难临头，唯有遇事不慌，冷静从容面对，尽快采取果断有效的措施，才能把损失降到最小。他相信，尽管亡羊也要尽力补牢，凡事总会寻到一条出路。锡成使船长的情绪稍微镇定下来后，便开始仔细查问当时发生事故的来龙去脉，尤其是细枝末节。

"你能确定当时我们的船是在正确的航道中吗？那时的气候正常吗？你当时在做什么？难道没有发现那艘船吗？造成撞船事故的真正原因到底是什么？"一连串的问题使船长开始启动大脑中的记忆程序，

细细搜索回忆，眼前又浮现出河面上血淋淋的场景。

船长深深地叹了口气，紧锁眉头，把昨天突发事件的经过复述了一遍。这位资深船长反复强调，"赫勒拿"轮确实是在应在的航道中，而且当时船上还有一位美国的领港人同时在场。

"赫勒拿"轮是条万吨巨轮，从日本启航时装运了四百多辆汽车，因此船体十分高大。那艘被撞的船只有几百吨，意外地驶入了"赫勒拿"轮的航道。这艘倒霉的船可能因太贴近"赫勒拿"轮，进入了万吨巨轮的"灯下黑"盲区。于是在无人知晓的情况下，猝不及防，那艘船以卵击石，犹如撞上冰山，瞬间遭遇灭顶之灾，血染密西西比河。

船长满脸懊悔，忧心忡忡地叙述完这场噩梦的经过，不知这场官司将如何收场。他不断念叨自己勤恳奋斗了多年，好不容易熬到了资深船长的位置上，想不到事业前途竟会被飞来的横祸毁于一旦，不但从此要结束航海生涯，还稀里糊涂地成了十八条人命的刽子手。

唉，此生休矣！船长像泄了气的皮球，一脸沮丧，心想官司面对的是美国政府的海岸巡洋队，自己是外国人，"赫勒拿"轮是条外国船，谁会相信自己的证词？又能到哪里去申诉？他泪水纵横，痛不欲生。他认为自己这回是死定了，无计可施，只能坐以待毙。

锡成静静倾听，一言不发，沉默良久。他努力使自己的头脑保持冷静客观，细细分析琢磨引发事故的缘由。凭借多年的航海经验和专业知识，他断定这场撞船事件的主要责任应在对方。他深知这场灾难或许是颗重磅炸弹，将彻底摧毁自己公司的前途。他也清醒地知道对方权大势大，弱小的福茂公司根本不是对手，将面临一场十分棘手并旷日持久的官司。

锡成是个心思缜密、轻易不服输的人。他认为撞船事件事出有因，其中另有隐情，不管对手多么不可一世，就算死马当活马医，也应全力以赴据理力争。何况商船进出港口都有领港人员，若他能出面如实作证，可能还有转机。

在开庭前，锡成尽力组织过硬的信息资料、人证和物证。他找到那位领港的美国人，以最大的诚意，极力劝说他能说出事件真相。领港人的证词将对法庭的判决起到至关重要的作用。在法庭上，锡成用航海专家的语言有理有利地陈述客观事实，极力还原现场实况，甚至点滴蛛丝马迹也不放过，使法官能尽量详细地了解实情，以便作出准确无误的判断。

一年多过去了，多次开庭休庭，法官们反复找当事人调查了解，核对查证，判决迟迟没有结果。1969 年 11 月，在漫长的等待和煎熬中，股东们早已灰心丧气，认打认罚认倒霉了，干脆把这"烫手的山芋"丢给锡成，任命他为福茂公司总经理，凡事由他全权处理好了。

1970 年 2 月，法庭终于宣布了审判结果："赫勒拿"轮不仅无罪，反而获得了相应的赔偿。

最后结果有惊无险，有了公正的判决，令股东们大跌眼镜、欣喜若狂。那位船长更是起死回生，紧缩的眉头终于舒展，感谢锡成力挽狂澜的再造之恩。

饱尝了这商场上血雨腥风的洗礼，锡成日趋成熟，遇事更加沉着果断。对海外的新移民来说，敢于同政府打官司且能打赢，简直是前所未闻的天方夜谭。从此锡成对美国的司法制度有了更加深入的了解，亲身体会到这是一个值得信赖、公平竞争的国度，从而对前途更加满怀憧憬，信心倍增。

自然，锡成的能力与魄力得到了股东们的充分信任和赞赏。他们感到兴奋的同时，也感到被这场官司拖得身心疲惫，于是共同作出决定，在公司资产被剥离后，把福茂管理公司的股权转让给锡成。

1972 年 3 月 1 日，五位股东每人一元，共五美元，将福茂公司正式卖给了赵锡成。

那一年，当春姑娘迈着欢快轻盈的脚步降临大地时，锡成终于有了属于自己的公司：美国福茂航运公司。

03

1972年印巴战争期间，因日积月累颇佳的信誉，货主主动上门送生意，令福茂公司吉星高照，一路高歌猛进。公司独家承包了由联合国发放的援助物资的运输业务，为公司带来了丰厚的利润。

谁知，天有不测风云。正当福茂公司财源滚滚之际，公司的两艘商船在战火硝烟中，被封锁在巴基斯坦港口达两周之久，高昂的保费每天为船价的百分之一。损失惨重，公司的利益受到重创，真是急煞人！

锡成以往一贯奉行做生意先做人的原则，坚信公司成功最重要的宗旨是诚信和声誉。所以在他这次遭遇沟坎时期，同行们都真诚地伸出援手，允许他延长或暂缓归还借贷，给他足够的时间周转资金，以期渡过难关。锡成进退有度、取舍得法，讲原则但又不失灵活，逐步扭转乾坤、化险为夷，摆脱了这一商业危机，使公司业务重新步入正轨。

锡成深感商场如战场，胜败乃兵家常事。主帅指挥要有大将风度，赢得起也要输得起，输了便要吃一堑长一智，重整旗鼓，卷土重来。

华尔街股票市场是个热闹非凡的"赌场"，尤其是被缤纷的泡沫巧妙地包裹起来时，更令人眼花缭乱，不禁垂涎三尺。多少人按捺不住发财淘金的欲望，蜂拥而至，趋之若鹜，在不识庐山真面目的情况下，一头栽进股场。

锡成当年也不例外，对热闹纷呈的华尔街充满好奇。他把几年辛苦积累的百万美元资金先后投进股市。但万万想不到的是，股市跌宕起伏如家常便饭，金融风险更是严峻冷酷。股市似一个信马由缰的魔鬼，在下了诱饵让股民们尝了点甜头之后，便如洪水猛兽般张开贪婪的血盆大口。锡成积攒的血汗钱也随之打了水漂，血本无归。痛定思痛，锡成决心牢记血的教训，今后绝不轻易涉足自己不熟悉、不了解的行业，并终生恪守诺言。

他认识到"常赌必输"的法则。虚拟经济若不以实体经济为基础，便是无根之木，无源之水，最后的枯竭将是必然趋势。尤其在期货交易连连告捷时，更不能被利益冲昏头脑，由原来合理投资的初衷变成投机取巧。

他牢记当年在股市中血本无归、损失百万的教训，见好就收；在做了六七年期货交易后，便毅然决然卖掉外汇期货，及时抽身回到熟悉的国际航运行业中。

欲望和贪婪是人与生俱来的本性之一。面临各种诱惑，能理智地急流勇退，绝非易事。

锡成曾被人误解为好高骛远，不切实际。但他认为思想猥琐，便会被捆绑住手脚，丧失主动驾驭生活的能力。成功人士不仅要有高度的自制能力，还要具备大智大勇、高瞻远瞩、运筹帷幄的潜质，更要有相当的人生境界，绝非那些盲目祈盼一夜暴富、急功近利者所及。

二十世纪七十年代中叶，台湾和香港许多人相继移民来美，锡成被同仁们选为"航友协会"主席，以惯有的热忱服务于同胞，努力参与各种公益活动。那时，福茂公司也不断拓展新局面，蒸蒸日上，走在金光闪闪的大道上。

　　人随思想走，思想随心走。要有永不言弃的心，才能有达到人生巅峰的机会。当然，理是这么个理，说说容易做却难，欲做成功更是难上加难。

　　"欲穷千里目，更上一层楼。"登高，才能望远。望远，必须登高，高屋建瓴才能居高临下。这不仅是锡成平生酷爱的诗篇，更是他一生不断追求的真实写照。

04

春风送暖，八十年代末期，中国迎来了历史性的重大变革。

因改革开放起步不久，国内造船业还没有出口业务，正急于打入国际市场。遗憾的是，时令不佳，适值国际航运市场萧条之际，造船工业严重不景气，竞争异常激烈，处于冰冻时期。虽然当时国内造船价格相对低廉，但工业基础、技术基础，尤其是工艺方面仍难与其他国家相竞争。

赵锡成身为华裔，对故土情深义重，与中国造船业有不解之缘。他和夫人受中国造船总公司之邀，参观考察了北京、上海、广州与西安的造船厂，以及配套的设备工厂和船舶科研等单位。

他毅然表示，尽管中国造船业正处于最为困难的时期，也应责无旁贷，助一臂之力。1988年2月，江南造船厂派十人代表团飞抵纽约，与福茂进行造船技术与商务谈判。但令他们大跌眼镜的是，福茂那租赁来的小小办公室里，只有一张铺了块桌布的办公桌而已。见惯大场面的国企代表们迷惑了，面面相觑，这家福茂公司看起来很有些寒酸，不知到底有多厚的家底。

对代表们的迟疑态度，赵锡成看在眼里，胸有成竹地让秘书拿出银行存款账簿。大家一惊，那账簿上竟然趴着两千多万美元的现金。在那个年代，这笔现金可是巨款，仅利息每月就有一百多万美元。大家相视而笑，在双赢的基础上谈判成功。

福茂公司向上海江南造船厂同时订购了两条 6.5 万吨巴拿马型散装货船，"心梅号"为一千六百多万美元，"月梅号"因通货膨胀费用增补百分之八，分别于 1990 年及 1991 年下水。这是中船总系统出口散装货轮首度进入美国市场，也是当时上海江南造船厂能够生产的最大吨位轮船。

因那时中国正面临着由计划经济向市场经济的转型时期，摸着石头过河自然会磕磕绊绊，遭遇无数暗礁和困扰。与江南造船厂签订的合同中明文规定，船体楼外面的螺丝钉以及螺帽均用不锈钢制造，但不知何故，其中垫片却被人偷梁换柱，用一般铁片"暗度陈仓"了。

令人大吃一惊的是，崭新的万吨巨轮在下水不到几个月的时间里，铁垫片被海水全部腐蚀生锈，千疮百孔，四处漏水，形成船下一片大洋、船内一片小洋的极其恶劣的局面。

几经交涉后，船厂同意补送全部不锈钢螺丝钉、螺帽和垫片。于是，船员们只好把一万多只生锈的螺丝钉和垫片，一只只加倍小心且加倍费力地卸下，又一丝不苟地把同等数量的新螺丝钉、新垫片逐一替换到位。这万般无奈、亡羊补牢的持久大战，工程之浩大、之烦琐、之头疼，令锡成几乎一夜愁白了头。

这仅是其中一例，自然还有类似的其他质量问题层出不穷。尽管当时高层领导一再打招呼，甚至格外关照，仍造成这种几乎无可挽回的严重后果。其损害的不仅仅是国家的商业信誉，更是伤透了爱国侨胞的心。

一朝被蛇咬，十年怕井绳。这次极为惨痛的教训，令赵家一度对其敬而远之，转身与日本造船厂合作。自 1997 年起，赵锡成先后在常石造船厂签订"嘉梅号""明梅号""吉梅号"和"富梅号"四条 7.4 万吨至 7.6 万吨的巴拿马极限型散装货轮，用来运载谷物、矿砂、煤炭等大宗货物。新船造价虽稍贵，但船的性能坚实可靠。

十几年后，中国日新月异的变化和与世界接轨的快速步伐，令举世刮目相看。2002 年，锡成应邀参观了被誉为"中国第一船厂"的上海外高桥造船厂。亲临现场，耳闻目睹，让他看到了船厂先进的硬件设施、优异的生产流程和合理的工艺布局。崭新的船厂如腾飞的巨龙，一步到位，具有强大的国际竞争能力，并已进入世界十强之列。

中国造船采用比其他国家更多的钢铁，经久耐用，使用寿命长久，折旧率低。基于全世界环保意识的快速增强，造船业也越来越注重环保趋势。中国率先把原来装在底部的油舱改造设计在船体上部的两侧，一旦发生意外，不至于让油流入海中污染海水，成为创新型环保先例。中国政府对船舶工业发展高度重视，对设备、研究、设计大量投资，势头迅猛，令造船业信心大涨。

今非昔比，眼见为实，此行非同小可，令锡成不仅感到了意外的惊喜，更重新融化了那颗被冰冻的赤子之心。

那时，国际航运业呈现下滑趋势，前景一片灰暗，偌大的外高桥造船厂只有六条船的订单。更为雪上加霜的是，其中两条船还遭买主借故遗弃。

锡成在全面考察船厂后断然决定，在确保质量的前提下，福茂公司宁愿不降价，向船厂先订购了两条，后又外加两条，共四条17.5万吨好望角大型散装货轮。这真如雪里送炭，给正在起跑线上挣扎的中国造船业以极大的鼓舞与惊喜。赵锡成先生也因此二度成为向中国订购散装货轮的美国船商。

随着"安梅号""德梅号"的成功下水，福茂公司继而又续订了"心梅号""月梅号""宝梅号""兰梅号""平梅号""仁梅号""忠梅号""国梅号""新心梅号""新月梅号"十艘新货轮，总共十二艘，总吨位达200多万吨。从2004年起至2011年，这支崭新的船运舰队已全部建造完毕下水，对福茂集团的事业而言，是何等壮观的飞跃。

赵锡成订造的所有船只均由"梅"字命名，是为纪念父母大人的养育之恩。1981年第一次以父亲赵以仁先生的号"心梅"为船只命名。2010年以母亲许月琴女士命名为"月梅号"。为纪念岳父朱吉甫大人，于是就有了"吉梅号""富梅号"等等。

梅花为中国的花魁，冰肌玉骨，独步腊冬，斗雪吐艳，凌寒留香。这"梅"字也是锡成浓重思乡情结的一种寄托与象征。

与此同时，他对中国造船业信心百倍，为中国的进步，为上海外高桥造船有限公司的成就和信誉在国际航运界呐喊助威，积极树立中国造船业在国际上的正面形象。他不断呼吁并介绍多位外商到中国去，到外高桥去，到正在经济腾飞的中国去！

福茂公司做了许多成人之美的好事，但从不收取佣金。这种行为方式似乎与福茂公司对于船只的规格、价格、材料、人工、利润等具体细节极其严格的谈判作风背道而驰。福茂公司在谈判过程中经常为了几十万或十几万元认真计较，咬住不松口以期更加合理，绝不允许高于日本的同类价格。但福茂公司却对巨大数额以至于数百万的佣金不屑一顾，更是一口咬死绝不收取任何费用，令造船厂和总公司惊奇之余甚感不解。

　　人有人道，政有政道，商有商道。董事长赵锡成先生亲自为公司制定了严格的经商原则，绝不能随意违反逾越。福茂公司的经营理念后来不但得到了船厂和业内人士的理解，更博得了加倍的赞扬与敬重。

05

2005 年 1 月 4 日，上海浦东码头旌旗招展，锣鼓喧天，虽是寒冬，但阳光格外灿烂。这是令中国造船界深感骄傲与兴奋的时刻，世界最大吨位绿色环保型"安梅号"落成下水。时任国务院副总理的吴仪女士来到码头主持启航典礼。她气宇轩昂地振臂高呼：

"祝你乘风破浪，一帆风顺！"

赵锡成得到了中国船业界的尊敬，被称为老朋友，并得到最高国家领导人的多次接见和真诚感谢，被誉为对推动中国开拓国际造船市场起到积极作用的人。他在备感欣慰之余，表示要奉行的商业基本原则不变，愿为中国的进步发展贡献绵薄之力。

赵锡成运用他在国际航运界的影响力为中国摇旗呐喊，居然推介了日本最大的邮船公司到上海外高桥造船厂造了四艘船，并一鼓作气介绍大阪三井到外高桥造了两艘船。他为此破天荒之举感到小小的得意和慰藉。

当时的中国船舶报告曾如此评论报道：从大局看，从长远看，与美国福茂公司签约造船确有一定的深远意义和良好影响，是一件值得庆贺的好事。

那时，世界造船业的形势已构成中、日、韩三雄鼎立争霸的局面。赵锡成充满信心地认为，中国造船企业若能在生产效率、技术水平、配套设备、经营管理等诸方面不断提高，继续发挥潜力，取代日、韩造船大国，成为世界第一造船大国将指日可待。

　　赵锡成乐观地展望未来，认为在六百年前的十五世纪初叶郑和下西洋时期，海上丝绸之路空前繁荣，那时就造就了我国航海史上的鼎盛时期，并在世界造船业独占鳌头。今天国际造船业的辉煌能够再度峰回路转重回中国，本在情理之中。

　　自 2006 年起，赵锡成继续推进福茂集团的绿色造船运动，先后选择了四种新型船，向上海外高桥造船厂不断追加订单。2011 年 10 月，福茂集团旗舰"兰梅号"——20.6 万吨世界最大绿色环保散装货轮诞生，从上海港"呜——呜"长鸣启航，载运铁矿砂，缓缓驶向南非。

　　今日，福茂集团不仅在上海外高桥造船，还在沪东造船厂、青岛北海造船厂等建造新船。这支庞大的船队越来越年轻,平均船龄五年(一般船寿命约二十六年）。最年长的大姐为 2010 年的"宝梅号"，正带领十六位"姐妹"，在世界各大洋里畅游。

　　近期，福茂集团正在蓬勃发展，其船队也越来越壮大。"梅"字号船队将拥有三十一位豆蔻芳华的"姐妹"。它们大的为 21 万吨，小的为 8.5 万吨，船队载重总吨位将达到 500 万吨。

　　这三十一位"同胞姐妹"每年航行的总海里数足够从地球到月球来回 7.6 次！可惜它们各自肩负使命东奔西跑无缘相见，若能有缘在无垠的大海上聚首排成方阵，将有五十三个足球场大；抑或首尾相接排成长龙，将有 8.5 公里长。

2003 年 4 月 12 日，赵锡成博士与赵小兰、赵安吉摄于新船下水典礼上

那将是何等壮观，何等浩浩荡荡！

这将成为国际船运史上的惊鸿一瞥。

2014 年 12 月 4 日，赵锡成带领着麾下首屈一指不满五岁的绿色环保散装船队，庆祝福茂航运公司成立五十周年。

老骥伏枥，志在千里。自 1994 年至今，整个福茂船队没有发生过任何重大事故，深受业界好评，因此保险费用最低。赵锡成身为船长多年，深知舵手的重要。在商海中打拼，既要有远见卓识，审时度势，又要有洞察秋毫，事无巨细的才干并与时俱进，该造船时造船，该卖船时卖船，方能稳稳掌握航向，在大风大浪中带领团队屹立不败。

福茂集团新船之一的试航之旅

赵锡成精力过人，工作之余积极参与社会公益事业。自1990年6月他当选为第六届交通大学美洲校友总会董事长，此后连续担任十一年之久。其间，校友会曾组织台湾新竹、上海、西安、北京及西南五所交大联谊会，开创了海峡两岸"交大先通"的创举。1996年上海交通大学百年大庆之际，经过积极筹划，美洲校友代表一行百余人，历时三周巡回参加了五校的"校友庆校庆活动"，所到之处均备受热诚款待。

赵锡成目前仍然身兼数职并获诸多殊荣。他被聘请为美国纽约圣约翰大学的客座教授，并为该校终身荣誉董事；1988年被大连海事大学特聘为荣誉教授；1992年被美国尼亚加拉大学颁授荣誉法学博士；1995年被上海交通大学聘为荣誉校董，同年被上海海运学院聘为名誉教授及荣誉院长；1999年被聘为中国武汉市政府特别顾问；2004年5月在纽约被联合国列入"国际航运名人堂"；2006年4月与夫人赵朱木兰共同获得肯塔基州友好学会杰出成就奖；2008年3月与女儿赵小兰共同获得美国移民局颁发的杰出美国人奖；2008年5月被纽约那亚克大学授予荣誉人文学博士学位……

尤其难得的是，2009年4月2日晚，赵锡成博士荣获第六十二届"奥尔杰杰出美国人奖"，成为该奖首位华裔获奖人。此奖由联邦大法官汤玛士先生在华盛顿最高法院颁发。

奥尔杰奖创立于1947年，为纪念十九世纪诗人奥尔杰（Horatio Alger）所设。本届其他十一位获奖人包括百事可乐印度裔女董事长兼执行长诺伊（Indra K. Nooyi），影星丹泽尔·华盛顿（Denzel Washington），以及享誉美国流行乐坛数十年的作曲家及钢琴家福斯特（David Foster）等。奥尔杰奖是颁发给历尽艰辛、白手起家，在各个

2009 年 4 月 2 日，赵锡成博士在美国联邦最高法院荣获第六十二届"奥尔杰杰出美国人奖"

方面做出重大成就并可成为青年学习典范的杰出美国人。获奖人同时即成为该会会员，共同致力于社会福利慈善事业。

赵锡成获得这些殊荣，实至名归。当他每次走上灯光闪耀的领奖台时，爱女小兰总是陪伴在他身旁，笑盈盈地看着父亲，与他一起分享收获的喜悦。

这一次，也不例外。

第九章

白宫丽人行

01

在花旗银行一次午餐会上，银行总裁先生向夫人介绍赵小兰，并对她格外褒奖，令夫人对小兰刮目相看，留下深刻印象。

总裁夫人一边凝眸注视着小兰，一边细细地观察她：眼前这位年轻姑娘白净高挑，落落大方，聪慧灵秀，浑身散发着青春的魅力。夫人灵机一动，委婉地建议道：

"你为何不去试试参加白宫学者的甄选呢？"

这是小兰首次听到"白宫学者"一事，顿觉眼前一亮，按捺不住的好奇心怦怦地跳，并不断膨胀扩大，猛烈地撞击着她的胸腔。她心中激起一种热情，一种期待，一种憧憬，令她难以抑制，甚至魂不守舍，夜不能寐。

谁想到，一句不经意的问话，竟掀起小兰心中的巨澜。

白宫什么样？

华盛顿什么样？

那里的世界总是戴着耀眼的光环，但光环下的真实是什么？

问题层出不穷，如大海波澜起伏的浪潮，不断涌入脑海，并再也挥之不去。白宫与白宫所隶属的那个世界，似乎离她那么遥远，甚至遥不可及。

从商还是从政？这将是她人生面临的一次重大抉择。

在细细琢磨后，她坦然一笑，释怀地鼓励自己说：若能有机会参与白宫学者选拔，既开眼界又长见识，这已经是大赢特赢了，反正即便选不上，我也不会丢失什么，为什么不去试试呢？

抱着这种既兴奋又松弛的心情，她没有压力，没有负担，勇敢地加入了竞选白宫学者的行列。

"白宫学者"（White House Fellow）是 1964 年由约翰逊总统所创立。因当时世界事务日趋复杂，选拔社会上的杰出青年与白宫官员一起工作，可以促进政府与民间的沟通交流。选拔条件极为严格：申请者年龄必须在二十八至三十六岁之间，受过高等教育，有特殊领导才能，由工作单位和社会上有声望的人士推荐，并要经过长达九个月的笔试、口试和社会安全资料调查等一系列审核。

选拔赛场，犹如一个热闹异常的竞技场。

1983 年报名申请的青年人高达五万两千人。第一轮选拔出三千人；第二轮选拔出一千一百二十人；过五关斩六将，经多次笔试、口试后淘汰至三十二人。小兰有幸成为其中之一。

最后有两次很严格的面试。第一次是由十几位政府官员和各界领袖所组织的评审团，共同提出极尖锐的问题，考核选手的反应能力和应变能力。如果选手问题回答得较肤浅或不得要领，便会被当即驳回，淘汰出局。小兰那天从容自若，凭着自信与精明，清醒的判断和冷静的头脑，对答如流，言之有物，先胜一筹。

在第二次面试时，参选的三十二人共同在白宫接受四天的考核，由当时的副总统老布什亲自主持。口试官看着眼前这位在华盛顿罕见的亚裔面孔，好奇地问小兰为何来参加白宫学者的竞争。

"如能成功入选，我愿为亚裔参政做出榜样。"

考官被她那率真坚定的语气、敢为天下先的精神所感动。

评审员们用貌似轻松的聊天方式对考生进行全面考核，囊括知识面、表达能力、逻辑分析能力等个人素质鉴定，还在下午举行的鸡尾酒会上随时观察考生的风度仪表、待人接物，并给予综合评分，精心挑选出最具潜力、最有培养前途的人才。

最后金榜题名仅为十三人。小兰成为十三分之一，并且是唯一的华裔女性。

当老布什副总统笑盈盈地把录取证书颁发给小兰时，她正值而立之年。

这意外的惊喜，令全家欢欣鼓舞。小兰激动的心情更难以言表，但心里又有些隐隐的忐忑不安。

在华盛顿举目无亲，我谁也不认识，且谁也不认识我。

据说华盛顿政治圈内的水很深，是吗？到底有多深？

那里惊涛骇浪的政治旋涡会淹没我吗？会吞噬我吗？

脚下的路通往何处？该怎样走？是坦途大道还是崎岖小径？

明天是幸运之星高照？还是一头撞上玻璃天花顶？

我能立得住脚吗？能胜任吗？能得心应手应对自如吗？能打开局面吗？能经得起挑战吗？能有所作为吗？能功成名就吗？

太多的问号铺天盖地地向她袭来，没有答案，没有结果，诸多外因都不在她的掌控之中。太多不确定因素所描绘出的曲线混沌不清，

1983年，美国副总统老布什在白宫向赵小兰颁发白宫学者证书

令她心中着实无底。

但有一条在她心中是清晰明确的，坚定不移的，那就是自幼培养起来的决心、恒心与毅力。父母殷切的目光和信任，更给了她一往无前的勇气和力量。

父亲常以亲历的人生经验谆谆告诫她："这个世界基本上是公平的，你不仅要积极参与社会竞争，更要不断地与自己的标准竞争，只有你的软弱才能击败你自己。"

关键时刻，赵锡成常在小兰背后猛击一掌：

"你有责任发展自己的天赋，有能力施展自己的才华，这样的人生才会更加丰富多彩，才能使人生价值最大化。不要犹豫彷徨，不要优柔寡断，不要止步不前，要埋头苦干，不怕尝试，才会得到好的结果。"

"有爱我的父母和温暖的家庭做后盾，凡事尽心尽力，我难道还惧怕什么不成？大不了一事无成就回家呗！"这是她经常坦率面对自己时所说的话，而且一说就是几十年，关键时刻，屡试不爽。

这句话总能给她以动力，总能使她不屈不挠勇往直前，总能帮她避开激流险滩化险为夷，总能带她冲破移民心目中所谓的"透明玻璃天花板"。

她心中充满期待，决心要圆满完成命运中的这次腾飞。

02

1983 年重阳时节，九九艳阳天，华盛顿的气候清爽宜人。

旭日喷薄，彩霞满天，白宫沐浴在一片金色之中，典雅中透着庄严。一辆白色小奔驰车停泊在白宫门前，小兰迈出车门。

她神采奕奕，发梢上染着一缕朝霞，明眸中闪烁着一丝好奇，脚下的步履显得格外轻盈。

这是小兰第一次以白宫学者的身份走进这座神秘而庄严的殿堂，走进这片象征着美国权力中心的领地。

她将在这里开始为期一年的白宫学者生涯。

白宫是美国总统办公和居住地。1792 年由首任总统乔治·华盛顿（George Washington）亲自选址奠基，并制定了三点基本原则：宽敞、坚固、典雅。它绝不是一座宫殿，无须高大，有三层就够，因为在这里工作的是国家的仆人。这座总统官邸依照当时流行的欧式乡间别墅设计建造，于八年后初步竣工。乔治·华盛顿卸任时官邸仅完成了基本轮廓，遗憾地成为唯一没能住进白宫的总统。

1800 年 11 月，萧瑟寒风中，第二任总统约翰·亚当斯（John

Adams）和夫人乘着一辆马车，把首都从宾州费城迁至华盛顿，使自己捷足先登，成为首位入主白宫的总统。

此后，白宫即成为美国权力和政府的象征，并作为美国历史的见证人，历经内忧外患，荣辱兴衰，饱尝沧桑。

1812年美国第四任总统詹姆士·麦迪逊（James Madison）执政期间，英美战争爆发。英军攻陷了首都华盛顿，将白宫付之一炬。幸亏苍天有眼，安排一场暴雨及时赶到，挽救了白宫的筋骨框架，使之免于化为灰烬。战后，总统把当年的设计师赫本请来重建白宫。为掩盖焚烧过后黑漆漆的烟痕，设计师把整座官邸粉饰成白色，从此被人们称作"白房子"，被中文贵译为"白宫"。

当1902年第二十六任总统西奥多·罗斯福（Theodore Roosevelt）夫妇带着六个孩子搬进白宫时，办公室和起居室显得狭小拥挤。于是，设计师们就在白宫主楼的西侧加盖了办公室，在东侧加盖了客房，即是现在白宫的西翼和东翼。

经过多次的修整和扩建，现在的白宫主楼拥有一个保龄球道、一百三十二个房间、四个餐厅、一个牙医诊所、二十八个壁炉、十二个烟囱、三部电梯和两个地下室。大约有一百五十名工作人员分别在白宫的西翼为总统服务，在东翼为第一夫人服务；还有一百多个园丁、警卫、厨师等负责维护这座总统府兼博物馆的正常运行。

小兰被安排在白宫西翼二楼的一间办公室，分派在罗纳德·里根（Ronald Wilson Reagan）总统顾问密斯先生的手下，担任交通运输及贸易领域的工作。

这个部门专门处理特别棘手或引起强烈纠纷的"疑难杂症"。每当事件严重到白宫必须出面介入时，她便根据上司的旨意，奉命起草一份阐述白宫对此事件的立场和建议书。

她经手的事务五花八门，从细小的财政问题直到世界大事，有时甚至是头条新闻。她接受的每一件任务，事先都要做大量细致入微的调研和分析，并进行深入的思考。所拟定的文件要尽量准确无误，完稿后报送给上司密斯先生和其他部门审阅，最后呈送给里根总统批阅。

她虽资历尚浅，但因工作需求，常要同国会、民间、工商界、学术团体及司法等部门协调交涉，经常要奔波于上上下下，周旋于形形色色，从而大大锻炼了她人际交往的能力。她经常随同上司去全国各地巡视考察，有时还涉足国际事务，到冲突频发的以色列、沙特阿拉伯等中东地区国家走访。这更使她对美国的立国之本、民主精神、平等制度、国家机器运作等诸方面有了切实的了解和深入的体会。

她清楚地看到，美国向来承认社会是不可能完全平等的，但所有的人都应该拥有公平竞争的权利和机会。在这样的环境中，她有着强烈的愿望要证明自己，证明自己的才华，证明自己的抱负。

她深知，人不是生而知之，而是学而知之。她乐观地把所面临的难题都看似一个自天而降的"馅饼"，是一个求之不得的学习机会，更是一个能不断让她向上攀缘的阶梯。

抱着这种心态，她从不挑肥拣瘦，如一根上紧了弦的发条，对委派的任何工作都精力充沛，满腔热忱。在办公室，她总是来在人前，走在人后，心甘情愿地加班加点，毫不惜力，毫无怨言。

尽管初来乍到，事务繁杂，时常摸不着头绪，但她小心谨慎、如履薄冰，尤其对一些重要敏感的问题，更是严格把关，绝不掉以轻心。

她兢兢业业，一丝不苟，不放过任何细枝末节，不因事小而不为，不因事多而畏难，更不因事繁而推诿。

机遇，无所不在，但又似乎是个"偏心眼"，总是垂青于那些胸有成竹、早有准备的人。

一天，里根总统要出席白宫举办的有关经济领域的会议，并准备发表演讲。密斯先生便把草拟演讲稿的任务交给小兰。她欣然接受，受宠若惊。一是为能得到上司如此的信任而深感荣幸，二是为有机会展现自己而跃跃欲试。

她深感责任重大，随即花了整整两天时间收集资料，夜以继日整理信息并加以细致入微的分析。她把在哈佛练就的处理难题的看家本领都充分调动起来，洋洋洒洒一气呵成，如期把演讲草稿交到密斯先生手中。她尽管对自己的工作态度极有把握，但对所拟草稿的水平和上司如何评价心中无底，不免有些诚惶诚恐。没想到上司阅后便大笔一挥，仅稍加改动后便直接呈送给了总统。

里根总统在演讲前审阅讲稿时发现，内容条理有据，思辨清晰，切中要害，观点精辟到位，不禁颇为满意并大加赞赏。密斯先生告诉总统，撰写此底稿的是一位担任白宫学者仅一月有余的年轻女孩儿。这令总统惊讶不已，当即要求召见小兰。

她随即来到仰慕已久的总统椭圆形办公室。

里根总统高大魁梧，一如既往的诙谐幽默，和蔼可亲，浑身散发着令人抵挡不住的魅力。他与小兰亲切握手，掌中传递着亲切与真诚，言语中那带有磁性的声音浑厚而动听，使小兰迅速摆脱了紧张羞涩，受到了前所未有的感染和震撼，心中更平添了对总统的崇敬之情。

1983 年 9 月 22 日，美国里根总统在白宫内阁会议室和时为白宫学者的赵小兰握手

　　总统笑眯眯地打量着眼前这位亭亭玉立的年轻姑娘。她清新秀丽，大方矜持，朝气蓬勃，眉宇间透着聪慧，给总统留下极为深刻的印象。在片刻的交谈之后，总统欣然邀请小兰同赴会场，令她激动万分，心里乐开了花。这是何等尊贵的奖赏与荣耀！

　　那天正巧白宫邀请新入选的十三位学者的家长访问白宫。这是父母第一次因女儿的缘由来到白宫，享受着"自己人"的特殊待遇，颇感别样的自豪与快慰。在游览时，父母猛然发现陪同一起参观的女儿不见了踪影，正四处张望时被告知，小兰因临时决定，陪同总统参加重要会议去了。

事发突然，连总统的保安都感到措手不及，丈二和尚摸不着头脑，急忙打探查询：这年轻姑娘何许人也？为何会突然出现在总统身边？

天赐良机，初战告捷。这次契机使小兰崭露头角，脱颖而出。她迅速得到了上司进一步的赏识与重用，水涨船高，从而承担的责任越来越大，得到的锻炼机会也越来越多。

这正是她所寻求的，也更是她所期盼的。

03

对于小兰来说，白宫学者的身份还另有一番意义。因她是那里唯一的亚裔，每当有亚洲代表团访问白宫时，小兰都会出去帮忙接待。

白宫与生俱来就有热情好客的传统。因法律规定白宫的支出由全体纳税人承担，所以必须定期部分向民众开放。

早在二百多年前第三任总统托马斯·杰斐逊（Thomas Jefferson）进驻白宫后，便要求每天打开大门，在不影响他工作的前提下，公民可自由参观白宫。那时，英俊帅气的杰斐逊总统会在闲暇时走出办公室，与素不相识的客人们握手交谈。消息不胫而走，来客络绎不绝，有的甚至从远道赶来，只为看一眼仰慕已久的总统先生。据说杰斐逊总统有时仅凭一纸友人的介绍信便请来客喝下午茶。他之所以深受美国人民爱戴，由此可见一斑。

1984 年的一天，时任天津市副市长的李岚清带队出访美国。一行人在白宫门外长长的队伍中排队等候参观。小兰看到来自中国的客人正在排队，便主动上前提供帮助，热情地给他们"开后门"入内参观并兼当导游。

白宫九曲十八弯，无人导游还真如走进迷宫一般找不到北。小兰面带微笑，有问必答，详细介绍白宫的历史、建筑、结构、趣闻轶事，犹如一位优秀的职业导游，使客人们心满意足，尽兴而归。

斗转星移。二十年后，李岚清副总理在北京接见赵小兰时提及这桩往事，感慨当年热情好客的年轻姑娘现已成为美国前途无量的政治明星，令双方开怀不已。

春暖三月，风和日丽，华盛顿繁花似锦。

转眼间，小兰到白宫已半年有余。

近午夜时分，她整理好当天手头的文件，走出白宫大门。

她深深地吸了口气，身体略感惺懒，但精神却依旧处于兴奋之中，毫无倦意。她信步跨过白宫门前的大街，向南面的开阔地走去。她缓缓漫步在松软的草地上，青草在脚下"吱吱"作响，散发出混合着泥土气息的芳香。

深邃的夜空下，华盛顿闪烁的灯光勾画出一座座建筑物的清晰轮廓，如一个错落有序的硕大矩阵，又如一幅浓缩了的史诗长卷。此时此刻，小兰心中波澜起伏，似乎自己就站在这矩阵的中心，就立在这画卷的黄金分割点上。

和煦的春风吹来，慷慨地送来阵阵沁人心脾的花香，缓缓地浸透她的肌肤，令她心旷神怡。

她隐约地感觉到，自己的脉搏与华盛顿的脉搏越来越同步，自己的心与这里越来越贴近，自己的归宿似乎就应该属于这里。这座城市对她来说有一种特别的吸引力，好像与她之间有一种特殊的默契，有一种天赐的缘分。

华盛顿热情地张开臂膀欢迎她、拥抱她、滋养她、熏陶她。这里阳光灿烂，风调雨顺，没有拒绝，没有歧视，如一片取之不尽、用之不竭的沃土。

　　只要是一粒饱满的种子，便能在这片土地上深深地扎根，尽情地吮吸，自由舒展地生长。

　　她胸中激荡起一股暖流、一种激情、一份沉甸甸的感恩之情。越是忘我地投入，越是身临其境，就越是滋生对华盛顿的热爱，对这片土地的热爱，对这片天空的热爱。

04

以史为镜，可知兴替。在学校时，小兰就十分喜爱历史课。尽管年轻的美国仅两百多岁，这在历史的长河中只是弹指一挥间，根本无法与其他历史悠久的文明古国相提并论。

但美国人用聪明才智、勇气勤奋不断地耕耘浇灌，把这块未开垦的处女地迅速开发到如今的富饶辉煌，这一切无不令每一位美国人感到由衷的自豪。

时势造英雄，英雄造时势。小兰非常喜爱美国寻求独立时的那段历史，敬仰那些顶天立地的开国元勋，尤其是国家的三位缔造者，被誉为"美国独立运动三杰"的乔治·华盛顿、约翰·亚当斯和托马斯·杰斐逊。他们背景、性格、形象天壤之别，既是挚友又是政敌，联手创造了美国的神奇，演绎了动人心魄的国家历史，事迹至今仍被人们怀念传颂。

1776 年 7 月 4 日发表的《独立宣言》，标志着美利坚合众国的诞生。在历史的进程中，在历史试金石的打磨中，至今《独立宣言》仍是完美的、智慧的、灿烂的不朽文献。这一天后来成为美国独立纪念日，即美国的国庆日。

1826 年 7 月 4 日，是当年亚当斯和杰斐逊等五人共同起草美国《独立宣言》五十周年的纪念日。那天，两位挚友，两位政敌，两位总统，九十岁高龄的亚当斯与小他七岁的杰斐逊，当年联手共创历史，半世纪后两人选择同一天撒手人寰，与世长辞仅几小时之差。

世上竟有这样不可思议的奇迹发生，令人唏嘘不已。

杰斐逊总统事先为自己撰写了谦逊的墓志铭，并坚持一个字也不要改，一个字也不能多：

"托马斯·杰斐逊，《独立宣言》的起草人，《弗吉尼亚宗教法案》的起草人，弗吉尼亚大学的创建人长眠于此。"

托马斯·杰斐逊在留给子孙的忠告里，把一生积累的生活经验提炼为十点原则，颇为经典，供后人借鉴：

一、今天能做的事情绝对不要推到明天。

二、自己能做的事情绝对不要麻烦别人。

三、决不要花还没有到手的钱。

四、决不要贪图便宜购买你不需要的东西。

五、绝对不要骄傲，那比饥饿和寒冷更有害。

六、不要贪食，吃得过少不会使人懊悔。

七、不要做勉强的事情，只有心甘情愿才能把事情做好。

八、对于不可能发生的事情，不要庸人自扰。

九、凡事要讲究方式方法。

十、当你气恼时，先数到十再说话；如果还是气恼，那就数到一百。

可另有一位当代特立独行的奇人约翰·丹佛却对上述问题有着完

全不同的见解和奇谈怪论。他是跻身美国十亿身家的富翁，是美国硅谷著名的股票经纪人。他的许多商业观念与他的为人一样，充满了与众不同的智慧。他认为：

一、今天能做的事情如果放到明天去做，你就会发现很有趣的结果，尤其是买卖股票的时候。

二、别人能做的事情，我绝对不自己动手去做。

三、如果可以花别人的钱来为自己赚钱，我就绝对不从自己口袋里掏一个子儿。

四、我经常在商品打折的时候去买很多东西，哪怕那些东西现在用不着，可是总有用得着的时候，这是一个基本的预测功能。

五、很多人认为我是一个狂妄自大的人，这有什么不对吗？我做得很好，我成功了。

六、我从来不认为节食这么无聊的话题有什么值得讨论的。事实上我的确喜欢美妙的食物。

七、我常常不得不做我不喜欢的事情。

八、我常常预测灾难的发生。正是这种动物的本能，使我的公司在美国的历次金融危机中逃生。

九、我认为只要目标确定，就要不惜代价去实现它。

十、我从不隐瞒个人爱好以及对一个人的看法，尤其是当我气恼的时候，我一定要用大声吼叫的方法发泄出来。

两位不同时代、不同领域，但同样睿智的大师级人物，对同样问题的诠释竟是如此南辕北辙、大相径庭，真是令人大开眼界！

究竟谁对谁错？谁的高见更合乎情理？谁的经验更值得学习借鉴？看来，只能是因时、因地、因人而异，仁者见仁、智者见智了。

岁月匆匆，冬去春来。

小兰担当白宫学者的工作一年期满，感觉胜读十年书。

她走出白宫，又回身恋恋不舍地凝眸注视着，注视着那教会她树立人生志向的地方，那为她的前途奠定了雄厚基础的地方，那令她终生感激不尽的地方。

三百六十五天的时间不算短也不算长。她如到太上老君的炼丹炉里过了一道，又如钢铁被淬了一遍火，随后强度、硬度、耐性、韧性等诸方面均有大大的提高。毫无疑问，在这而立之年，在这人生的重要转折点，在这幼稚与成熟的分水岭，她的眼界开了，起点高了，翅膀硬了，更加驾轻就熟，炉火纯青，游刃有余。

她是一匹骏马，正奔向草原，昂首驰骋。

她是一只雄鹰，正冲上蓝天，展翅翱翔。

第十章

不拘一格降人才

01

里根总统慧眼识珠。在离开白宫二十个月后，小兰又被一纸公文召回华盛顿。

正是阳春四月天，樱花烂漫，落英缤纷。华盛顿具有一种独特的魅力，犹如一块磁石，对具有铁质的那一类人永远具有强烈的吸引力。

久违了，华盛顿！

这里一切如旧，令小兰感到分外亲切，胸中荡漾着一种微微的激动，心中弥漫着一股融融的暖意，似踏进家门般溢满甜蜜之情。

里根总统是一位传奇式的人物，集电台播音员、电影演员、军人、州长、总统于一身，创造了美国历史上的诸多奇迹。他曾经在五十多部影片中担任角色，并由影坛成功地跨入政坛，于年近七旬战胜对手卡特成为美国现代史上最年长的国家元首（这项纪录已被现任总统特朗普打破，他七十岁才当选总统）。在里根连任两届总统执政的八年期间，与英国首相撒切尔夫人和苏联末代总书记戈尔巴乔夫联手，瓦解了世界的旧秩序，终结了冷战核噩梦，改变了二十世纪末叶的历史进程，创造了著名的"里根时代"，使他跻身于最受尊崇的美国总统行列之中。

1986—1988 年，赵小兰任美国海事管理署副署长

　　小兰是幸运的。她受到里根总统、老布什副总统的器重和信任，被任命为联邦交通部海事管理署副署长。不言而喻，这是在做"白宫学者"期间出色表现的结果。

　　1986 年 4 月，赵小兰成为在联邦政府中担任要职的首位亚裔女性。她是掌管该署三十多亿美元预算的第二号人物，不仅要负责保护所有悬挂美国国旗的船只，还要管理三千多员工。该署的职责分平时与战时：平时负责国内外海运政策的制定和规划；一旦战争爆发，该署要负责海运船只的紧急调配，以配合国家的战略部署。该署是督导航海商船的教育训练机构，对各州的海运学院均有管辖权，并兼有制订计划和发展国家海运事业的责任。

小兰主要分管处理海事署与船东之间的保证贷款问题。当时外国船队称霸国际航海领域，美国航运业已今非昔比惨淡经营，悬挂美国旗帜的商船越来越少。小兰煞费苦心，为提高美国航运业的竞争力，为寻求海运工业的发展，积极提供千万美元贷款给各种轮船公司的船东，简化各种烦琐手续，为他们大开绿灯。但申请贷款的人仍是寥寥无几，可见那时美国航运业冰冻三尺非一日之寒，早已病入膏肓。小兰处心积虑地寻求契机，努力把银行运作的经验带进海事署，使萎靡不振的航运业出现一线生机。

在 1986 年 12 月号的《美国航运者杂志》上，详细报道了赵小兰为振兴美国航运业所作的努力，并以她的近照为杂志封面，推崇这位年轻干练的亚裔女官员，集财经、金融、航运、管理方面的才能于一身，展现了杰出的素质，做出了良好的业绩。

那时，她居住在华盛顿乔治城的水门公寓内，每天清晨六点半起床，半小时梳妆，雷打不动地准时观看三大电视台的早间新闻节目，快速阅读《纽约时报》和《华盛顿邮报》，并特别留意有关商业领域的报道，做到对当天各方局势动态心中有数。

每日上午八点四十五分，小兰准时在办公室召开属下部门的主管会议，听汇报、研究方案、商讨具体部署，紧张而有序。待下午五点职员们下班后，她才真正开始启动属于自己处理公务的程序，挑灯夜战，至晚上十点左右方能打道回府。此外，她要准备随时应答国会议员们的质询，还要经常到各州去视察，到相关机构和学术团体去演讲，腹稿也常是在飞机上和旅途中构思完成。

小兰感到目前的工作方式与两年前担当白宫学者时大不相同。那时的工作相对单一，文件可放在公文包里携带回家，但这里的公文如山、事务成堆，只能在办公室里就地解决。当天工作必须当天完成是她一贯遵循的准则，否则极易丧失主动权，栽进积重难返、恶性循环的泥沼。

　　在海事署，小兰一如既往地勤奋努力、克己奉公。她每天精神抖擞、情绪饱满，处理难题易如反掌，势如破竹。她虽年纪轻轻，又是女流之辈，但这样快的生活节奏其实正符合她的行为方式，这样超负荷的工作量才恰好满足她的胃口。

　　她并不认为晚上和周末加班加点是一种负担，而看作是她的"特权"，是展示她才能的契机。她以解决难题为乐，喜欢迎接挑战时的刺激，更享受逾越障碍后的成就感。对她来说，解决一个难题就是打了一场胜仗，处理掉一个困难就如同消灭了一个敌人，就是一天中最开心惬意的事。由此，"苦"中才能尝出乐来，戈壁上才能开出花来。

　　尽管控制运用上亿的资金、管理上千的员工、承担厚重的责任、面对巨大的压力，但小兰从未惧怕过，从未懈怠过。她总是满怀信心地认为：世上没有对付不了的困难，如果有解决不了的问题和完成不了的任务，也一定是因为自己的能力不足或未能全力以赴所致。当然这种自责是她寻求自我鼓励、自我打气的一种方式，是给自己勇气的一种说法而已。

　　有一首脍炙人口的儿歌，虽简约质朴，却形象地描绘了一个颠扑不破的道理：困难像弹簧，看你强不强。你强它就弱，你弱它就强。

02

古今中外，宦海历来是男人们的天下，是男士们拼搏厮杀的角斗场。据统计，里根总统率先开创了任命联邦政府女官员的先河，女中豪杰频频涉足政坛，人数比例节节攀升。在华盛顿政界，小兰不仅是女性，还是少数族裔，更显得卓尔不群，与众不同。

两年后，福星高照，小兰在官场继续晋升。她被里根总统任命为联邦海事委员会主席。

1988年6月17日，在艳阳高照的华盛顿，全家出动参加小兰的就职典礼。这天，她身着蓝地白红花图案的上装，与身后的星条旗色彩协调一致。她神采奕奕，浓密的短发衬托着白净的脸颊，显得更加端庄干练。在那个庄严的时刻，时任副总统的老布什监誓，父亲赵锡成手持《圣经》，小兰跟随着复述誓词。母亲和妹妹们在一旁助威，脸上都挂着难掩的喜悦之情。

老布什在典礼中，称赞小兰在担任海事署副署长职务时尽心尽责，展现了海运方面非凡的管理才能和专业技巧。他热情鼓励小兰，希望她在新的岗位上能再接再厉，不负众望，勇担重任。

1988 年 6 月 17 日，美国副总统老布什主持赵小兰荣任联邦海事委员会主席的宣誓典礼

联邦海事委员会是美国政府体系中一个具有行政立法、准司法和执法三种职能的委员会，掌管所有在美国境内以及国际来往于美国的船务。委员会主要对美国外贸海运业务进行监督，同时也负责美国对外贸易中的海上运输管理。各国来往于美国的船运公司都必须满足美国联邦海事委员会的监督要求，借以防范歧视性的不合理货船价格，制止非法交易。

联邦海事委员会是独立机构，直接对总统和国会负责。委员会主席由总统任命，国会批准。海事委员会由五人组成，一位主席，四位委员。当时的委员中有一位是退休的海军中将，另一位是转任的参议员，都是年纪花甲、德高望重的老前辈。在资深长辈们面前，小兰初来乍到，年龄尚轻、资历尚浅，被放在质疑的热锅上烘烤一番，也是情理中事。

她胆大心细，运筹帷幄，把经验不足的劣势转变为初生牛犊不怕虎的优势。她铁面无私，秉公执法，极力矫正美国海运管理对远东地区过严刁难，而对英、德、加拿大等国家的偏袒姑息政策，更不会因她本人的背景与中国千丝万缕的联系而放松通融，采取双重标准。

精诚所至，金石为开。她得益于里根总统和老布什副总统的赏识与栽培，孜孜不倦，耕耘不辍，不足一年，便得到了上上下下的一致认可，并心悦诚服。

五年前，小兰在离开白宫之后，便由东岸只身飞往西岸，受聘于旧金山美国商业银行，担任资金市场企业集团副总经理。上任伊始，她便为该行创建了新的金融机构筹集资金。当时雪佛龙（Chevron）石油公司出现了严重的财务困难，濒临破产，形势十万火急。在银行商讨如何拯救这个石油公司的会议上，大家都认为该公司的问题错综复杂，十分棘手难办。

小兰明知山有虎，偏向虎山行，知难而上，主动承担了该项任务。她遵循哈佛商学院"从混乱中创造秩序"的宗旨，提纲挈领，融会贯通，冷静果断地拟定解决方案，百密而无一疏。她联合了多家银行，筹措了可观的款项，使这家石油公司及时摆脱困境，获得喘息机会。随后她又完成了二十亿美元的庞大贷款，使其乾坤扭转。成功的商业运作，强悍的协调能力，令银行界对她刮目相看。

但小兰深知这一路走过来的艰辛，不仅是外界的压力，更是自身施加的压力随时考验着她。

在得知里根总统颁布调令，赋予小兰重任之际，银行副总裁在向全体职员发送内部公函时表示：

"在宣布赵小兰前往华盛顿交通部接受极有意义的挑战时，我感到心情十分复杂，既为她荣升高职而感到高兴，又为我们银行失去这样一位勤奋敬业的专业人才感到遗憾惋惜。"

银行特意为她举行了盛大的欢送会，大家恋恋不舍，场面温馨动人。小兰为自己的美西之行画上了圆满的句号，也为自己的前途添砖加瓦，打下了更加坚实的基础。

03

在田径赛场上，有一种项目叫"三级跳"。在万众瞩目中，在沸腾的助威呐喊声中，运动健儿在闪电般的助跑后，奋力跨出第一步，随后借第一步的凝聚力跃出第二步，最后奋力完成第三步的腾飞，创造新的纪录。

赵小兰像一位优秀的运动健将，于短短三年内，圆满地完成了仕途的三级跳，成为华盛顿冉冉升起的一颗政界新星。

1989 年 4 月，新上任的老布什总统钦命，赵小兰升迁为联邦交通部副部长。她成为联邦政府中职位最高的第一位亚裔女性，年仅三十六岁。

交通部管辖几乎所有能运行的领域，其中包括航空、航运、高速公路、汽车安全、铁路系统、整体运输系统、海防队以及电话通信等。副部长的年薪当时不足十万美元，远不如商界和银行界的报酬丰厚，但这并不是她特别在意的。她重视的是工作是否有挑战性，是否有放大效应，是否能产生更高的社会价值，是否能有足够的空间任她挥斥方遒。

To Elaine — a rising star — with admiration Sandra Day O'Connor

1989 年 6 月 1 日，在美国华盛顿政府旧行政办公大楼举行的交通部副部长就职典礼。左起：美国奎尔副总统、美国联邦最高法院大法官奥康纳、赵锡成博士和交通部副部长赵小兰

1991 年 5 月 17 日，美国老布什总统与时任交通部副部长的赵小兰在白宫椭圆形办公室合影

1991 年 5 月 7 日，交通部副部长赵小兰由美国运输司令部指挥官、四星将军杜安·卡西迪陪同访问美国军事空运基地

1991 年 9 月 21 日，美国老布什总统在白宫椭圆形办公室会见交通部副部长赵小兰一家

那是个多事之秋。在这位年轻的副部长走马上任之际，核潜艇爆炸、泛美航空公司103班机坠毁、东方航空公司职工罢工、阿拉斯加油轮泄漏、加州大地震等重大突发事件接踵而来，令人应接不暇。

在美国"9·11"事件之前，最为严重的恐怖活动即是1988年泛美航空公司103班机的"洛克比空难"。这次炸弹袭击共夺走了二百七十条人命，机上二百五十九名乘客及机组人员全部丧生，其中一百八十九人为美国人，另有十一人在洛克比镇地面被波及丧生。

洛克比镇是英国苏格兰的一个小镇，曾是个宁静的世外桃源，几乎无人知晓。但这突发的恶性事件，使小镇从此改变了命运，被全世界瞩目并令人望而生畏，成为"空难"的代名词被载入史册。

12月21日，圣诞前夕。一架波音747客机自德国法兰克福起飞，乘客经伦敦希斯罗机场转机，再飞往纽约肯尼迪机场。机上大多为赶回家过节的美国人和五彩缤纷的圣诞礼物。

黎明时分，乘客们正在沉睡，飞机刚进入苏格兰境内时，却突然在高空爆炸，机体急速冲向地面的洛克比小镇，撞击出一个巨坑，随之粉身碎骨。注满燃油的机翼引燃了地面的加油站，汽车和房屋也葬身于一片火海，致使地面上的十一人也无端为之殉葬。飞机的残骸遍布一百四十二公里长的地带，面积达两千多平方公里。

空难现场尸横遍野、惨不忍睹，被精心包装的圣诞礼物也付之一炬。可以想象，在圣诞来临之际，在千里迢迢归心似箭的返家途中，在生命的最后瞬间，这些可怜的人是多么惊恐，多么无助，多么绝望，多么渴望生存！

苏格兰警方迅速赶到现场，但因飞机是在高空爆炸，取证工作异常艰难。警方和上千名专家、技术人员夜以继日展开地毯式搜索。他们接到的命令是：

"如果那东西既不是在生长又不是块石头，拾起它。"在对近一万八千件飞机碎片进行分析鉴定后得出的结论是：飞机本身无故障，爆炸是因飞机内部猛烈爆炸所致。一位技术员注意到一片金属板上的少许痕迹。经鉴定，此金属板是飞机前部行李架上的残余物，而痕迹则是一种高性能塑胶炸弹的残余，是恐怖分子最为青睐的东西，因一般安检仪器对它根本无能为力。

事态变得愈加严重，美英两国立即成立了联合调查组，经过三年不懈的努力，经大量取证研究，终于宣布了"洛克比空难"的调查结果：空难是由两名利比亚情报人员，前利比亚航空公司驻马耳他办事处主任和他的同事联手制造的一起骇人听闻的恐怖事件。

罪犯将藏有炸弹的棕色行李箱从马耳他送上了103号航班，原本将引爆时间设定在飞机飞行于爱尔兰海上空，这样飞机便会神不知鬼不觉地消失。但当晚的强风令飞机迟了三十分钟，致使飞机残骸留下的蛛丝马迹戳穿了谜底，使案情大白于天下。

鉴定专家确认，在现场发现的蓝色婴儿连身套装碎片上含有残余炸药。警员根据婴儿装标签追查到马耳他的一家服装店。据店老板回忆，在炸弹袭击前两星期，一名貌似利比亚人的男子买走了那套蓝色婴儿服。

白宫发言人在记者会上宣布，这样大规模的恐怖活动必有政府的背后支持和指使，矛头直指利比亚政府和最高领导人卡扎菲，并向利比亚政府递交了起诉书和通缉令。饱受英美制裁的利比亚拖到1998年才交出嫌犯。苏格兰法庭判处罪犯无期徒刑。利比亚在2003年同意民事赔偿，给予每位受害者一千万美元，总金额高达二十七亿美元。至此，"洛克比空难"案件方告一段落。

在"洛克比空难"祭奠仪式上，赵小兰以美国总统老布什特派使者的身份参加了这场令人悲恸欲绝的葬礼。

淫雨霏霏，阴风怒号，满目萧然。在苏格兰偏远的小镇，在游荡着死亡冤魂的空中，在笼罩着悲痛阴霾的地方，四处依然弥漫着血腥和焦灼的味道，令人压抑和窒息。二百七十位死者的亲人们相互搀扶，泣不成声，被这突降的灭顶之灾完全击垮了，至今仍在惊愕中挣扎。世上又无端增加了许多孤独的遗孀、可怜的孤儿和痛心疾首的老人。

他们怒火燃烧的双眼中布满血丝，捶胸顿足地仰天呐喊着：上帝啊，你到哪里去了？！这到底是为什么？！他们失神的眼眸中充满痛苦忧伤，虔诚地祈求着：请把亲人还给我们吧，不论什么代价！

所有善良的人都希望这是一场能够醒来的噩梦。但，它不是。

小兰被眼前这令人撕心裂肺的场面所震撼，一脸凝重，两眼红肿，任凭泪水在腮边流淌。她通常是个波澜不惊、冷静而理性的人，可这次却不能掩盖内心深处涌动的情感。尽管身为特派使节，但面对这样惨烈的人间祸事，她无法控制，也无心掩饰满腔悲情。她对哀悼者们一一安抚，竭力代表政府做一切力所能及的事情。

俗话说，祸不单行。1989 年 3 月 24 日晚 9 时，美国埃克森公司"瓦尔德斯"号超级油轮满载原油从阿拉斯加州启航，仅三小时后，便在威廉王子湾触礁搁浅，并向附近海域泄漏了上千万升原油，致使阿拉斯加沿岸几百公里长的海岸线遭到严重污染，湛蓝的海水变成了一片黑色汪洋。

顿时，大祸从天降。各种水生动物遭受灭顶之灾，成千上万的人站在沾满原油的海滩上，日夜兼程拯救那些垂死挣扎的海鸟、海豹、水獭，把它们从黏稠的黑油中拎出来用清水冲洗，借以挽救这些弱势群体的生命，只可惜杯水车薪，无济于事。

　　这些可怜无辜的小动物，大概连做梦都没有想到，在自己世代栖息的家园，居然被这个双手沾满血腥的刽子手，把它们美丽的羽毛和肌肤涂得漆黑，赐予这么个残酷的死法，且死无葬身之净地！它们眼中透着绝望，毛孔渗着鲜血，真是死不瞑目！

　　数以万计的渔民和当地的居民也同样难逃厄运，众多赖以生存的渔场和相关设施被迫关闭，几十家企业破产或濒临倒闭。

　　制造祸端的埃克森公司尽管花费超过二十亿美元清理油污，但仍有大量的原油无孔不入，如恶魔附体般赖着不走，吸附在原本纯净的海滩上。在美丽的阿拉斯加，要清除这些"非法移民"，要消化这些龌龊，要重归大自然的清新，恐怕要万般无奈地等到猴年马月了。这场意外人祸震惊世界，后果极其严重。当地居民与埃克森公司的冲突激烈，状告污染要求赔偿的官司艰难而冗长。

　　那时，老布什总统派赵小兰为特使，前往阿拉斯加出事地域做实地调查，了解真实的灾情并提交详细报告，以便政府能作出准确判断，采取有效措施，尽快控制局面，使灾难损失降低到最小。

　　尽管这是个意外事故，尽管这并非人之本意，尽管这也是他们自己赖以生存的空间，但多年来以为母亲地球的乳汁是取之不尽用之不竭的源泉，人类便疯狂地索取，贪婪地掠夺，肆意地祸害，有意无意地干的坏事还少吗？

　　善有善报，恶有恶报。警钟在不断敲响！人类鼠目寸光，急功近利，在毁灭自然、毁灭地球、毁灭家园的同时，也在自掘坟墓。

如果人们还有点滴廉耻的底线，还有些许清醒的头脑，是否想过？是否反省过？是否忏悔过？如此恣意造孽，如此肆无忌惮，今后如何向子孙后代交代？！

目前，有众多高瞻远瞩、具有忧患意识的仁人志士正在大声疾呼，高声呐喊：

"救救地球吧！"

"救救人类自己吧！亡羊补牢，犹未晚矣！"

花开花落，年复一年。在担任联邦交通部副部长的两年半时间里，小兰行色匆匆，雷厉风行，时常在接到指令后即刻出发，几小时内已在前往出事现场的飞机上。她常常在毫无出行准备时出行，致使秘书康妮需打电话紧追不舍，有时甚至请求现场的人们帮助小兰准备一双37号半的雨靴，以便她能在泥泞的现场到处奔走，顺利完成使命。

小兰是老布什总统身边的一位得力干将，如一名拼搏在前线的救火队员一般赴汤蹈火，哪里有灾难，哪里有麻烦，哪里有解不开的乱麻，哪里就有她的身影，哪里就有她的足迹。

04

1991年10月，老布什总统任命赵小兰为和平工作团（Peace Corps）团长。

和平工作团由肯尼迪（John Fitzgerald Kennedy）总统创建于1961年。第一任团长由他的妹夫担当，提倡天下为公、世界大同的宗旨，为落后贫困地区提供教育、保健、贸易、环保、科技及社区建设等专业人才，以协助当地发展经济。和平工作团在各地教授英语，咨询商业，传授推广技术和电脑教学等，以此促进文化交流，增进与世界各国，尤其是发展中国家的关系，是美国维系世界和平的纽带和基石。

和平工作团组织健全，每年招募两千五百人，为期两年，根据学历、技能、工作经验等标准筛选。团员的招募是自愿申请的方式，平均年龄均三十出头并逐年增长，妇女比例略高于男性。但每年竟有上百万人询问，每天递交的申请表格数以千计。

这是一支雪里送炭而非锦上添花的队伍。志愿者们哪里需要哪里去，哪里艰苦哪里去，报酬甚微，除提供食宿及交通等基本津贴外，月薪只是象征性的补助而已，当时仅为每月一百美元以内。

他们服务的对象均是极度贫困的地区，生活艰苦，风餐露宿，条件恶劣，工作辛苦。一般地区洗浴条件十分有限，水贵如油，只能把水桶里的水用杯子舀了往身上淋。厕所是地上的土坑和广阔天地。晚上只有小油灯和天上的星星轮替照明。吃的是最简单的食物，仅为肚子不抗议而已，毫无营养价值可言。睡的是外边下大雨里边下小雨的茅屋，被蚊虫叮咬更是家常便饭。

在过去的四十多年中，已有二十多万人到一百三十多个国家提供这种无偿服务。当然世界上在这种条件下生存的人何止万千，可工作团员们本是有选择的，是自愿放弃锦衣玉食，自愿放弃舒适安逸，自愿投身于艰苦之中。他们怀着一颗金子般的心，满腔热忱，无怨无悔，不求回报，一心只为奉献而来。他们大多有良好的教育背景，经过八

1991年12月2日，赵小兰宣誓就职美国和平工作团团长

到十二周的集训后，便前往需要的地区，与当地人同吃同住，打成一片，无私地伸出援手，送去一片赤诚，把人性的善良发挥到极致。

不言而喻，这要具有何等爱心，何等情操，何等崇高品德之人才能所为！

赵小兰领军和平工作团后，马不停蹄，四处奔走，足迹遍布全球。她积极到各国去视察，给团员们送去关切和支持，给在贫困落后中挣扎的人们带去希望。她四处游说，在报纸杂志等媒体上宣扬工作团骄人的成绩，在电视上用图片形象描述无名英雄们的动人风采，以此号召全国的仁人志士们奉献爱心，化小我为大我，积极放大人生价值，发展壮大义工队伍。

工作团团员们夜以继日，辛勤耕耘，感人的故事不胜枚举。

一位美籍巴拿马裔的安德森老太太，是一位美丽依旧、魅力四射、令人尊崇的老人。在纽约联合国总部工作了十七年，退休后以七十九岁的高龄加入和平团。她弹得一手好钢琴，喜爱爵士乐，年近八旬还去学习现代舞课程。她依旧热爱生活，浑身充满活力，迟暮之年却毫无迟暮之气。

安德森老人来到玻利维亚一个残障儿童中心，给孩子们提供教育服务。她每天六点四十五分起床，八点三十分带着背包到盲童特教中心图书馆，那里有六十名特殊的儿童正等待着她。老人教孩子们识字，陪他们做游戏，给他们放爵士音乐，带他们跳舞。孩子们眼盲看不见，安德森便叫他们弯下身来，把手放到自己的脚上感受脚的舞动，体会节奏，直至孩子们能被音乐的魔力征服，欢悦地随着节拍翩翩起舞。孩子们黑暗的世界从此绽放光彩。安德森老人也如获新生，在生命的黄昏时分再现瑰丽的霞光。

莉莉安·卡特女士是卡特总统的母亲，于1966年加入和平工作团，在印度做了两年护士。她当年已六十八岁，这样的年纪在工作团里也是凤毛麟角。她在家书中兴奋地描绘所见所闻所做之事，表示越来越喜欢这个工作，为自己倾情付出所换来的崭新生活喜不自禁。为表彰和纪念她的奉献精神，工作团以她的名义特设了一个奖项：每五年颁发给一位五十岁以上为社会作出杰出服务的义工，以使美德后继有人。

和平工作团被公认为最有成效、最成功的团体，四处传播美国之精神，和平之希望，并已成为美国的光荣传统。

小兰的这段经历虽短暂，仅一年有余，却是她一生中最引以为豪的荣誉。

05

1992 年 8 月，小兰临危受命，成为美国最大的慈善组织"联合慈善基金会"的总裁。

年初寒冬时节，大地被呼啸的寒风包裹席卷着。可对于庞大的联合慈善基金会来说，这更是一个雪上加霜的冬天。一时间丑闻爆出，铺天盖地，令所有人都惊诧万分，不寒而栗。担任总裁二十二年之久的阿尔莫尼（William Aramony）累计挥霍一百二十万美元善款，用于个人度假、购买房产，及与未成年少女有染等劣行，欺世盗名，挂羊头卖狗肉，致使慈善机构不干慈善之事，却成为被贪官肆意祸害的重灾区。

要说人之初，性本善，此话应不假。这位黎巴嫩移民的后裔初进慈善行业时，也曾是意气风发的青年才俊，不仅精明能干，且功勋卓著。在他担任总裁的二十二年间，每年筹款从八亿增至三十多亿，救助的人数以百万计，慈善事业也在他的手中成长壮大。

可惜人是复杂的多面体，心中不仅有天使，还常有魔鬼作祟。常言道：贪如水，不遏则滔天；欲如火，不遏则自焚。当"贪"和"欲"无限膨胀时，不论何国籍何肤色，其劣根本性便如出一辙。天下乌鸦一般黑，天下贪官一样恶。阿尔莫尼居功自傲，得意忘形，徇私枉法，公然背叛了大众的信任，把基金会当作自家后院任意践踏，把一眼涓涓清泉，用污泥浊水搅浑。

终于有一天，东窗事发。一纸揭发信点燃了纸里包着的火，震惊全国并引起连锁反应，使该基金会下属各分会民怨沸腾，不愿再上交"皇粮"。基金会不仅蒙受羞耻，坏了一世英名，还使美国引以为荣的社会慈善事业遭受沉重打击，民众的慈善热情也深受伤害，致使基金会一蹶不振，陷入了公众募捐低潮，制造了美国慈善界一场空前的信任危机。

阿尔莫尼于1992年2月被迫辞职，并被送上审判台，判刑八十四个月。在光天化日之下，在积善积德之地，他居然敢糟蹋善款，一念之差，自毁多年功业，成为被钉在耻辱柱上的反面教员。想必他在今后狱中的岁月，会常常回忆起自己的所作所为，并权衡为一时的寻欢作乐而付出的惨重代价。假如他还有一点儿人心，必定懊悔万分。可惜追悔莫及。此案成为美国慈善组织经典反面教材被不光彩地载入史册。

为化腐朽为神奇，拯救基金会于水火之中，董事会聘请了专业猎头公司四下物色合适人选，希望能得一良将，重整军心，重建信誉。

可千军易得，一将难求。他们煞费苦心，在长达四个月之久，甄选了数位人选之后，董事会一致青睐于赵小兰。

一日，时任和平工作团团长的赵小兰正准备非洲之行，秘书康妮收到猎头公司的电话，要与小兰直接通话却又不说事由。小兰以为是希望她能献计献策献人选，没想到竟是自己入选。

接受还是谢绝？这确实是个艰难的抉择，是个大大的烫手山芋，令她一时难以决定。有人曾戏称：现在的基金会是奄奄一息的冰海沉船"泰坦尼克号"。总裁这个位置已今非昔比，不再是戴着光环的宝座，而是船长那把铺满针毡的交椅，也许是一个回天乏力的殉葬场。

非洲之行后，小兰心底有一个声音越来越响，越来越强，越来越清晰：这是一个社会良知的集散地，是一个与千千万万需要帮助的人息息相关的枢纽，是一个急需雪中送炭的地方。

此前小兰从未涉足过慈善基金领域。在查阅大量资料和快速学习的过程中，她及时掌握了相关信息，并提纲挈领找出了基金会运作的诟病所在，由一个外行人迅速入了行。

小兰被一种强烈的使命感驱使，既然基金会信任她，愿把这副重担交予她，愿把这条千疮百孔的破船交给她来掌舵，她就应责无旁贷地投入其中，拨正船头，升起风帆，冲出激流险滩，令基金会重获新生。尽管沉重，但这是一个令她满心期待的担当，并为此兴奋不已。

上任第一天，看到有人在走廊上哭，她的心被深深地刺痛了。古道热肠、悲天悯人的情怀使她几乎夜不能寐。她随即到银行申请了三百万美元贷款，给每个员工首先发放令他们安心的工资。她向总部全体员工发表热情洋溢的讲话，感谢董事会对她的厚爱，并决心与全体员工共同携手化解信任危机，重整旗鼓，拯救基金会于危难，开辟新的道路，赋予基金会新的生命。

新总裁虽是一位三十九岁的秀丽女性，但她坚定的目光、无畏的勇气、铿锵有力的誓言、人格的亲和力与凝聚力，使员工们如沐春风，重新看到了基金会的曙光。

她如一位大刀阔斧、临危不乱、指挥若定的将军，身先士卒，率先做"瘦身"运动，把自己的工资主动减半，由四十万降到十九万五千。她大举精兵简政，铁面无私，把臃肿的基金会总部人员裁减了近三分之一。她以身作则，带头出差坐经济舱，出行坐出租车，严禁挥霍浪费，杜绝奢华之风，大力提倡把每一分钱都用在最需要的人身上。

在短短四个月内，她几乎跑遍了下属三十多个地方分会，会见了几千名基层员工，并集思广益，带领大家心往一处想，劲往一处使，齐心协力扭转乾坤。

一年后，基金会便起死回生，原来离去的地方分会重新归队，捐款也逐步攀升至三十多亿的最好水平。美国红十字会、女童子军、男童子军、女青年会、男青年会等多家机构，都重新得到了基金会阳光雨露的滋润。基金会重新展现欣欣向荣、生机勃勃的局面，同时也为赵小兰今后的政治生涯添分加彩。

美国现代慈善事业始于二十世纪初叶。1911 年，美国钢铁大王卡内基创立了"纽约卡内基基金会"，从此开创了现代慈善事业的先河。他临终前又慷慨捐出了全部家产，累计高达三亿多美元。这在当时简直就是天文数字，至今基金会仍在健康运作，继续造福于社会。

卡内基在其《财富的原则》一书中阐述了自己的财富观：

"我给儿子留下了万能的美元，无异于给他留下了一个诅咒。"

"拥巨富而死者以耻辱终"——他的名言如一盏高悬的明灯，不断照亮激励着一代又一代的慈善家追随他的脚步，为社会积德行善；同时又如一条公正的鞭子，无情鞭笞着那些以"耻辱终"的人。

1993 年，美国慈善基金会总裁兼首席执行官赵小兰，看望基金会资助的儿童日托中心的孩子们

    美国现代慈善事业之所以能持续蓬勃发展，源头可追溯到西方基督教"济世"的传统，人们以奉献、回馈社会为荣；另外还基于一种公认的文化理念，即富人只是财富的社会管理人。从法律意义上讲，财富为私人所有，但在道德和价值层面上，超过生活所需的财富应归属于社会。在这种理念的熏陶下，美国的慈善文化得以传承并不断壮大。

    慈善是对社会财富的重新分配。慈善基金会是将私人财富用于公共事业的社会组织，致力于资助教育、文化、科学、医疗、公共卫生和其他社会福利事业。在美国现代慈善组织诞生的同时，美国国会也随即开始制定鼓励民众捐款的相关制度，以法律形式确立对慈善业的支持和保障。

政府于1913年开始征收个人所得税，仅四年后，国会就通过法案，规定捐款或实物捐赠可用来抵税，所得税可抵税部分最高达百分之十五，借此鼓励民众多多捐赠行善。1935年，美国政府提高个人所得税和企业税，但同时允许公司用捐款抵税。目前，美国个人所得税的可抵税比例维持在百分之五十，企业的这一比例则为百分之十。

为有效地鼓励美国人，尤其是刺激美国富人的慈善捐款，美国遗产税于1797年首次征收，初衷是为发展美国海军筹集资金。1916年，遗产税成为固定税，并与赠予税实行高额累进制征收，遗产超过三百万美元以上者，税率高达百分之五十五，而且遗产受益人必须先缴纳遗产税之后，才能继承遗产。

高额的遗产税促使许多美国富翁另辟新径，以捐款给慈善组织的方式正当避税，同时尽量保障其子女后代的利益。一些美国人以及美国公司捐款行善，通过捐款减免个人所得税，同时还能青史留名，既利人又利己，可谓名利双收，一举两得。美国慈善减免税收的制度法规，是美国慈善事业得以生存发展的行之有效的催化剂。

随着美国经济的发展和美国人收入的增加，越来越多的美国人加入了慈善捐款大军。慈善减免税收的相关政策，直接推动了民众捐款的热情，导致捐款数量不断增加，非营利性慈善组织也如雨后春笋。

为彻底铲除"阿尔莫尼"事件的温床和再生的土壤，美国慈善基金会不仅要严格接受国税局的管理和审查，每年填报有关报表，且每

1993 年 9 月 3 日，联合慈善基金会总裁赵小兰与美国克林顿总统共同为基金会录制公共服务广告

个公民都有权查阅相关报表，以确保捐款人能准确了解自己善款的用途和去向，从而为美国人的慈善精神保驾护航，保障美国慈善组织的健康发展。

据统计，1953 年美国有五万个慈善组织，截至 2008 年大小慈善机构约一百四十万个，总资产占美国经济的百分之五。仅 2006 年，美国全国的慈善捐款总额就超过了两千九百亿美元。在过去的四十年中，美国人年均慈善捐款占美国国内生产总值的百分之一点八。

多么惊人的数字！多么感人的善举！

美国慈善组织独领风骚，被称为与政府、企业并立的三大社会支柱之一。三大主流财经杂志《福布斯》《财富》和《商业周刊》每年都会推出全球慈善家及慈善企业排行榜，更加促进了美国慈善文化的推广和发展，使幼有所养，老有所终，社会尽量和谐。

岁月三载，转瞬即逝。赵小兰恪尽职守，持之以恒，带领同仁们把慈善基金会拯救一新。犹如一棵参天大树久旱逢甘雨，基金会重新根深叶茂，接着地气，连着天庭，荫及万众。

山水轮流转。这期间，克林顿于 1992 年 11 月 3 日成为第四十二位美国总统，民主党入主白宫。

小兰的生活也发生了巨大变化。她与肯塔基州联邦参议员麦康诺喜结连理，步入婚姻殿堂。为了能全力以赴协助夫婿竞选连任，她毅然辞去了基金会总裁的职位。

为褒奖她对慈善基金会的业绩和贡献，董事会决定发给她一个大大的红包：三十万美元。

但是，小兰婉拒了。

在她心目中，有一件被看得更重的东西，虽无从计量，但戴着光环，一个高风亮节的光环。

1996 年 8 月，赵小兰被聘任为美国传统智库基金会资深研究员，并成为该会权威性杂志《政策观察》的主编。

传统智库基金会创立于 1973 年，是学术研究机构。宗旨是为政府、国会、媒体、学术、工商界提供权威性咨询。基金会聘请的研究员，或曾在政府担任要职，或为某领域的专家权威，在社会上均享有很高的威望。

研究员们经常被各大团体企业邀请去演讲，并聘为董事会董事。小兰受聘于几大公司：都乐食品公司（Dole Food Company）、克拉瑞克斯化工公司（The Clorox Company）、西北航空公司（Northwest Airlines Inc.），以及全国证券交易商协会（National Association of Securities Dealers）等。她为公司献计献策，掌舵把关，把多年积累的经验与他人分享。

这是一段相对平静而充实的生活，但她受益匪浅，像一个如饥似渴寻求知识的人掉进了图书馆，如获至宝；又像一位在竭力拼搏登山途中的健儿，得以休整加油，继续勇攀高峰。

宝剑锋自磨砺出，梅花香自苦寒来。

十几年的奋斗打拼，使小兰在讳莫如深的官场中、在不断升级的担当中，愈加挥洒自如，炉火纯青，展现出骄人的风采。

"我劝天公重抖擞，不拘一格降人才。"

人才，是宝。精英，是栋梁。

椿萱养育，伯乐慧眼，天道酬勤。

第十一章

大鹏一日同风起

01

黄昏后，夕阳把一点点暖意都毫不留情地带走了，让华盛顿留在寒冷的冬夜里。

2009 年 1 月 19 日，是美国著名黑人民权领袖马丁·路德·金纪念日，政府各部门休假一天。

赵小兰一袭牛仔便装，独自走进劳工部长办公室。

劳工部大楼是国会大厦的近邻，现已人去楼空，显得分外宁静。她驻足在巨大的落地玻璃窗前，凝神远望。这里的视野毫无遮拦，宽广辽阔。遥远的星空下，在墨蓝色的夜幕中，国会山犹如一盏硕大的白色灯笼高悬于空，雄伟中透着精致玲珑。

这年的隆冬出奇的冷，在华盛顿地区实属罕见。可此时国会山前的广场上却是灯火辉煌，一片如火如荼的热闹景象。次日，将是美国第四十四任总统奥巴马的就职庆典。这是自建国二百三十二年来选出的第一位黑人总统。届时将盛况空前，自发前来观礼的人数会达二百万之多。全世界媒体的镜头都会聚焦到这里，全球各地人们的目光也都瞄准这里，为的是能亲眼见证这一历史瞬间。

赵小兰缓缓地环顾办公室四周，此时此刻，此情此景，不禁思绪万千。这里曾是她的帅帐，她的营盘，她驰骋的疆场，她深爱的舞台，上天赐予她恩惠的地方。

她习惯性地坐在办公桌后那把座椅上，然而今天不习惯的是宽大的办公桌已被清理一空。自八年前小布什总统把劳工部的帅印交给她，不论是晨钟还是暮鼓之时，每当她坐上这把交椅，神经便会立即进入高度紧张状态，犹如一场大战来临。那时，她总是身着一丝不苟的正装，总是面临堆积如山的事务，耳边总是萦绕着应接不暇的电话铃声。

而今日却非比寻常，四处寂静而空落。

小兰端详着留在桌上的一盆幽兰。舒展的枝蔓上点缀着精美的花蕾，象牙白中夹着稍许嫩粉，秀雅脱俗。这是她的心爱之物，多年来成堆的文件夹旁总有这样一株兰花陪伴，给紧张中增添一点儿舒缓，给严肃刻板中增添一点儿温馨，给无形弥漫的硝烟中增添一点儿宜人的清香。

她精心地把凋谢的那一朵残花剪掉，整株兰花立刻显得更加亭亭玉立，含苞欲放的和正在怒放的花朵们也愈加昂首挺拔。

她感到如释重负，感到从未有过的轻松，但心中却隐隐含有一丝眷恋之情。毕竟这里是她曾倾心投入的地方，是她人生价值得以升华的地方。

此时，这套宽敞优雅的办公室显得格外安静，似乎沉浸在回忆中，并悄然等待着新主人的到来，期盼着新周期的开始。

小兰取过一纸便签，给自己的继任写下几句话：恭喜新劳工部长就职，并祝愿好运！

随后，她熄了灯，拉上门。

高大厚重的门在她身后发出轻微的碰撞声，似一声亲切而留恋的道别。

02

八年前，那历史性的一刻，也是小兰终生难忘的一日。

2001 年 1 月 11 日上午 11 时许，在传统智库基金会二楼一间办公室内，秘书康妮（Connie Johnston）接到新任小布什总统办公厅主任安迪·卡德（Andy Card）的紧急电话，告知总统要与赵小兰立即通话。

康妮深知事关重大，便在门外静候。

这时，她突然听见室内不时发出"噢，上帝！"的声声惊呼，又听到获得意外惊喜时的声声感叹。她不知室内究竟发生了什么事，又不好随意闯进去，只能在原地打转，如坐针毡一般。

通话结束，门开了。

康妮立即冲进办公室，见小兰激动地指着自己说：

"感谢主！感谢主！"她神情亢奋，眼中闪着晶莹。

"总统刚才说，将提名我为劳工部长。我接受了！"

喜讯自天而降，两人喜极而泣，紧紧地拥抱在一起。

电话中，小布什总统亲口告知，将提名赵小兰为联邦第二十四届劳工部长，并于下午两点正式发表电视讲话。

事发突然，重大而紧急，时为资深研究员的赵小兰，迅速控制了这份情绪，镇定而有条不紊地对康妮说：

"有许多急事要立即做，但我们仅有两小时时间。"小兰与康妮即刻分工合作，紧张而有序地行动起来。

小兰首先电告双亲。在她的心中，父母大人永远具有至高无上的地位。能使父母为自己的成功而满足，而骄傲，永远是她做事的原动力。这动力使她身上总有那么一股劲儿，一股使她不断向前，飞得更高，走得更远的劲儿。

当时父亲刚把母亲从医院送回家，正在乘火车赶往公司的途中。

"这是件好事情！母亲独自在家，赶快把这喜讯告诉她！"父亲在祝贺女儿的同时又急切地嘱咐她。

小兰随即打电话到家里，先不说缘由，仅逗趣地请母亲两点钟打开电视看新闻。

"是不是要恭喜你啊？！"母亲心领神会。

小兰急于赶回家换装，并要到总统移交办公室接洽事宜，便匆匆挂断了电话。二老欣喜之余，为女儿在关键时刻仍能镇静自若地处理轻重缓急，欣慰不已。

随后，小兰打电话给美国劳工联盟及工业组织议会主席约翰·斯文尼先生（John Sweeney），及时知会于他。小兰在联合慈善基金会任总裁时便与劳工界联系密切。共和党与美国工会之间向来大小摩擦不断，劳工部长在执政期间要赢得工会的支持，并与之保持良好关系至关重要。

康妮的首要任务是找到小兰多年的理发师珊蒂。因小兰一向注重公众形象，更何况是在这样重大的场合。第二通电话，康妮辗转找到正在肯塔基州的麦康诺参议员：

"参议员先生，请您先坐好。您的夫人将被提名为新任劳工部长。"康妮语气平和，一字一顿，故意拿捏着。

"啊，太棒了！简直太棒了！！"一向沉稳而不苟言笑的参议员露出抑制不住的兴奋之情。

"现在我能同我的太太讲几句话吗？"

"很遗憾，不能。"康妮很干脆地拒绝，语气中带着些许诙谐。

"她要全力准备下午的电视讲话。"这理由十分充分。

"可我们有两件事急需您帮忙：一是请您的秘书帮着起草电视讲话稿；二是我们需要您的专车和司机。"这哪里是在求援，简直是在给参议员下达指令。

"没问题，我愿做任何需要我做的事情。"参议员的回答果断而有力。

延迟至下午两点四十五分，布什总统与赵小兰同时出现在全国各大电视媒体的新闻发布会上。总统先生正式宣布：

"赵小兰女士将被提名为劳工部长。我深信，她将把受人钦佩的品质带到新职位上。她不仅具有行政管理的过人天赋，还有一颗悲天悯人的心。她将会不遗余力地协助他人追求更加美好的生活。"

小兰立在总统身旁，大方优雅，不卑不亢，面带亲切诚恳的笑容。她一袭红装，镶着黑丝绒的领扣，妆容淡雅精致，浑身透着喜庆。她激动而矜持，庄重而自信地发表感言：

"我非常荣幸能有机会与布什总统共事。劳工是我们国家最为宝贵的财富。我们将竭力保护、培养并发展这一资源。"随之，她话锋一转，深情地说道：

"三十九年前，当我八岁随母亲和妹妹第一次踏上美国的海岸，当我们的船经过自由女神像时，我曾抬头仰望，心情无比激动。那时我就想，我到了一个多么美妙的国度啊！"

她意犹未尽，无限感慨。当年那个对美国和英语一窍不通的小女孩，今天能够站在这里接受总统内阁成员的提名，犹如一个天方夜谭的神话故事。

她由衷地感谢总统的信任与厚爱，感谢父母多年的精心培育，并庄严承诺：将竭尽全力、不负众望，为民众谋福、为国家效力。

这消息立即以"光速"向美国华人社区传播，向各州传播，向世界传播。随后，祝贺的电话铃声不绝于耳，萦绕在赵家宅邸上空。办公室里更是贺喜传真如雪片，令当时唯一的秘书康妮应接不暇。这时，办公大楼前台的女士打来电话求援，说赵小兰给她们制造了不少"麻烦"。

康妮一头雾水，急忙下楼查看。谁料前厅居然一片姹紫嫣红，变成了"鲜花盛开的花园"，并继续向楼道深处蔓延。百合、玫瑰、兰花交融的香气沁人心脾，令康妮如醉如痴，不知拿这些堵塞交通的群芳们如何是好。看着前台女士哭笑不得的眼神，康妮灵机一动，马上给华盛顿几个儿童福利院打电话，恳请他们收留一批无家可归的"庆贺大使"。

"好，我们接收。请送过来吧。"

"我真是心有余而力不足，只能请你们自己来取，不胜感激！"

几天后，这场"鲜花厅"事件才得以圆满收场。

03

宦海风云，瞬息万变。

曾在两星期前，总统办公厅主任安迪·卡德曾打电话给赵小兰，向她转达歉意。因小布什在竞选时曾许诺，如若当选，为了国家利益，组阁时会邀请民主党人加入新内阁，以平衡党派间的分歧。但目前唯一的机会，也是赵小兰最适合的交通部长职位，却给了日裔民主党人峰田先生。安迪·卡德深表遗憾并安慰赵小兰，示意随后还有其他政府高职可供她选择。

对于赵小兰来说，这个消息确实意外。

早在去年费城召开的共和党第三十七届代表大会上，共和党人群情激奋，斗志昂扬，为小布什的总统大选摇旗呐喊，列阵助威，做最后的冲刺。在第一天开幕式的黄金时间，布什夫人劳拉、鲍威尔将军和赵小兰依次发表演讲，为竞选鸣锣开道。

那天小兰身着清雅的天蓝色裙装，笑容灿烂，步履轻盈，显得分外精明干练。她热情洋溢的讲话，以自身移民家庭的心路历程，充分展示了对这个国家的感激与热爱。这随即引起媒体和外界的广泛关注，并预测小布什若一旦胜选，必定会把赵小兰延揽入阁。

哪想到，意料中之事却出了意料外状况。原本对此抱有重大期望的人都感到大失所望，心中的失落之情不言而喻。

达则兼济天下，穷则独善其身。面对挫折，赵小兰依旧表现出了相当的素质、涵养和风度。她立即发表声明支持新任交通部长峰田先生的提名，积极肯定他的能力和功绩，并给予良好的祝愿。

大选刚刚结束，是美国媒体最为活跃和繁忙的日子，天天不乏头条新闻。1月2日，布什总统提名西班牙裔琳达·查维斯（Linda Chavez）为新任劳工部长人选。但媒体对她提出异议并穷追不舍地展开炮轰，曝光她近十年前曾收留过一名来自危地马拉的非法入境女子。该女子每周早晨两次替她做家务，为期一年之久。查维斯曾先后给过她约一千五百美元作为资助或称酬劳费。

媒体和民主党人猛烈抨击查维斯此举明显违反移民法，并在接受联邦调查局问话时也未完全吐露真情，导致事态日趋严重。评论家认为，准劳工部长曾知法犯法，这不良记录会使公众对她产生信任危机，会对她在国会确认内阁人选的表决中造成极大障碍。

面对突如其来的声讨浪潮，查维斯深思熟虑后正式宣布：为避免令小布什总统困扰难堪，自愿放弃已获得的劳工部长职位的提名。在1月9日为此召开的新闻发布会上，她解释那些钱仅是动了恻隐之心伸出的援手而绝非工钱，但仍承认自己犯了错误。她为此过失付出了惨痛的代价，个人仕途之路也因此走到了尽头。

在美国类似的事件时有发生，曾有多名政治人物因雇用非法移民为用人，而遗憾地放弃已获得的内阁成员提名机会。

2001 年，美国政府内阁成员在总统椭圆形办公室合影

好事多磨，世事无常。其实，机会也无常。有时擦身而过，稍纵即逝，令人失望沮丧；有时又戏剧性地峰回路转，柳暗花明，令人意外惊喜。

"天生我材必有用。"这次，命运又一次垂青了赵小兰。

俗话说，跌宕生姿。人生也是如此这般。尤其是对那些坚忍不拔、锲而不舍的斗士来说，越是跌宕，越是生姿，越是精彩。

随后，劳工部长提名的审核程序正式拉开了序幕。

舆论纷纷推测：赵小兰多年为官清廉，身家清白，虽无劳工背景，但在联合慈善基金会做执行长期间，与劳工界联系密切，关系良好，任命听证应能顺利过关。再加上夫婿麦康诺参议员在参议院工作多年，德高望重，其他参议员也应不看僧面看佛面，不会公开刁难她。

虽然如此，但赵小兰仍不敢大意，依旧谨慎从事，要求自己只许成功不许失败。她一边向相关人士打招呼，一边挑灯夜战，积极准备可能被询问到的有关劳工问题。她事先做足了功课，有备无患，确保万无一失。

1月24日，美国国会参议院健康、教育及劳工委员会在国会山庄举行了新劳工部长提名听证会。

赵小兰一身深紫色套装，胸前一枚国旗别针，目光笃定，气定神闲，有备而来。在夫婿和另两名参议员的陪同下，刚步入会场，她便感到了一种亲切舒缓的气氛。

委员会主席杰弗兹（Jim Jeffords）先生面带微笑致开场白，祝贺赵小兰被提名，推崇总统的明智选择，并希望今后劳工部能与国会紧密合作，使劳工法得以严格执行。随后，资深参议员爱德华·肯尼迪（Edward Kennedy）态度鲜明地支持这项提名。他还表示赵小兰曾就读的曼荷莲大学和哈佛大学均属麻省，是他的家乡和他所代表的领地，也算是沾亲带故。前第一夫人希拉里·克林顿（Hillary Clinton）参议员也表示与居住在纽约州的赵家相识多年，不仅有同乡之谊，且对小兰的经历、能力与政绩十分熟悉，期望今后能愉快合作。随后发言的十多位参议员均和风细雨，表示对此提名没有异议。

最后，夫婿麦康诺参议员上台深情地表示：

"这是我感到无比兴奋荣耀的一天。我相信她不会辜负总统和诸位的信任，会用满腔的热忱担当大任，对国家和人民负责。"

小兰满怀激动与感恩之情致辞。听证会在一片祥和的气氛中结束。

这天，恰逢农历蛇年大年初一，小兰进入本命年。对赵家来说，中西合璧，喜上加喜。

参议院于29日宣布无异议通过赵小兰劳工部长的任命。劳工部长于1月31正式到任履行职责。3月6日，布什总统在白宫椭圆形办公室亲自主持了赵小兰的就职宣誓仪式。

2001 年 3 月 6 日，赵小兰在白宫总统椭圆形办公室宣誓就任美国劳工部长。当时母亲已罹患淋巴癌，但仍面带微笑，手持《圣经》，见证女儿的历史时刻。左起：美国最高法院大法官奥康诺、小布什总统、赵小兰、朱木兰女士、麦康诺参议员、赵锡成博士

这天，美国最高法院大法官奥康诺（Sandra Day O'Connor）主持宣誓，总统布什监誓，母亲手持《圣经》，夫婿麦康诺参议员和父亲观礼。赵小兰身着紫罗兰色的正装，颈上一串珠圆玉润的珍珠项链，分外端庄典雅。她左手轻抚《圣经》，右手庄严地举起，宣誓接受国家交予的神圣使命。

那一刻，美国首位华裔内阁部长诞生了！

美国华裔第一次实现了入阁"零的突破"，冲破了那个令人心悸的隐形"玻璃天花板"。

04

这届政府由共和党执政。

2001 年 1 月 20 日，乔治·沃克·布什带领他组建的新政府正式进驻白宫，成为白宫的新主人。新内阁十三位成员需在最短的时间内，最好地完成与上届克林顿政府的全面交接。

这位第四十三任总统诞生的过程令人惊心动魄，实属历史罕见。

2000 年大选期间，民主党总统候选人戈尔（Al Gore）赢了普选票，却在法院介入佛罗里达州点票结果时，输了选举人票。在总统投票选举后，最初的计票结果显示，民主党候选人戈尔与共和党候选人小布什的选举人票分别为二百六十六和二百四十六，而获胜需要二百七十张选举人票。

但最后关键的佛罗里达州掌握二十五张选举人票，而该州州长又为小布什的亲弟弟杰布·布什（Jeb Bush，又称约翰·埃利斯·布什）。大家均相信，似乎小布什略胜一筹。媒体当时便迫不及待地宣布布什获胜。这位戈尔先生也绅士风度地向小布什电话道贺。那时，全国人民都以为选战结束，总统人选已一锤定音了。

谁知，政治风云突变，情况急转直下，令人始料不及。由于双方在佛罗里达州普选中差距甚小，依据佛州法律要重新点票，滑稽戏才刚刚拉开序幕。

所谓一万一千八百张之多的"模糊选票"，是指那些孔屑没有完全脱落，验票机不能确认的选票，均因两党有争议而无法确认。戈尔阵营认为，如果这些选票算数，戈尔很可能战胜小布什。于是戈尔撤回了他的祝贺，并呼吁应遵照美国宪法，以公正明确的方式解决争议。

从11月21日晚到次日的二十四小时内，小布什和戈尔势均力敌的较量，在多条战线全面展开并逐步升级，美国大选中一场罕见的官司从此拉开了序幕。

2001年1月20日，美国国会山举行的小布什总统就职典礼。布什总统左侧为赵小兰，右侧坐者为麦康诺参议员

上万张选票由模糊变为不模糊谈何容易，但责任重大，直接关系着美国下一任总统的人选和两党的命运。"模糊选票"按照排列组合规律包括以下几种情况：三角打穿，一角粘连在选票上；两角打穿，其余两角粘连；四角虽均未打穿，但孔口处有透亮点；四角均未打穿，但孔口处有打压痕迹。

　　这简直是世上最为滑稽的模糊数学游戏。于是州府、郡府、共和党、民主党、限期、延期、人工点票、机器点票等纷纷过招，混战一场，令人眼花缭乱。电视荧屏上从此有了佛罗里达州人点晕了票而成为直眼、斜眼、斗鸡眼的经典画面。

2001 年 8 月 3 日，劳工部长赵小兰和其他内阁成员，出席美国小布什总统在内阁会议后举行的记者会

"预测将来要相当小心。"这是久经风雨、精明过人的克林顿总统在美国瞬息万变的 2000 年大选中道出的一句肺腑之言。

　　2000 年 12 月 12 日，初冬的冷风夹带着霏霏细雨。熙熙攘攘不见首尾的人群，不顾严寒，热情高涨，提前两天便在最高法院门前排队，因仅有五十名幸运儿能亲眼见证这一历史时刻。人们自发组织了编组登记、定时点名、三次缺席除名的规则。

　　晚间十点钟，大法官们终于在投票表决后达成共识，宣布了对佛罗里达州选举争议的裁决。长久守候在大理石台阶上大小媒体的记者们，一边用冻僵的手指翻阅那长达七十多页的裁决书，一边用冻得哆嗦乱颤的嘴唇，试图以最快、最简捷的方式告诉听众们，那决定国家命运的判决结果。

　　判决书以小布什获胜平和地结束了这场危机。近半数美国人包括戈尔在内尽管不服气，但表示接受最高法院的判决并无条件服从。这是人们所信任的司法系统的坚强基础，也正是美国民主的原则和魅力所在。

05

"大鹏一日同风起，扶摇直上九万里。"

2001 年 1 月 31 日，新任部长赵小兰携老秘书康妮入驻劳工部。

劳工部大楼坐落于国会山脚下西北方。这座三十多年的六层驼色建筑，不起眼、不华丽、不巍峨，像个朴实无华的胖墩儿。但外观平常，楼内却是质地精良，高大宽敞。

部长办公室在大楼二层东南角，整面墙的落地窗正对国会山广场。无论阳光灿烂还是凄风苦雨，窗外总是风景如画。巨大的办公室十分敞亮，里边套有一间书房，紧凑而温馨，有居家的感觉。这间也是赵小兰最喜爱的地方，摆放了许多书籍照片和她的私人物品，是她的休憩之处。书房一侧有通往餐厅的门，部长有一位私人厨师。另一侧有通往大会议室的门，部长经常在这里召开高层会议。底层车库有一部直通部长办公室的专用电梯，有保安人员时刻把守。

那时，劳工部犹如一块凌乱荒芜急需修整的庄稼地，又如一艘停泊搁浅的大船，急切地等待着新舵手驾驭启航。

赵小兰上任伊始，便如同吹响了进军号，擂起了战鼓，劳工部即

261

刻进入白热化的高度繁忙状态。

　　劳工部拥有一万七千余名员工，每年七百多亿美元的预算开支。对部长来说，首要三件大事：一是要粮草先行，必须筹措银两，使经费尽快到位；二是要建立完善的人事系统，以便广揽人才，招好兵买好马；三是要"日程安排人员"尽早到位履行职责，以便迅速启动日常运行程序。

　　迎接赵小兰的"礼物"之一是急需处理的上万件待审积案。她深知自己责任重大，能够谋利众生者才能惠人惠己，才是最大的德行。坐而言不如起而行，她当机立断在芝加哥及亚特兰大设立专门的处理中心，以便有效地处理这些案件。

2003年12月11日，美国小布什总统政府全体内阁成员的合影及签字照片

她常告诫部里的员工：

"当你们每天五点钟下班回家的时候，可以随手把这些积案文件放在办公桌上。但你们是否想到过，这搁置的不仅仅是文件档案，而是人们的'生活'。那份文件的后面，可能牵扯一个人或一个家庭的命运，也许是他们正在翘首期盼的希望。"

小兰全身心地投入工作之中。那是一种近乎疯狂的投入，从此她似乎与私人的时间和空间绝缘。幸亏家人在她上任之前，便协助她处理了所拥有的股票、债券等私人财产。因为法律规定，内阁成员在入阁前必须把私人财产处理干净。因此她个人在经济上也蒙受了损失。

万事开头难。康妮尽管经验十足，能干过人，甩开膀子大干，但仍难于招架铺天盖地而来的事务。她恨不得自己能长出三头六臂，变成孙悟空才好，情急时取一把猴毛放在手心里，吹一口仙气，便能派生出满地任她指挥的伶俐小猴子。一个月内，康妮百十来磅的体重就减少了整整十五磅，工作量之大、之重可想而知。

小兰和康妮绞尽脑汁，搜肠刮肚，在过去多年所建立的人脉网络中搜索人才，挖掘挑选那些值得信任并能担当大任的最佳人选。康妮每天打电话无数。不久，各部门的领军人物便相继到位，有的甚至火速从外州举家迁至华盛顿，放下行李便前来走马上任。大家各就各位，齐心协力，使这部庞大的国家机器徐徐启动，开始正常运转。

碧海蓝天下，浪花飞溅中，赵小兰似一位英姿飒爽的船长，驾驭着劳工部这艘大船，在庞大的政府舰队中，紧随着旗舰，驶进浩瀚苍茫的大海。

第十二章

寸草报春晖

01

回娘家——永远是小兰最开心的事。当然，对于日程爆满的她来说，也是一件"奢侈"的事。

2007年4月29日，星期天午后。赵宅庭院被沐浴在金色的阳光里，窗明几净，春色满园。楼房的大门被轻轻推开，小兰挽着母亲的手臂，一起走进阳光。

母亲身着海蓝色的套头羊毛衫，神态安详，气色红润，难得久违了的好精神。小兰穿一件棕色鹿皮夹克衫，黑色西裤，随意休闲，一改平日严谨庄重的职业套装形象。母女俩偎依着沿庭院甬道缓缓漫步，吮吸着阳光的气息，陶醉着鸟语花香，品谈着身边的趣闻轶事，倾诉着悄悄话。

这年的春天姗姗来迟，千呼万唤始出来。这也许是近年来令人瞩目的环境污染"全球暖化"在作祟。两星期前，老天居然一夜间鹅毛雪片乱纷飞，"千树万树梨花开"。

迎春花在赵家庭院四周怒放，潇洒张扬，金灿绚烂。红肚皮的知更鸟欢唱着，按捺不住迟来的喜悦，飞舞在花间枝头。一曲春的圆舞曲奏响，生机盎然，虫儿苏醒，小草吐绿，百花千花万花开。

小兰深知母亲喜爱大自然，喜爱蓝天阳光，喜爱青山绿水，更喜爱细雨霏霏。近年来母亲身体欠佳不能远游，但凡她能挤出时间回娘家，总是陪伴着母亲在园中赏景散步，共度宝贵时光。

"看庭前花开花落，去留无意。"枝头花儿倾情绽放，转瞬即逝，树下落花纷纷，足够爱葬花的黛玉吟诗、洒泪、寄情之用了。前院那棵高大的樱花树上，繁花似锦，阵阵甜蜜扑面而来，令母女俩心旷神怡。

在斜阳照耀下，院中高高耸立的三棵塔松撂下长长的树影，给楼房的多扇窗撑起遮阳伞。三十多年前刚搬来新居时，三棵小松树曾与姐妹们一般高低，在家园中一同长大。现在大树参天挺拔，枝叶繁茂，小兰仰望青松，亲昵地抚摸着坚实的树干。

赵宅所在地哈瑞森（Harrison）是一个高雅住宅区，位于纽约上州。那里地域宽阔，幽静安宁，一座座各具特色的别墅被绿茵环绕，疏密适度，既相互独立又不显孤独，是居住的好去处。

二十世纪七十年代时，在这里居住的仅有两家华人。一家是宋庆龄女士的小弟宋子安先生。如今宋府白色的洋楼已失去了往日的气势与显赫。宋家的风流人物都已作古，无可奈何花落去，目前这旧宅新主也不知姓甚名谁。

另一家华人便是赵锡成家。初到美国时赵家大小五口暂居纽约皇后区一室一厅的狭小公寓内，后搬迁至长岛四居室独门独户的宅院，几年后再迁徙到此地，至今已有三十多年。赵宅是座黑白相间、古朴气派的两层楼别墅，有七间卧房，宽敞的前后院，占地两英亩多，六个女儿均在这里长大成人。这居住环境三级跳式的升迁，恰巧是反映赵家实现美国梦的一个窗口。

庭院中的一草一木都被父母用心血浇灌，被赋予诗情画意，像精心栽培的心爱的女儿们。尽管女儿们都已成家立业，孙儿满地，但赵家依然具有极强的凝聚力。这里是快乐的家园，是憩息的港湾，坚实、宁静、温馨，是全家人的最爱。

母亲缓缓停步，稍感疲倦。小兰搀扶她回屋小歇。

02

下午，父亲亲自开车，去哈瑞森火车站接挚友晓晓归来。黑色的奔驰轿车沿着那条小兰姐妹们铺就的小柏油路，缓缓驶进院中。

小兰热情地迎晓晓进屋，忙着张罗沏茶送水。赵母也笑盈盈地在客厅沙发上落座，亲热地嘘寒问暖一番。

晓晓环顾四周，感慨光阴如梭，一晃十年未曾再拜访赵宅。这里似乎一切如旧：老式的壁炉，已褪了色的桃粉色丝绒沙发，油漆剥落的桌椅柜橱。但屋内陈设依然井井有条，一尘不染，清爽大方，毫无当今社会风靡的时髦与奢华。墙上悬挂的几幅古朴典雅的中国水墨字画，展现出这仍是一个保持故乡传统文化的家庭。

"现在人们讲究把家装修得富丽堂皇，像宫殿、旅馆、酒吧，我们还是多年前的老样子。家嘛，简单够用就行了。我们把钱看得很开，挣钱是没有底的。"赵伯母寥寥几句，尽显悟性。

"非淡泊无以明志，非宁静无以致远。"这是赵伯母素来做人持家的宗旨。

窗前摆放着多盆绿色植物，枝叶油绿肥厚，精神头儿十足，看来阳光雨露充足,生态环境不错。客厅茶几上的大花瓶中插满白色的百合，缕缕幽香四处飘浮。在书房的条案上，餐厅的餐桌上，同样都有新鲜的百合、兰花、玫瑰在争芳吐艳。

"看来您十分偏爱百合花？"

"百合清雅脱俗，纯净美好。这也是我结婚时手中捧的花儿。"赵伯母含笑俯身轻抚花枝，道出酷爱百合之缘由。

小兰给晓晓递上绿茶，说这是母亲老家安徽黄山的新茶。纤细的春茶嫩芽漂浮在杯中，层层淡绿缓缓散开，虽略带苦涩，但清醇爽口。晓晓大赞好茶，尤其能在美国纽约品尝这上等新茶，实属难得。小兰坦言因平日忙碌无心无暇品茶，也未养成喝咖啡的习惯，大多是喝白开水。

小兰虽生于台湾，八岁赴美，但口齿清晰，中文发音几乎没有台湾腔，而略带江南口音。这大概是因为父母至今乡音未改的缘故。小兰坐在父母中间，一会儿凝神倾听父亲发表高论，一会儿帮母亲整理座椅的靠垫，始终不离父母左右，脸上洋溢着幸福甜蜜，俨然一个体贴入微、孝顺细心的乖乖女。

大家促膝闲聊，谈笑甚欢。交谈中，晓晓用中文夹着英文讲，小兰用英文夹着中文说。晓晓抱歉自己的英文不够好，小兰也抱歉自己的中文不够好。她谦称自己的中文大约是七年级水平，在家和父母说中文，与妹妹们讲英文，如果看中文报纸，慢慢查字典也可以对付。

小兰天生丽质，长得既像父亲又像母亲，取了赵朱两家的优点，可谓得天独厚。她有一张非常干净的面庞，皮肤白皙，光泽透亮，具有江南水乡姑娘的特质。她五官标致，清秀舒展，明眸皓齿，眉宇间含着英气。一头浓密光泽的头发总是高高隆起，柔顺有序，被打理得一丝不苟。

　　她身高一米六六，匀称高挑，这大概是遗传了祖父母的基因。她端庄大方，高贵矜持，待人周到得体。尽管已过知天命的年纪，但她浑身散发着一种独特的人格魅力，韵味无穷，像陈酿多年的好酒。她的笑容极具特点，笑得甜美、生动、到位，连眼睛都含着笑意，如一轮弯月，充满亲和力。这是继承了父母微笑的共同特征，也成了赵家人的标志性笑容。

　　爱美之心人皆有之，尤其是女人。但人品气质，修养内涵才是人生最值得追求的美，是无法用金钱数字衡量的无价之宝，是真正属于自己而不随时间消逝的美，是美的至高境界。

　　小兰是一个感情丰富的女人，是一个令父母欣慰自豪的孝顺女儿，是一个善解人意，饱含深情的妻子，是一个关爱妹妹的大姐姐。但在部长办公室宽大办公桌前的赵小兰，却是一个大权在握，智慧干练，一丝不苟，不折不扣的女强人。

　　父母含辛茹苦，为她的人生画卷打好了底色。小兰在成长过程中经风雨见世面，不断进取，用勤奋与智慧积累了丰厚的精神财富，在人生画卷上绘制了精彩的蓝图。

03

这天，赵老先生也是一身轻松随意的休闲打扮，由一件褪色的紫红色高领棉套头衫，替换了平日笔挺的西装领带。

壁炉的架子上摆满了家庭生活照片，儿孙绕膝，其乐融融。其中还有许多小兰陪同父母在白宫、国会山等地参加重大活动的珍贵照片。赵老先生兴致勃勃地向晓晓逐一解说客厅里悬挂的照片。

"这张是我和小兰一起获得'艾利斯岛移民荣誉奖'时拍的照片。"

"是的，那天我看了电视转播，实在难得。"晓晓看到精美的镜框中，父亲和女儿胸前都佩戴着一样闪烁的大奖章，面带一样的笑容，一样的开心。

那是 2005 年 5 月 14 日晚。清风徐徐，波涛依依，美丽的艾利斯岛浓妆艳抹，被打扮得光彩照人。从当年踏上这片土地第一眼看见自由女神像之日起，四十多年后，父亲和女儿又携手来到了这里。

小岛上灯火辉煌，盛况空前。红地毯上，三军仪仗队奏乐，各族裔盛装表演，人声鼎沸，好不热闹。在灿烂的星空下，父亲和女儿并肩站在领奖台上，在近千位盛装出席的移民家庭的注目下，面带灿烂的笑容，眼中流露着骄傲与自豪。

2005 年 5 月 14 日，赵小兰和赵锡成博士同时荣获新移民"艾利斯岛移民荣誉奖"

这个奖项被认为是美国各行业移民成就最高荣誉奖，是专为庆祝自由女神像建立一百周年而设立的。一年一度，奖励那些有杰出贡献的各族裔移民，赞誉他们在融入美国社会的同时又能保持自身族裔文化。多年来，已有一千五百多人获此殊荣，其中包括前总统布什、卡特、克林顿、尼克松、福特等。著名华裔吴健雄、贝聿铭、王安、李昌钰等精英亦获此荣誉，其中多位也被列入"世界华人名人录"。

艾利斯岛如一粒晶莹闪烁的珍珠，被镶嵌在纽约东河与哈德逊河的交汇处。它面向蓝色无垠的大西洋，在圣洁女神的臂膀下，曾担负着庄严的历史使命。它是欧洲早期移民进入美国的必经之路，曾见证了无数动人心魄的移民故事。

它以博大的精神和宽广的胸怀，迎接着所有投入它怀抱的人：有睁着好奇眼睛天真的孩子，有雄心勃勃的年轻人，有拉家带口的父亲，有怀抱婴儿的母亲，有被排斥迫害的异教徒，甚至还有希望重生的罪犯。

自1892年至1954年间，大约有一千两百万移民经这里进入美国，在这里曾留下足迹。在当今的美国人中，约有百分之四十人的前辈与艾利斯岛相关，使千万个家庭从此获得新生，从这里开始寻找各自心中的美国梦，因而也成为美国移民的象征。

今天，赵锡成博士已由当年意气风发、怀抱梦想的青年成为一名功成名就、德高望重的企业家。赵小兰更由一位活泼天真的小姑娘成为今天声名显赫、位高权重的美国联邦劳工部长。

这是多么鲜活的故事！多么令人赞叹的缤纷人生！多么神奇而富饶的土地！

它仁爱慷慨，博大包容，美丽自由。它容纳百川，用自己的沃土养育了投奔它的儿女，给他们机会，给他们力量，给他们的奋斗以丰

2008 年 2 月 27 日，赵锡成博士荣获联邦国安部颁发的"杰出美国公民奖"

厚的回报。

　　来自世界各地、天南海北、四面八方的新老移民们深爱着这片土地。他们在这里济济一堂，追寻梦想，放飞理想，圆各自心中五彩斑斓的美国之梦。

　　"快来看看我的收藏！"赵老兴致勃勃地招呼晓晓。

　　"哇！"晓晓惊异地看着眼前的景象。书房内，整面齐墙高的书架上摆放着层层叠叠的相册。那里是照片的海洋，成千上万，令人目不暇接。但它们本身却多而不乱，被井井有条地编号入座，各就各位。晓晓连连咂舌，可以想象，管理这些收藏要花费多少时间和心血。显然这是赵老先生的心爱之物。

1995 年 6 月 25 日，宋美龄在华盛顿难得的一次公开活动中会见赵锡成博士、夫人朱木兰和赵小兰

像那个时代的许多人一样，在老相册中，孩子们成长的记录一般都是从一张百天或周岁的黑白老照片开始。这当然无法与现在的孩子们相比，有呱呱落地时的录像、满月照、百天照、彩色艺术照等不一而足，个个如龙子龙女般金贵。

赵老先生拿出一本发黄的相册，这里记录着大女儿小兰的成长史。刚满周岁的小女孩，被父母双双捧在手中，梗着脖子，神气活现，一双大眼睛炯炯有神，目光中充满稚气与好奇。

"这张是小兰五岁时在台北再兴幼稚园的照片。这是当时台北最好的幼稚园，有许多达官显贵的孩子。那天给家长们汇报演出，小兰代表全体小朋友献上独舞表演。我们当时感到很诧异，自然也十分高兴，想不到这样好的机会能给小兰。老师说她有天赋，在人前不怯场，落落大方，有做演员的潜质，将来可以进军演艺界。"父亲拿着照片抚摸着，爱不释手。

是啊，照片中的小兰活泼可爱，舞姿还真有点婀娜的味道。谁能预测到一个颇有艺术潜质的小女孩，长大后会进军刀光剑影的政界，与那些男性"角斗士"为伍，并成为政治风云人物呢？！

晓晓问小兰，现在还喜欢跳舞吗？小兰连忙摇头否定。又被问及喜欢唱歌吗？她更加迅速地摇头否定。

"我听你的音色不错，圆润且带磁性，还有共鸣，应该是个不错的女中音。你是否尝试舒展歌喉，就算不能成为歌星，也自娱自乐嘛！"晓晓打趣地建议。小兰不置可否，一笑了之。

小兰展示给晓晓一张重返高中母校的照片，回忆起桩桩往事。

2002年11月22日，为感谢园丁们的辛勤栽培，身为劳工部长的她，来到了阔别三十多年的母校。为欢迎这位给学校带来诸多荣誉的校友，学生们在校园里布置了大块展板，用图片描绘了她的成长历程。展板上当年小兰青春洋溢而又略带青涩的毕业照片，与现在成熟自信的政治精英照片形成了鲜明的对比。

她记忆力惊人，能准确地叫出高中时老师们的名字，对早年的校园轶事也记忆犹新。在参观学校时，她一眼就认出了当年的速记课老师克里夫（Grace Cleaver），两人激动地相互拥抱。在场的英文老师艾斯林吉（Lydia Esslinger）对小兰印象深刻，清楚地记得小兰曾参加了她的婚礼。当被问及小兰当年的英文能力时，老师笑着答道："很好，但现在更好。"

在聚光灯照耀的主席台上，小兰身着红色西装，神采奕奕，接受了学校颁赠的"杰出荣誉校友"。她侃侃而谈，以自己的亲身经历鼓励台下近七百名高中生要执着地追随自己的梦想。当被问及她的职业生涯是否因种族或性别而受到阻碍时，她表示在早期工作时也确实面临过身为亚裔、女性及年龄歧视的困扰。

"但你可以选择是否要成为一名受害者。"她语气坚定地给出了这样的答案。

有人问及她高中最差的分数时，她诙谐地说："我故意'忘记'了！"

随后继续自我调侃："高中时有许多酷哥美女，但我不在其中。我有些害羞，作为新移民最担心的是自己的未来，也担心自己是否被大家接受，我的长相和服装，都让我担心。可有一件事我不用担心，那就是约会的事，因为父母亲不允许。"台下笑声四起。

"我那时也没有参加毕业舞会，因为没有人邀请我。"

"不会吧？你那么美丽！"台下几百名情窦初开的男孩子异口同声。台上赵锡成夫妇被逗得合不拢嘴。

"当然从长远来说，这无足轻重。"小兰脸上浮出笑容。不言而喻，如今的婚姻家庭令她心满意足。

她总结了六条人生经验，诚恳地奉献给那些还未曾涉世、但拥有灿烂明天的年轻人：

一、要善待他人，礼貌总是帮助那些"倒霉"的人。

二、要不断扩展视野，风物长宜放眼量。

三、要胜不骄败不馁；勤奋敬业，方能功成名就，贡献社会。

四、要理解社会的多元化，不应与他人竞争，应与自己竞争。

五、进步不是一蹴而就的，是螺旋式上升，要永不放弃。

2002 年 11 月 22 日，赵小兰参加母校 Syosset 高中的授奖仪式

六、生命中最美好的是奋斗的过程，尽享人生之旅。

"请记住，在你身边默默无闻的那个人，也许会是将来的政府内阁成员，甚至是一位美国总统。"她诙谐地预言道。

随之，笑声响起，掌声响起。

在当年"海明轮"的照片上，母亲一手抱着三妹，一手牵着二妹。八岁的小兰站在母亲身边，表情严肃，俨然是一个懂事的小大人。她满头乌发卷曲蓬松，像曾经时髦的"爆炸式"发型。

"看来你天生一头秀发！"

"可能是烫了吧？否则看起来怎么会这么多，我去问问妈妈。"

小兰即刻转身，噔噔地上楼，兴致勃勃地寻求答案，像当年那个活泼好奇的小女孩一般。

"妈妈说从没给我烫过发。我是天生的好头发，像爸爸！"赵老先生听了爽朗地哈哈大笑。

"你喜欢什么颜色？"

"蓝色，母亲也喜欢蓝色，大海与天空的颜色。"小兰脱口而出。赵家的人生之路与大海有不解之缘，赵家女人们的"蓝色情结"自然也在情理之中。在多张照片中，天蓝、湖蓝、海蓝、淡蓝、藏青，母女俩确实数度以不同深浅的蓝色系列着装，尽显清新素雅。

多彩多姿的照片，一张张，一片片，夫妻情，母女情，父女情，手足情，记载着赵家半个多世纪的人生历程，记录着他们无数美好难忘的回忆，储存着家人之间的深情厚意。

"这只是一部分，远不止这些，我还有好多呢！"赵老先生孩童般地喜笑颜开，颇为得意地炫耀着他的宝贝。

这些从幼稚园、小学、初中、高中、大学到研究生，从一个稚嫩的婴儿到妙龄少女，再到一个成熟的女人，一个成功的英杰，如一部浓缩了的"小兰人生电影剪辑"，耐人寻味。

赵老先生一页页地翻着相册，细细端详着，欣赏着，话语中凝聚的父爱深情，似缕缕香气，弥漫在空气中，令人动容。

人们说："父爱，伟岸如青山，圣洁如冰雪，温暖如骄阳，宽广如江海。"这比喻在赵老先生身上恰如其分，当之无愧。尽管世上还是赞誉母爱的为多，但父爱尽可与之媲美。

04

晓晓拿出刚从中国带回的电视剧《汉武大帝》录像光盘送给赵伯母，为她消闲解闷。多年来，晓晓总是不断地送给赵伯母优秀的电视剧光盘，有古典名著《红楼梦》《水浒传》《三国演义》《西游记》，还有历史剧《雍正王朝》《康熙王朝》《大宋提刑官》等。

一天，赵老先生深夜十一点多打电话给晓晓，火急火燎地咨询关于《雍正王朝》中的若干弯弯绕人际关系问题，说他们夫妻俩因看电视剧上了瘾，搞不清错综复杂的剧情，实难入眠。幸亏晓晓早已熟读二月河的小说，连夜答疑才算作罢。

有时小兰周末得闲回娘家，便会陪同父母享受片刻"电视剧文化"。小兰喜爱看《西游记》，浅显易懂，童趣未泯，令她开心不已。对小兰来说，理解中国历史剧有一定难度，但她是个打破砂锅问到底的人，于是每看十五分钟便要求暂停，待父母把故事背景讲解一番后，再继续观看。

"和珅到底是好人还是坏人？"

"为什么在有的剧里他是好人，有的剧里他又是坏人？"小兰感到大惑不解，耿耿于怀。

"我断断续续看了《大宋提刑官》，每集既连贯又各自独立成篇，剧情曲折复杂，扣人心弦，演员也很投入，我很喜欢。这么好看的电视剧美国就较少，应该让中国把好电视剧翻译成英文，在这里一定大受欢迎！"小兰兴致勃勃地评论道。

"我也很喜欢剧中何冰的表演，真是个好演员。你觉得美国人了解中国吗？"晓晓表示疑惑。

"太不了解了，不过正在逐步了解。"小兰坚信中西方交流虽道路曲折，但前途光明。

"这建议对电视剧界应是个不错的鼓励和启发。"晓晓颇为赞许。真心希望中国能够输出文化，那将是比输出商品更有意义的长远大计。

此间，夕阳西下，晚霞穿过玻璃窗照进客厅，洒下一片金光。赵伯母话语不多，斜倚在座椅里，头发上一缕柔和的霞光，映照得脸庞显得格外温和慈祥。她静静地听着，笑眯眯地看着，时不时插进几句恰到好处的幽默，引来一片轻松惬意的欢笑。

晚餐准备就绪，大家说笑着入座。管家阿华拿来半瓶红酒，赵老先生坚决要换成一整瓶好酒。他素来为人豪爽，热情好客，说今日有客人又有兴致，定要多饮两杯助兴。赵老平日习惯只饮一杯，今日破例，两杯酒下肚便已两颊绯红，容光焕发。小兰表示能不沾酒尽量不沾，今日作罢。晓晓是个酒仙，这点儿红酒不在话下，几下便饮得瓶底朝天。

赵老先生说夫妻俩每日晚餐三菜一汤，女儿回来加一道菜，客人来了再加一道菜，所以今日晚餐是五菜一汤：有清水煮毛豆、凉拌三丝、锅塌豆腐、爆炒鸡丁、一条清蒸鲈鱼，还有一盆素菜汤，搭配得当，均是清淡地道的家常菜。

赵老先生客气地问晓晓是否爱吃鱼头鱼尾，这在南方是餐桌上的上品，可惜晓晓是北方人，完全不解鱼头鱼尾中的风情。赵老随即把鲈鱼的头尾津津有味地一扫而光。

席间，小兰不停地给客人添菜倒酒，照顾周到有加。酒过三巡，菜过五味，晚餐轻松愉快，谈笑甚欢。

"你喜欢吃什么饭？"

"还是觉得中国的米饭家常菜最可口。"小兰毫不犹豫地说。她全身心投入到工作中，私人时间很少，有时连基本的睡眠都无法保证，更别提按时就餐了。就算她有心也无暇享受美食美味，对食物的要求也不高，以健康清淡为好。

大千世界，变化万千。但唯独中国人的胃是最故步自封，顽固不化，认祖归宗的。多少华人虽远游异国他乡，但至今习惯未改，乡音未改，仍然最迷恋中国正宗的美味佳肴。甚至许多移民的后代，对中国语言历史知之甚少，但唯独对中餐情有独钟。这可能也是中华传统之所以保持源远流长的原因之一。

晚饭后，小兰在餐厅的大桌上摆上了一本"巨无霸"相册，有一般特大号相册的几十倍。后来晓晓有幸见到"巨无霸"的制作人，是位金发碧眼的窈窕淑女，听说见过她的作品，分外高兴，得意地说她曾为里根总统制作过多本这样的"巨无霸"相册，现都被里根图书馆收藏，供更多的人浏览欣赏。

"巨无霸"相册中大多为部长公务照片的集锦，记录并展示了许多历史镜头。有些照片在外界从未发表过，难得一见。其中一张在戴维营度假村小电影厅里的照片，布什总统夫妇同赵小兰夫妇等达官显

2001 年 5 月 12 日，赵小兰夫妇受邀在戴维营家庭影院与美国小布什总统和第一夫人劳拉等一起看电影

2001 年 5 月 12 日，赵小兰夫妇与美国小布什总统夫妇在戴维营。右起：第一夫人劳拉与赵小兰亲切交谈；左起：小布什总统与麦康诺参议员讨论问题

贵们舒适地深陷在各自的沙发里，轻松随意，谈笑风生，展现了这些风云人物鲜为人知的生活侧面。

"那谁来决定当天看什么电影呢？"晓晓好奇地问。

"当然选择权在第一夫人劳拉手里。"小兰毫不犹豫地答道。没错，这事就该当家的女人说了算。

此时管家阿华为每人端来一小盘水果，几片白兰瓜围着一块日本小点心。晓晓和小兰都感觉小点心又凉又硬，便建议用微波炉热一下。小兰端回重加工过的点心，谁料受热后的小点心抽成一团更加坚不可摧，两人尴尬地对视一笑，只好遗憾地弃之。

05

　　饭后茶余，大家回到客厅小坐。

　　"你似乎创造了美国的两个历史，一个是当选首位华裔部长，另一个是经常带领父母出席重要社会活动，并在多次演讲中声情并茂，感谢父母的养育之恩。这在美国实属罕见。"

　　小兰说："小时候父母带着我到处走，现在我带着他们到处走。"她脸上放出光彩，绚丽动人，洋溢着满足与自豪。这是她今生最大的愿望，也是最开心的事之一。

　　"媒体说，你在华盛顿的房子不是丈夫麦康诺参议员买的，而是你自己买的？"

　　"不，房子也不是我买的，是父母给买的，甚至连我的结婚戒指也是父母买的。他们说我三十九岁才结婚，实属不易，给女儿买一个大一点的三克拉的钻戒吧！丈夫只给我买了一个很小的。"小兰脸上露出娇嗔，嘻嘻地笑着。

　　小兰夫妻有个习惯，每年都在国会山下的同一地点，照一张合影留念。他们的家就在国会山脚下，距两人的办公室都近在咫尺。这是一座红色瘦高的连体三层小楼，曾经是一个糖果店，自然给这个家处

2005 年 4 月 21 日，赵小兰和麦康诺参议员在美国参议院年度晚餐会上

处留下了甜蜜。

锡成说："她是内阁成员，一部之长，大权在握，日理万机，掌管着每年七百多亿美元的经费，工资却只有十六万，你能相信吗？"

"不，最近刚给我加薪，增加了两万，我现在可以挣十八万了。"女儿郑重地纠正父亲。

"小兰是最成功但又是姐妹中最穷的一个，几年部长当下来经济损失惨重，这可真是为人民服务啊！"赵老先生既骄傲又遗憾地发表感叹。

"在当部长之前，在美国传统智库基金会做亚太委员会主席时挣得还不少，演讲也可以挣钱。但在我宣誓进入内阁前，股票都要卖掉，要全身心地为政府做事，要对国家负责。"小兰眼中流露出一种庄严的神情。

天色已晚，晓晓起身告辞，互道各自珍重，来日再聚。

小兰回屋收拾好行装，把随身的文件放入一个硕大的、多层的、半旧的男用黑色公文包内。这包也是从父亲手里传下来的。

她转身来到厨房，亲切地对阿华说："谢谢你照顾我的父母。我们都不在家，拜托你费心了。"小兰每次离家，从不忘对管家道声谢谢。

"你放心吧，老人对我这么好，我会精心照顾他们的。老夫妇真是有福气，有你这么孝顺能干的好女儿！"阿华被小兰的真诚、平易近人所感动，吐出肺腑之言。

小兰与父母依依惜别，深情地望着重病缠身的母亲，又望望八十高龄的父亲，欲言又止，泪水在眼中打转，一颗心似悬在半空，终究放不下……

保安人员与专车都已在院外等候，她要乘当晚的飞机赶回华盛顿。

在疾驶的车中，她恋恋不舍地回头看着。她知道此时父亲正拉着母亲的手，双双伫立在家门口望着，望着女儿远去的背影。

家中的灯火渐渐离去，消失在暮色苍茫中。

小兰深深吸了口气，平日的敏锐、果断、干练又迅速回到了脸上。随后，她拿出黑莓手机，快速地发出多条简单明确的指令给诸位助手。

夜幕中，飞机呼啸着昂头冲向天空，刺破云端，飞向华盛顿，飞向世界政治旋涡的中心。

第十三章

有情人终成眷属

01

当年，秘书康妮看着小兰一年忙到头，把时间和精力都奉献给了工作，既佩服又心疼，真替她心焦。

"年轻漂亮的女士，你应该留点时间给自己，别把青春都耽误了！"

可惜，此话被不幸言中。小兰的青春还是被耽误了。

流水无情，岁月不饶人。不知不觉中，青春年华从身边悄悄溜走，小兰在自己的事业大举进发时，而立之年已近尾声。尽管她天生丽质，驻颜有术，依旧光彩照人，但白净的面庞上已然印上了岁月的痕迹。

男大当婚，女大当嫁。可小兰的终身大事却杳无踪影，遥遥无期，急煞父母和亲友。逢年过节，小兰总是守在父母身边。

"你又回来陪我们老两口，没有个伴儿陪你，好可怜哟！"

"当然我们高兴你永远在身边。"父亲赶忙补充道。

可怜天下父母心。他们希望女儿能尽快结婚，有个好归宿了却心愿。父母不好当面督促施压，便拜托亲朋好友暗中帮忙，替她介绍男友。尽管大家多次精心挑选华人名门望族中的后生俊才，为双方搭鹊桥，牵红线，但都因缘分尚浅，或有缘无分，或有分无缘，终究成为路人。

小兰心中有期盼的白马王子吗？自然，每个女子都会憧憬幸福，都会对浪漫爱情抱有幻想，都会对美满婚姻充满期待。

其实，小兰心目中的榜样就是双亲。父母相亲相爱，相濡以沫的时时刻刻，点点滴滴，温婉平实中蕴含的厚重深情，都令小兰感动，并潜移默化地伴随着她，成为她对爱情的向往与追求。

她不敢奢望"月下老人"特别的恩宠，赐给自己像父母那样的良缘。但她深知自己要寻找的是一位知己，一位深深懂得她的人，一位精心呵护她的人，一位可以托付余生的人。

小兰向来做事沉稳，对婚姻大事更是如此，有着自己的心思和打算。不管外界压力如何，议论如何，她心中铁定了决不草率行事，宁缺毋滥，随心随缘。

"有缘即往无缘去，一任清风送白云。"她在乔治城水门买下了一套心爱的公寓，做好了独身的准备。

世间有一见钟情吗？有矢志不渝的爱情吗？

拥有的人，便是天下最幸运的人。

02

1948 年深秋。

烟雨迷蒙，寒风萧瑟。南京中山陵大道旁的梧桐树上，茂密油绿的阔叶已变了颜色，纷纷落下，铺就一地金黄。

这预示着一个旧轮回的谢幕，另一轮新生命的孕育与诞生。

风云突变，时局变迁。内战的炮火由北向南推进，以迅雷不及掩耳之势席卷中国大地。百万解放军正积极准备在千里长江分三路渡江作战，把红旗插在南京总统府上。

战事愈加吃紧，南京已能闻到硝烟弥漫的味道。随着大批迁徙的人群，木兰也随父母家人从南京匆匆移往上海。那时正是她高三毕业的最后一个学期，就读的南京明德女子中学是一所教会学校，坐落在南京莫愁路上。学校为了不耽误毕业班的学生们拿到高中毕业文凭，便允许她们自投门路，可到任何学校去借读，然后寄回成绩单，明德中学便以此为凭颁发高中毕业证书。因此，木兰一心想成为金陵女大学生的梦想也成为泡影。

木兰在明德女中的同班挚友张正，因干妈夫妇均在上海嘉定县邮政局工作，便把干女儿安排在嘉定县立中学高三借读。张正见木兰初到上海人生地不熟，便热情邀请木兰与她同处借读，并在干妈家同吃同住。木兰欣然应允前往。

她生性贤淑文静，乖巧懂事，深得干妈的喜爱，不久这家就少了一位客人，又多了一个干女儿。晚上，姑娘们围坐在一起，品尝陈家外婆烹制的美味佳肴。外婆是个虔诚的佛教徒，素食烹调得比荤食还好吃。掌灯后，她们在同一盏灯下复习功课，熄灯后同室而寝，总有说不完的悄悄话。

木兰生性沉静稳重，温婉娴淑。张正开朗活泼，能歌善舞，虽家道一般，却小家碧玉般可人疼爱。她们虽性情相异，但姐妹情深。南京来的这两位洋学生，有时身着合身的阴丹士林旗袍，白色长筒袜套，有时穿着时髦的洋装，短衣长裙，俏丽可爱，给小城吹来了一股诱人的时尚风。嘉定虽为小县城，但与摩登的大上海近在咫尺，自然也被追逐时髦的风气所感染。乡亲邻里们竞相目睹姑娘们的风采。

床前明月光，皎洁地洒在姑娘们的脸上，柔美动人。闺中密友窃窃私语，各自描述着心中的白马王子，任凭美丽的幻想插上翅膀。那是少女们的纯真年代，花样年华。

战事愈来愈紧，硝烟正在弥漫，可几个清纯的姑娘依旧叽叽嘎嘎地笑着，幻想着，以为明天和将来总会是阳光灿烂，风调雨顺。

殊不知，战争风云将彻底改变，并重塑她们各自命运的轨迹。

干妈的丈夫陈容积先生是大户人家出身，住在嘉定南门李家弄，祖上曾当过清朝的道台，人称陈道台家，在当地颇有名气和威望。陈家家境殷实，房屋宽敞，常年门前车水马龙，家中高朋满座。陈家长子陈乐善在嘉定勤业私立中学上学时，喜爱交朋结友，其中有远房表兄吴祥蒸，还有同窗好友赵锡成。

锡成的家乡是嘉定马陆，离学校有十几里路程，往返摇船或步行均需一个多小时，因此成为住宿生。那个年代自行车还是奢侈品，几乎无人敢问津。这几个年轻人风华正茂，情趣相投，常在一起各抒己见，高谈阔论，遂成为莫逆之交。陈乐善家离学校近在咫尺，仗义好客，几个学友便常到陈家造访，共同学习和休憩。

锡成英俊朴实，彬彬有礼，才华横溢，每次来陈家做客，必先整容修发，毕恭毕敬地对陈家长辈施礼请安，并送上一脸灿烂笑容，自然人缘甚佳，备受长辈青睐。大家对这个小伙子赞不绝口，并断言他将来必定出人头地，拥有锦绣前程。

近朱者赤，近墨者黑。陈府为儿子能结交这样的好友甚感欣慰。每当闲暇锡成来到陈府，总被奉为上宾。尤其是外婆，一见到他便喜上眉梢，亲自下厨，饭后还有水果点心款待。这贵宾般的待遇令锡成受宠若惊，对于穷学生来说，过大年般的盛宴更令他大饱口福，多年后依旧念念不忘。

1946年，锡成和乐善同时高中毕业。锡成考入上海交通大学航海系，后转为上海吴淞商船专科学校。可巧乐善也在那里读书，两人便又成为同窗好友。

每逢周末，锡成都要乘两个多小时的长途汽车回老家探望双亲，逢年过节也常来陈府拜访长辈。锡成与乐善两人年龄相仿，身材相像，身着同样的海员服、大盖帽，活脱一对双胞胎兄弟，分外招人喜爱。

一日，外婆想起已有小半年的时间未见锡成，十分惦念，便问乐善，才知锡成正趁寒假期间在船长叔父的"永滦号"上实习。此船是往返于上海与高雄之间的专业油轮，已在海上漂泊多日，此时大概正在南方高雄一带航行作业。

这时正巧姑娘们放学归来，一阵银铃般的笑声率先飘进院中。外婆突然心中一亮，眼睛直直地盯着木兰，上下打量着她，直看得木兰不好意思地低下了头。外婆心中当即冒出了另一个身影，一位翩翩少年。

锡成与木兰，这将是天造地设的一对才子佳人！

当天晚上，外婆迫不及待地找来乐善和张正，把自己的念头与他们商榷。大家异口同声叫好，大赞外婆有眼光，都兴奋地表示愿成人之美，当一回"月下老人"。在外婆的授意下，指派吴祥荪与锡成的父亲赵老先生事先打个招呼，探探口风。因赵家仅此独子一人，平日管教甚严。锡成又是个重孝道、唯父命是从之人。

吴祥荪专程到赵家传达外婆的美意。赵老先生低头凝神沉思了片刻，很客气地回了一句："谢谢外婆的好意。"吴祥荪就此认为赵父已然默许，大功告成，便回家向外婆如实禀报，另外也迫不及待地写信告诉仍在远方漫游的锡成。

此后，以外婆为首的一队"红娘"人马，便静候男主角锡成的归来。

这边张正也悄悄地给木兰下毛毛雨，今天说有个叫赵锡成的有志青年如何如何，明天说乐善的挚友锡成怎样怎样，后天又把锡成的模样、为人、家庭背景等资料信息有意无意地介绍一番，总之给未曾谋面的锡成铺垫了良好的基础。

木兰是何等聪慧之人，对大家的良苦用心早已心知肚明。

那边，锡成于轮船返航前夕收到了吴祥荪的信。信中婉转提及的木兰小姐已令他心生好奇，充满遐想，并萌生了朦胧的倾慕之情。

赵家对儿子精心培育，寄予厚望。父亲大人提醒他要以事业为重，应先立业后成家，最好在提升到大副职位后再交女朋友。

锡成一表人才，品学兼优，尤其因酷爱运动，是当地集乒乓球、篮球、足球、游泳于一身的运动明星，远近早有不少姑娘对他表示仰慕之情。但锡成牢记父亲的教诲，对任何姑娘都熟视无睹，从未动过心意。

念及木兰是大家闺秀，矜持庄重，万一唐突失礼反而事与愿违，"红娘"们便决定慎择良机，为他们营造一个自然轻松的相识环境。

03

1949 年 1 月，锡成风尘仆仆从船上实习归来。他参加了当地区县之间的篮球联赛，被嘉定队以主力投球手的身份从上海借调来参加比赛。乐善认为这正是天赐良机，可以带木兰一同去观看比赛。锡成也可在木兰面前亮相并大显身手，待赛后一起回到家中，就此两人初次相识，随意而浪漫。不巧，那天因故球赛取消，"红娘"们便重新策划，约定大家在街边的小吃店"巧遇"。

正值黄昏夕阳西下，晚霞送给冬日一缕难得的温暖，映得小城沐浴在一片玫瑰色中。乐善领着锡成，张正伴着木兰，在小街边的店铺前"不期而遇"了。

锡成眼前一亮，不言而喻，那就是木兰姑娘。

木兰姑娘娇小玲珑，圆圆的脸庞，清秀的五官，白皙的皮肤，笑靥如花，秀丽如兰。眼前这位温柔贤淑的女子，婉约端庄，比锡成心目中事先自行设计的还要令他心仪。

锡成清醒地感觉到，木兰身上具有一种独特的神韵，气定神闲，稳重内敛。这似乎与她十九岁的年龄不太相配，是与生俱来的，还是后天修炼的？但无论如何，这是真实存在的，并牢牢地抓住了锡成的心。

锡成目光炯炯，放射出一种具有穿透力的光芒，在木兰脸上急切地探索着。他心中陡然升起一种强烈的愿望，渴望了解她的性格、为人、爱好、信仰、家庭，甚至口味，渴望知道她的一切。

木兰第一眼见到锡成，心中怦然一动，似早已相识。她面若桃花，立即羞红了脸，不由自主地悄悄打量他。

他眉清目秀、风度翩翩，儒雅中透着精明，两眼中含着智慧与多情。他朝气蓬勃，是个充满自信与勇气的人。他意志坚定，游刃有余，是个认准的事会不遗余力，不达目的决不罢休的人。

这比木兰心目中勾画出的他更多了几分英气与神气，好似模糊的轮廓上被点了"睛"，顿时变得活灵活现起来，充满了个性与魅力。

在"红娘"梯队的精心编导下，大家相互问好寒暄之后，便一同来到乐善家。外婆早已在家等得焦急万分，摆好了一桌饭菜静候佳音。见四人笑逐颜开地进了院门，她心中已明白了八九分。

外婆偷眼观察着木兰与锡成。这对才子佳人，气质相投，具有同样真诚灿烂的笑容，也许这就是人们常说的夫妻相吧！外婆心中欣喜万分，忙着招呼大家，并有意安排木兰锡成并排就座。

看来是两情相悦，一拍即合了。

窈窕淑女，君子好逑。那天晚上，锡成浮想联翩，夜不能寐。木兰甜美的笑容和倩影在他眼前久久徘徊，挥之不去。他从未体验过这样神奇的感觉，一阵难以抑制的兴奋过后，又是难以抑制的惆怅。

他扪心自问：人家是大家闺秀，雍容高贵，会喜欢我这个乡间的穷学生吗？但心中又有个声音清晰地告诉他：倾听你心灵的召唤，不要错失良机。这就是你所爱恋的姑娘，就是你今生的良缘，就是将与你相濡以沫、患难与共的终身伴侣。

当晚，木兰辗转反侧，似乎也患了失眠症。她眼睁睁地看着晨曦渐渐爬上了窗台，心中反复出现那个人的身影，耳边总是萦绕着他爽朗的笑声。虽然他们仅说了很少的话，且都是些无关痛痒的客气话，但他眼中流出的热情已点燃了她的心。她觉得浑身发热，脸颊发烧，似乎听得见自己的心跳。她垂下眼睑，不好意思抬头，想看但又不由自主地躲避着他的眼光。她感到晕眩、羞涩、激动，稍稍地心慌意乱。

这是一个情窦初开的少女从未体验过的感觉，如此的美妙快乐。

木兰轻轻自问：这是怎么了？我一向待人接物落落大方，自信得体，今日为何如此反常？如此失控？她心中似乎不解，但其实又很清楚。

她感到自己这颗心从此不再安宁，不再完全属于自己。

"一见钟情"——就这样降临到了锡成和木兰头上。

早春二月的江南，大地已被染上一层翠绿。春风和煦，吹得人心中暖洋洋，懒洋洋。这是一个编织春梦的季节，令少男少女们无限陶醉神往。

此后每逢周末，对锡成来说，两个多小时的归乡之路，距离好像比以前无端增加了不少，但向心力却增大了许多倍，这似乎不太符合力学基本定律。

锡成总是迫不及待，归心似箭，一心想尽早见到那个情影。他煞费苦心，在心中反复琢磨该说些什么？该表现些什么？该怎样让她开心快活？该如何策划与她共度一个别致有趣的周末？

在明媚的春光里，这群豆蔻年华的青年沐浴着春风，兴致勃勃地去郊外踏青，欢笑着跑进大自然。汇龙潭、魁星阁、金沙塔、州桥、文庙、嘉定县远近的名胜古迹都留下了他们的足迹。他们去湖中荡桨，在春雨潇潇中合唱着《雨中曲》。锡成酷爱摄影，有一架叔父送的旧相机，拍摄下不少年轻人"到此一游"的照片。他还会自己冲洗加印照片，更为游历增添了盎然的情趣。

每次锡成都是兴冲冲地来嘉定度周末，但又怅怅地离去。他觉得还有好多话想对木兰讲，好像还没有开始怎么就又该结束了，与木兰的相聚真是太短暂了，留下诸多遗憾惋惜。时间总是溜走得那么快，似乎被人做了手脚偷走了一样。但他还是不断地告慰自己理应知足，那些阳光灿烂的日子，奢侈得足够他下一周回味无穷了。

木兰与锡成均是中国传统家庭出身，洁身自好，自爱自重。尽管两人已心照不宣，心心相印，但仍被传统礼教所束缚。他们虽一起出游也总是与朋友结伴同行，难得有单独相处的机会。

锡成温文尔雅。木兰含蓄深沉。他们把初恋珍藏在心底，没有爱情宣言，没有海誓山盟，信中也常是畅谈理想人生，相互鼓励把学习事业放在首位。

春到人间万物鲜。那年的早春二月，阳春三月，似乎对这对恋人格外垂青，在他们心中悄然播下了一粒种子。

这是一粒饱满、健康、经得起任何风雨考验的种子。在春风再吹拂时，必定会发芽、开花、结果，且硕果累累。

04

山雨欲来风满楼。解放军百万大军渡江战役后，于 1949 年 4 月 23 日解放南京，并在 5 月 3 日解放杭州，完成了对上海的合围。形势愈加严峻，大军压城，兵荒马乱。学校里罢课停课，人心惶惶。

4 月 20 日，锡成与同窗朱炎武、徐文若、吴英布一起登上了专驶上海与宁波间的"江静"客轮，拜访船长冯骏先生。船长是他们的老学长，热情地给了他们一间四人客房，并嘱咐年轻人不要乱闯，以免惊动一位特殊身份的客人。朱炎武的舅舅周象贤先生当时是武岭区长，区内奉化溪口不仅是山清水秀的千年古镇，更因是蒋氏父子两代名人的故乡而闻名遐迩，具有特殊的历史地位。

锡成等四人结伴到蒋氏宗祠一游，巧遇同船而至的蒋经国先生，并偕夫人蒋方良、长子蒋孝文在毛太夫人墓前祭拜。世事难料，哪知此行却成为蒋先生一家为母亲最后的叩拜，与故乡最后的诀别。锡成用自己的老相机留下一张珍贵的历史照片，后被收录于蒋经国先生自传中。

四月春假期间，赵锡成已完成了学业，被派往"天平轮"上实习。但因心中惦念木兰，实在放心不下，便趁"天平轮"返回上海港口之际，

1949年4月，蒋经国先生偕夫人蒋方良、长子蒋孝文在蒋母毛太夫人墓前做最后的祭拜。右二为赵锡成先生

匆匆赶往嘉定陈府。当时张正、乐善也正焦虑万分，只知木兰曾于四月放春假时回上海探望父母，临走前送给张正一本小影集留作纪念，之后便杳无音信。

锡成大失所望，更加心事重重。但他心中断定，因局势所迫及家中背景，木兰全家一定会转移南下赴台。

当时锡成实习的"天平轮"，正受国民党军方派遣，辗转于华南各港疏运政府物资。锡成随船一路南下撤离，南方似乎有一种无形的引力吸引着他。途经各大小港口，他都迫不及待地下船四处查询，不放过任何一条船，逢船就上，逢人便问，舱里舱外，甲板走道，到处打听一位名叫木兰的姑娘。

茫茫人海，茫茫大海，木兰姑娘就像从人间蒸发了一样无影无踪。锡成深感沮丧，无限失落，不敢相信就这样生生地丢失了恋人。

适逢战乱期间，横尸遍野，惨不忍睹。锡成在途中历经磨难，有时断炊断粮，几日无餐。在途经舟山码头时,恰巧遇到同窗周、叶两同学，均在想方设法投奔香港，便恳请锡成帮助他们搭船南下。锡成征得叔父船长同意，热情应允。不料硝烟炮火中险象环生，几个年轻人还未来得及登船，便被意外地抓了壮丁。幸亏同时被抓的姓叶的同学背景不凡，巧施妙计才被放了一马，侥幸躲过一劫。

原本锡成被派到"太平轮"上实习，但是阴错阳差却上了"天平轮"。没想到"太平轮"上不太平，在从上海开往基隆的途中，由于超载，与一艘名为"建元号"的货船相撞而沉没，近千人罹难，成为当时的头版新闻，东方的"泰坦尼克号"。

锡成命大造化大，侥幸又躲过一劫。一路上饱尝战争的恐怖与灾难，"天平轮"终于在同年十二月抵达台湾。

命运和战火就这样把锡成抛到了台湾。

从此他与父母隔海相望，相聚遥遥无期。虽为孝子，却不能尽事亲之孝，多少思念，多少眼泪，锡成只能默默地咽进肚里。

在台湾，锡成与叔父一家相依为命，艰苦创业寻求生存。当时台湾人心浮动，各业动荡，一片萧条，百废待兴。锡成凭借昔日所学航海专业，庆幸获得一份高职，被选去"有庆轮"上承当代理二副。当时时局依然混乱，每日炮火震耳欲聋。"有庆轮"每次承担的任务都有很大风险，船员大都不愿前往，因此薪金较为优厚。锡成喜出望外，月薪一百美元在当时当地可谓天文数字。他孤身一人，父母远在彼岸，恋人又下落不明，索性无牵无挂，赴汤蹈火，在所不惜。"有庆轮"为一艘被征用的登陆艇，可登陆沙滩，即被用作当时岛屿之间的主要海上运输工具，经常行驶于基隆、高雄、金马等地。

1950年初春的一日，"有庆轮"被派往福建省外"东山岛"，准备运载一架出事的飞机返台修理。船刚刚登陆东山沙滩，孰料突来两架不明军用飞机，先在轮船上空盘旋一圈之后，不分青红皂白，机枪扫射如雨。担任二副的锡成正在船尾指挥，眼看天空有两颗炸弹飘然而下，凭借当年躲日寇空袭时练就的本领，连忙钻进后甲板上备用车叶之下，希望至少可以暂避散弹，如若不行，就只好听天由命了。只听见震耳欲聋的"轰、轰"两响，他随后摸摸自己，似乎身体各部位依然完整无缺，也无血渍，便欲纵身跳入水中逃难。

没料想这两架飞机不肯罢休，又掷出两弹飘然而下。"轰、轰"巨响后，竟闹出更大的动静，顿时沙石满天，视线模糊不清，船上秩序大乱。锡成赶紧找到驾驶台，深恐飞机还会袭击，架着腿脚已不听使唤的船长沈先生跳入水中，游向沙滩上的礁石处躲藏。

天色渐暗，炮火洗礼后的海滩陷入死一样的沉寂。惊魂未定中，他们悄悄回船检查，发现两架不明飞机总共投下四枚炸弹，其中三枚不长眼地在附近沙滩上乱炸一气，与沙石较劲。一枚长了眼的炸弹击中船身后竟悄然不响，与船和平共处。

他们感谢上帝手下留情，拯救生命于水火之中，且越想越后怕。这艘登陆艇担任军差，船上存有不少弹药。万一那枚炸弹完成了使命，后果将不堪设想。令人震惊的是，爆炸了的炸弹没找对地点；找对了地点的那颗炸弹又没爆炸，如此幸运的概率几乎为零。

锡成庆幸再次逃过一劫。此次大难不死，应该是必有后福了！

他们先将"有庆轮"稍事修补慢慢航回基隆，重新整修了四个月。锡成利用这段难得的留岸机会，首先加紧准备待考，争取得到更高一级的船级证书，能有服务于远洋轮的资格和机会。在多次经历有惊无险后，他开始心有余悸，希望能远离战火与灾难，为彻底摆脱牵扯军运的近洋航线做准备。

05

　　乱世之后，人们渴求安定。既然到了台湾，返乡又不是短期的事，自然有多位好心人愿为锡成搭桥牵线，成就姻缘，但都被他婉言谢绝。

　　锡成不管希望多么渺茫，仍坚定不移，潜心寻找心中的木兰姑娘。他先分别在台北市、县区内各优秀中学查找。

　　人海茫茫，无凭无据，此事看来略显荒唐，他难免有遭人白眼、领教吃闭门羹的尴尬滋味。但天下还是好心人多，被他的诚恳执着感动，帮他出谋划策的人也不在少数。

　　每天清晨，锡成满怀希望地四处奔走，有可能发现木兰线索的地方要去，没有可能的地方也要去，不能心存侥幸放过任何蛛丝马迹，实行"地毯式"的搜索。夜晚，他拖着疲惫的身躯和心灵，伴随着失望沮丧无功而返。

　　"乱石穿空，惊涛拍岸，卷起千堆雪……"他常常独自站在夜幕笼罩的海滩，聆听着"千堆雪"单调的涛声，痴痴地望着远方，心中空荡荡一片茫然。

　　他虔诚地祈问沧海：木兰姑娘在何处？可否告诉我她的下落？

　　远处小小的灯塔若隐若现，他呼唤着灯塔：可否指点我一条寻找木兰姑娘的路?

他凝神静听，周围一片虚空，只听到自己心灵呼唤的回声。

海水"刷——刷——刷——"一遍又一遍地重复，不厌其烦地重复，无穷无尽地重复，似用这枯燥慵懒的拍岸声在回答他。一阵浪头打来，灯塔摇晃着，挣扎着，被海浪淹没，消失在幽深的黑暗里。

他无奈地倾听着，想用这节奏单一的涛声暂时麻醉自己，给心灵片刻的歇息与安宁。他身心疲惫，内心长久地苦苦煎熬着，惶惶不可终日。

夜，深沉而静谧，宝石蓝色的天幕上缀满了闪亮的星星。他仰望天空，一条蜿蜒朦胧的银河两旁，各有一颗孤独的星星在闪烁。

那不是牛郎和织女吗? 星星眨眨眼，表示认可。

锡成常被这美丽的传说感动，但今日不知为何他却心生羡慕之情。牛郎织女再不易也还有"七七相会"，还可一年一度。尽管漫长，尽管遥远，但总有指望，总有盼头。

可眼前他与木兰之间的等待却是一个悬念：对方生死不知，下落不明。这种苦寻苦觅的过程如煎如熬，令他浑然不知所措。

一阵海风吹来，徐徐的，凉凉的，润润的，带着海水的腥气。锡成浑身为之一振，顿觉神清气爽，身上的晦气也随着海风飘散而去，心里空荡荡一片真干净。

次日清晨，当朝阳升起的时候，他感觉力量和勇气又重新回到了身上，希望与思念成倍地增长。他誓言持之以恒，决不放弃，今生非她不娶。

五月里的一天，锡成来到叔叔家，看到小堂弟正在撕扯当天的报纸玩耍：

"你爸妈还没看呢，别糟蹋了!"他一步上前抢下报纸。就在那一瞬间，他的眼睛亮了，随之又模糊了，湿润了。

朱木兰！她的芳名就静静地躺在这张似神灵送来的报纸上。

在应届高中毕业考试鉴定及格的名单中，朱木兰的名字列在其中。锡成欣喜若狂，顺藤摸瓜，急奔教育局办公室，查找有关信息。花名册中木兰的联络人是她的堂哥朱先生。锡成要到地址，马不停蹄地来到朱先生办公室门口。

当他正要敲门时，伸出的手突然停在了半空。他心中有些踌躇，不知木兰的亲戚是否会接待他？是否会对他的唐突造访不悦？但幸运的是，这位堂哥听说要找木兰，二话没说，就告知木兰现正在三舅父田建人先生办公室帮忙做事，并把地址交给锡成。

"只愿君心似我心，定不负相思意。"就要见到朝思暮想的心上人了，但不知何故，这时他的心反而忐忑不安起来。过去的四百多天里，两人天各一方，国家发生了巨变，民族发生了巨变，许多家庭发生了巨变，人更是变化无常。

木兰变了吗？

左思右想，为慎重起见，锡成拜托同窗好友承君与他一同前往田先生办公室，以便遇到尴尬时能及时帮忙周旋。他鼓足勇气轻轻敲门。一位长者开了门，客气详细地询问来者何人何意，随后便从屋内叫出木兰。

木兰惊呆了！呆呆地站在那里，直直地盯着锡成，眼中充满抑制不住的惊喜。锡成还是她心目中的样子，真诚热情，但比以前更加镇定自若，少了几分书生气，多了几分阳刚。

锡成心潮彭湃，不敢相信木兰就在眼前，就这样伸手可及。

伊人如旧，她还是那样秀丽端庄，还是他梦中常见的样子：一袭合身素雅的旗袍，甜美优雅的笑容，大方娴静的气质。锡成情不自禁地去牵木兰的手，但她像触电一般，满脸绯红，本能地、羞涩地躲开了。

如劫后余生，他们深情地注视着，眼睛流露出千言万语，万语千言。

"执手相看泪眼，竟无语凝噎。"苍天不负有心人！

原来正如锡成所料，为形势所迫，木兰一家举家南下，费尽周折，从福建乘船来到台湾。离开上海之前，木兰曾不顾一切地要返回嘉定，因还有许多书留在陈家，还想把最后的课程读完，但更重要的是，她知道锡成一定会来嘉定找她。她匆匆跑到上海车站，哪知站台早已乱作一团，人满为患，只好悻悻地返回家中。

攻城在即，木兰一家人匆忙收拾行装，离开上海转移南下。离去的那一日，天昏昏，无边雨丝细如愁。

木兰依依不舍，眼中噙着泪水，一步三回头，总感觉锡成会追上来，会突然出现在她面前，拉着她的手一起走。她不关心走到哪里，走到哪里都行，只要他在身边，只要跟着他走。

但等来的却是越下越大的雨，模糊屏蔽了眼前的一切，只剩下茫茫一片。

几经周折到达台湾后，社会混乱动荡，人人心神不宁。木兰全家人地两生，没有任何根基，饱尝世事艰辛。待稍稍安顿下来后，木兰参加了高中毕业生鉴定考试，后来戏剧性的故事就这样发生了。

台湾"教育局"选巧了日子，把名单公布在那一日的报纸上；又因小堂弟鬼使神差般拿来报纸撕扯玩耍，引起锡成的注意；因此这份报纸就到了他的手中，才看见了木兰的大名；因此便跟踪追击，终于找到了木兰姑娘……

从此，锡成每次出海返回台湾，不管是基隆港还是高雄港，便会急急赶来台北与木兰相聚。若是在其他港口停泊，他一定会提前寄信给她。信中柔情似水，佳期如梦。他还常用英文写信，说这样可以同时练习英文写作。时光荏苒，两人的感情与日俱增。

1951 年，热恋中的赵锡成和朱木兰摄于台北

锡成在台湾唯一的亲人是他的叔父赵以忠先生。叔父对他视如己出，他对长辈毕恭毕敬。一次出海前预支两个半月薪水二百五十美元，锡成除留一些必要的生活费外，都悉数上交叔父。因不懂商场如战场的生意经，叔父曾被骗子洗劫一空，家境十分拮据。

"不交不孝之子""百事孝为先"的信条在木兰心中至关重要。此事令木兰深为感动，由此对锡成更加信任敬重，深信他仗义大气，是勇于担当之人。

"两情若是久长时，又岂在朝朝暮暮。"木兰清醒地告诉自己：锡成一年虽有九个月在海上漂泊，但却是她可以托付终身的人，是今生今世将与她风雨同舟的人，是她忠贞不渝爱情的归宿。

"我的心是你的。"木兰含情脉脉地对锡成说。

"我会用一生一世的心血，让你幸福快乐。"锡成用深情的眼神回答她。

木兰在二老面前不遗余力地为锡成美言，说他对叔叔都能这么体贴孝顺，将来一定会对我更好，二老就放心吧！其实木兰父母第一次见到锡成，便对他印象颇佳。但考虑到今后实际的生活，仍对锡成有两条不放心：一是担心船上工作风险大、不安定，聚少离多；二是考虑锡成是赵家独子，唯恐从小被娇生惯养，缺乏生活自理能力，难以担当家庭责任。选择佳婿是终身大事，父母自然会替女儿多虑操心，生怕女儿今后遇到不测，生活过于艰难。

锡成是善解人意之人，非常体谅二老的苦衷。他常年在外奔波，像无根的蒲公英，风吹到哪里算哪里，无法尽心尽职照顾家人，实在于心不安。尽管好男儿应四海为家，以事业为重，但与亲人的长期离别之苦令他难以释怀。为了对木兰负责，对家庭负责，他开始在心中盘算计划将来的出路。

　　锡成用心良苦，用情甚浓，为表示对木兰的挚爱，为使岳父岳母大人放心，他极其细致周到地在台北西门町鹿鸣春，安排了一场在当时颇为隆重的婚庆典礼，大宴宾客百余人。朱家亲友为木兰婚姻的些许担心，都在喜气洋洋的气氛中化作了祝福。

　　水到渠成，瓜熟蒂落。1951年11月，锡成与木兰在台北喜结连理，共赴鹊桥，有情人终成眷属。

　　在那张夫妻俩视为一生珍品的黑白结婚纪念照中，新娘披着白色的婚纱，手捧最为喜爱的白色百合花，偎依在以命相许的丈夫身边，甜美地笑着，那么妩媚纯情。新郎两眼炯炯有神地站在爱妻身旁，像一位英姿勃勃的守护神。

1951年11月12日，赵锡成和朱木兰在台北喜结连理

新婚宴尔，连三天婚假对他们来说都显得那么奢侈。婚后第二天，商船就急不等人，汽笛长鸣着召唤锡成回船。他依依不舍地吻别新娘，登船出航。

哪个妻子不愿丈夫陪在身边，更何况是新婚宴尔？但木兰通情达理，深明大义，用她那特有的微笑掩饰住依恋与不舍，给丈夫巨大的鼓励与安慰。她深深理解丈夫无奈的心情和处境，为了小家庭的未来，他要努力奋斗，要忍受得更多，承担得更重。

暮色苍茫中，天、地、大海被绚丽的晚霞用橘红色交融在一起。木兰孤独地站在码头上，浓密的头发被海风吹起。她高高地扬起手，不停地摇着，既是挥手告别，又是召唤丈夫快点儿回来。

送夫君，盼平安归。为妻，拥着你的爱，静静地守望，在孤寂的海港。

这情景，像一幅意境深远的印象派油画，画中有诗，诗中有画，永远定格在锡成的记忆里。

06

1953 年 3 月 26 日，南国的台北春意盎然，花红柳绿。

在台北市厦门街上，两辆三轮车正急匆匆地奔向台北妇幼中心。那时三轮车是台北的主要交通工具。其中一辆坐着眉头紧锁、忍着腹部剧烈阵痛的木兰，母亲在一旁陪伴着。另一辆车中坐着一脸焦灼的锡成，怀抱着一堆衣物和一只暖水瓶，恳请三轮车师傅快一点，再快一点。

木兰就要临产了。她被丈夫和母亲心急火燎地送进了医院。

在这紧急时刻，锡成对岳母深深鞠了一躬，郑重其事地恳求道："岳母大人！全都拜托您了，求您代替我尽一个丈夫所应尽的责任，好好照顾木兰吧！"

岳母轻轻拍拍爱婿的肩膀，点点头："知道你也是身不由己，都是为了事业和家庭，什么话都不必多说了，你放心去吧。"

随后，锡成深情地注视着妻子，紧紧握住她的手，把所有的情感和话语都凝聚在这双温暖的手中。他们之间心领神会，无须多言。

锡成恋恋不舍地离开医院，飞奔至码头。那里启航的所有准备工作都已就绪，只等大副锡成归船。他火速来到驾驶舱，海轮即刻起锚开航，长鸣着，呼啸着，不断加速，卷起团团翻滚的白色浪花。

1954 年，赵锡成夫妇怀抱刚满周岁的赵小兰摄于台北

　　从台北妇幼中心传出新生儿的第一声啼哭。那哭声底气十足，清脆嘹亮，似乎要拼命追上那艘载着父亲离去的轮船，向父亲报到。

　　刚刚呱呱落地的婴儿，健康、可爱、充满活力，不停地手舞足蹈，用震耳欲聋的哭声，表达她来到这个世界上的欢天喜地。

　　一个多月后，远航归来的海轮缓缓驶进基隆码头。还没等船停稳，锡成就三步并两步跳下轮船向家中飞奔。这是他最急切、最期盼、最幸福的时刻。

　　那里有两个人在等着他：挚爱的妻子和已经满月的女儿。

　　他小心翼翼地捧起襁褓中的女儿，双手微微颤抖，抑制不住心花怒放，欣喜若狂！他在女儿稚嫩的小脸上印满了亲吻。这是第一次能称之为父亲的吻，一个永生难忘的吻。

　　为感谢妻子，为祝福女儿，为期盼她长大后能秉承母亲的血脉，父亲给女儿取名小兰，赵小兰。

第十四章

执子之手，与子偕老

01

命运之星又一次幸运地照耀着赵小兰。

张之香女士（Julia Chang Bloch），是美国历史上第一位亚裔大使，1989 年老布什总统任命为美国驻尼泊尔大使。当时在华盛顿打拼的华裔女士寥寥无几，屈指可数。这两位女中豪杰都是敢为人先的佼佼者，于是相互欣赏，相互鼓励，遂成为好友。

张之香的丈夫是犹太裔律师布洛克（Stuart Bloch），与麦康诺参议员是好朋友。在一次聚会的攀谈中，麦康诺发自肺腑的一声感叹，引起了张之香的好奇。

"我已厌倦了单身生活，但现在漂亮的女人随处可见，可有意思的女人却实在难寻！"

"一个有意思的女人"——看来这是麦康诺的梦中情人。张之香大使惊讶之余，也对这位貌似温和沉稳的参议员产生了好感。认定他是一位有思想、有内涵、卓尔不群的绅士。

说者无心，听者有意。张大使脑海中立即浮现出一位秀丽端庄、精明能干的婀娜身影。

"参议员先生，我将介绍给你一位非常有意思的女士。"张大使为自己的灵感兴奋得两眼放光，并立即付诸实施。

"我们第一次约会，是在华盛顿外的麦克莱恩，约五十人参加了一个正式的晚宴。当我在小兰住的水门公寓接她时，我被她的美貌所打动，当晚自豪地请她做我的女伴……"麦康诺在 2016 年出版的自传《长局》（*The Long Game*）中甜蜜地回忆。

两位主角在导演的策划下闪亮登场。赵小兰和麦康诺之间的"姻缘之旅"就这样踏上了征程。

其实，他们原本相识，只是无机会认真交往。在相互探索的过程中，麦康诺被小兰优雅大气的仪容，聪慧婉约的气质所吸引。小兰也被这位儒雅睿智的绅士所折服，感觉他身上有一种近似东方人的内敛谦和气质。更为重要的是，两人志同道合，都是共和党的中流砥柱，都有一颗对事业孜孜不倦追求的心。

"我们开始花时间约会，在香格里拉洛娜（La Lorna）餐馆的鸡肉辣酱玉米馅饼上，或者在希腊餐馆（Taverna）的鹰嘴豆泥和希腊沙拉上，我逐渐知道了她的成长故事。

"即使我们在不同的世界长大，但从一开始我们就心有灵犀一点通。我八岁和十四岁时也同样搬了两次家。当然我的搬迁与她的远渡重洋无法相提并论。我不必去面对并适应一个新的国家、新的文化和新的语言。但我也曾离开父母，在陌生之地，被周围人嘲笑我那奇怪的南方口音，不得不开始经历我自己的人生。小兰对我的理解是旁人不曾有过的，她能读懂我的内心。我们都曾感受过对社会的不适应，需要通过长期的奋斗方能'证明自己'！我们两人都坚信，在美国唯一的失败之道就是自我放弃。正是这样，我们两人的精神世界息息相通。"

在彼此对望的眼眸中，那情不自禁流露出的爱慕之意，他感觉到了，她也感觉到了。不知从何日开始，何种方式开始，她心中的天平开始向他倾斜，他也一样。

两情相悦，钟情的因子慢慢开始发酵，由量变到质变，而后飘出了醇香。两人开始从陌生到相识、到相知、到渐入佳境。

秘书康妮古道热肠，不仅目睹了这幕爱情喜剧的上演，还是策划者之一。她对麦康诺先生格外偏袒爱护，不仅毫不吝啬地为他美言，还经常挡驾其他追求者，并不失时机地引导剧情向积极的方向发展。

一天下午，康妮走进办公室，端详了一会儿正在埋头伏案工作的小兰，启发似的说：

"我看你今天显得很漂亮，是不是应该到国会山上去转一转？"

其实，康妮同参议员的秘书也是好友，私下早已打听到麦康诺当晚无公事。于是康妮便出面提醒一头扎在工作中的小兰，鼓励她走出去，给别人机会，也给自己机会，从而创造并度过美好时光。

两位好心的秘书煞费苦心，精心安排，为这对有情人牵线搭桥，推波助澜。当晚，康妮仍放心不下，不知情况进展如何，便按捺不住追踪询问。

"放心吧，他们已约好，双双吃晚饭去了。"那边的秘书给康妮吃了定心丸。

麦康诺是联邦参议院资深参议员，于1984年首次赢得肯塔基州参议员席位连任至今。当年他已成为参议院共和党党魁，那根著名的"党鞭"，就静静地平躺在他办公室内一个精致的玻璃盒中。

麦康诺平时少言寡语，低调温和，但在参议院的辩论中却经常侃侃而谈，思维敏捷，语言犀利，原则性极强。在他成为共和党领袖而共和党又失去江山之后，有一段著名的讲话，显示他是一个意志坚定、不屈不挠的人：

"我们将是一个精力充沛的少数派，一个强健的少数派，希望也是一个只会当短短几年少数派的少数派。"

麦康诺年长小兰十一岁，是家中独子，而且是一位贤德的孝子。他曾经有过一段失败的婚姻，有三个女儿。向来行为处事谨慎理性的他，曾经心灰意冷，孤灯单影地独处多年，不敢再次轻易走进婚姻。但同小兰的相识相恋，使他重新焕发了对爱的渴望，对家庭的期盼。这是一种真诚的面对，也是一种充满智慧的选择。虽比年轻时少了些激情和浪漫，但多了理智与现实，珍惜与尊重。

他心中有了她，她心中也有了他。两颗心相惜相许，真诚相拥。

对他来说，这是喜出望外，是"天上掉下个林妹妹"！

对她来说，这是意外惊喜，是"众里寻他千百度，蓦然回首，那人却在，灯火阑珊处"。

02

春华秋实，水到渠成。交往三年后，麦康诺向赵小兰正式求婚。

这里虽没有轰轰烈烈的形式，没有梦幻般的浪漫，没有荡气回肠的动人故事。但这是一份携手共度人生的庄严承诺，是一股如泉水般绵绵不断的柔情，是一种埋藏于内心深处的眷恋与依托，是一种恬静踏实的归属感。

两人感恩戴德，感谢上天惠赐姻缘，相互走进对方的生命，走进对方的灵魂。

1993 年 2 月 5 日，她在外州准备参加基金会分会的晚间活动。康妮一通电话打到分会，请求分会领导无论如何要想办法把活动改到中午举行。领导不明缘由，丈二和尚摸不着头脑。

"因为明日赵小兰将走上红地毯，但至今她还没有做好新娘的准备！"康妮被逼无奈，只能和盘托出。

分会领导终于破解了"密码"，被这突如其来的惊喜刺激得兴奋不已，立即决定活动从速从简，当天下午便把准新娘送上了返回华盛顿的飞机。

次日，简洁而庄重的婚礼在历史悠久的华盛顿国会山庄小教堂如

1993 年，在美国国会大厦的多数党领袖办公室，时任参议院多数党领袖多尔和妻子伊丽莎白为赵小兰和麦康诺主持婚礼。这个办公室后来也成了麦康诺参议员的办公室。伊丽莎白也曾是美国前交通部长和劳工部长，赵小兰的前任

1993 年 4 月 10 日，赵小兰和麦康诺参议员在纽约举行的婚礼招待会上与父母留影

期举行。这天是出色的共和党总统里根的生日，成为结婚佳日，也是因为这对新人相互吻合的政治理念。

宾客仅是双方的家人。娘家父母大人尊重中国传统，为答谢亲朋好友，随后又在纽约希尔顿饭店举行了一次盛大的喜宴，中外来宾两百多人出席道贺。

"这是非常快乐的一天！我觉得在这个星球上生活了五十年后，同时也是做了十三年的光棍之后，我终于如愿以偿。新婚的生活正如我们所期盼的，快乐、轻松、平淡……"新郎官的满足之情不言而喻。

一个月后，小兰步入了不惑之年。

无论工作多么繁忙，只要有可能，周末夫妻就双双或分头飞回肯塔基的家乡路易斯维尔（Louisville）小城。在那个温馨的小家，他们脱下正装，换上休闲服，像普通百姓一样，去超市采购，做寻常家务，食人间烟火。

"虽然华盛顿的许多人喜欢周末参加乔治城的鸡尾酒会，或在肯尼迪中心举办的社交活动，但小兰和我大部分时间是回到肯塔基州的家里度过。我们在路易斯维尔市区的高地有一个联排别墅，大部分时间都是我主厨，烤牛排，给小兰做我最喜欢的南方菜，比如加调料烤的牡蛎……"麦康诺在自传中用最温暖的语言写道。

那种乡间的清新自然，轻松随意，带给他们愉悦的生活。

麦康诺酷爱母校路易斯维尔大学的橄榄球赛，二十多年来从未错过主场比赛。金秋时节，周六下午他都会专门安排时间观看比赛。虽然小兰原本并无太大兴趣，但夫唱妇随，很快就被培养成了准球迷，比赛日期等信息都被认真地记录在她的日程安排上。

每次球赛后，夫妻俩都余兴未尽，打开汽车后盖，搬出备好的食物饮料，其中当然少不了享誉世界的肯塔基炸鸡，与橄榄球朋友们开露天派对或席地而坐野餐，边吃边畅谈比赛的前前后后，趣闻轶事。

婚后那段时期，正是小兰作为首席执行官，刚接手美国最大的联合慈善基金会的烂摊子，举步维艰之时。短暂的蜜月之后，小兰依旧四处奔波满天飞。夫婿温柔体贴，给予了她极大的理解和支持。有时看到小兰疲惫不堪，晚餐时用手撑住额头，丈夫分外心疼，便拉着她

2007年3月2日，在美国小布什总统前来助阵的参议员竞选集会上，劳工部长赵小兰介绍夫婿麦康诺参议员

的手说：

"你可以的，你能够做得很好！"这抚慰胜过灵丹妙药，使小兰重整旗鼓，继续发扬自己的风格理念，并将之推到极致。小兰常常当众夸奖夫婿体贴入微，幸福之情溢于脸上。

2014 年，在麦康诺参议员于肯塔基州的竞选活动中，赵小兰充分表现出了自信与智慧，帮助丈夫打败了民主党的竞争对手，赢得了连任。

"她是一位出色的竞选活动家，是我整个竞选活动中的力量源泉……小兰从不知疲倦，从不厌倦与人交谈……这个州百分之九十二

2014 年 7 月 4 日，在肯塔基州坎贝尔斯威尔市，麦康诺参议员和赵小兰在美国国庆日的游行中挥手致意。摄影：Shane Noem

是白人，百分之七是非裔美国人，百分之一为其他族裔。作为一个亚裔美国人，赵小兰在肯塔基州是极不寻常的，是肯塔基州的代表人物之一。"

作为肯塔基州的媳妇，小兰独树一帜，也成了该州奇特的一景。

尽管文化背景、成长环境差异甚大，但夫妻间心照不宣的体贴，不言而喻的默契，休戚与共，比翼双飞，相互成为不可或缺的人生伴侣。

03

执子之手，与子偕老。

在那历史性的一天，2001 年 1 月 11 日近午时，在赵小兰得到小布什总统提名为劳工部长的同时，母亲被确认罹患癌症。

早晨，锡成陪伴着妻子到医院，惊悉诊断结果为淋巴癌。

尽管夫妻两人都做好了相当的精神准备，但这样的结论仍大大出乎意料。如晴天霹雳，如当头一棒，如被判了重刑！这是令他们绝难咽下的苦果，但又是不得不接受的残酷现实。

锡成被剧烈的战栗所攫住，一时茫然不知所措，如鲠在喉，喃喃地语无伦次。他紧紧握住妻子的手，不断地重复着：

"别着急，能治好的！现在医学这样发达，我们找最好的大夫，尽最大的努力，一定能治好的！"

妻子木兰向来遇事不惊。她由震惊很快回到了一如既往的镇静，深深地舒了口气，反过头来安慰丈夫：

"不要紧，别担心，会好的，我挺得住。"

锡成把妻子送回家后，便匆匆乘火车赶往公司。途中，他接到了小兰来自华盛顿的电话。女儿兴奋地告知，新上任的布什总统将提名她为美国联邦劳工部长，将于当日下午两点召开新闻发布会，正式宣布这个消息。父亲兴奋的同时又急切地叮嘱女儿，赶快把这喜讯告诉母亲。其余的，他只字未提。

女儿随即打电话到家里，仅说请母亲下午两点钟看电视新闻。母亲心领神会，父母两人均不约而同地选择了与女儿分享快乐，把痛苦默默留给自己的同一方式。

喜讯与灾难并肩降临，欢乐与悲伤携手同行，在同一天，同一时辰，甚至是同一小时。

命运竟是如此不可思议！

几个月前，母亲曾感到小腿不适，有点异痛，皮肤上开始出现小的溃疡面。她向来身体健康很少生病，若有头痛脑热，小病小灾也从不当回事。这次也以为只是腿部皮肤有点发炎，抹点消炎药膏就好了。但多日后伤口仍不见好转，反而有变本加厉的趋势，丈夫劝她到医院做检查，以免贻误医治。随后，就在接到化验报告的那个时刻，才知祸从天降。

几日后，母亲才轻描淡写地把病情告诉小兰。可当时女儿并未意识到白血病到底意味着什么，在错愕的同时也不知病的严重性，更无法把病与母亲的生命连接在一起。在女儿的心目中，母亲永远是健康的，会永远守候在温馨的家中，做好可口的饭菜，笑盈盈地等待丈夫和女儿们归来。全家人谁也没有思想准备，谁也不能相信她会生病，而且是那么严重的病。

此后，与癌症争夺生命的号角吹响了。母亲的病成为全家重中之重的大事。

化疗以毒攻毒，是除手术和放疗外对付癌症的主要手段之一，然而又是一把双刃剑。小兰母亲一贯开明豁达，明确表态要充分相信医生和科学，不管忍受多少痛苦，都会积极主动地配合治疗。她遵从医嘱，很快便开始了漫长而艰难的化疗过程。在治疗中，她头发脱落、呕吐不止，五脏六腑翻江倒海一般。但她默默地承受着，总是强撑着送给揪心的丈夫一丝微笑。

锡成对木兰更是关怀备至，悉心照料，事无巨细，一丝不苟。他认为这是上帝给他回报妻子恩惠的机会。他大量查看医学书籍、翻阅相关资料，请教癌症专家，四处托人打听良药偏方，详细记录妻子每次看病的日期、过程、用药、效果等。不久，他由一个对癌症几乎一无所知的"癌症盲"，很快便无师自通。他自学成材，笔记写了一大厚本，被医生们称为"没有行医执照的医生"。

一个月后，2001 年 3 月 6 日，赵小兰在白宫总统椭圆形办公室宣誓就任美国劳工部长。在那张历史性照片中，母亲微笑着手持《圣经》。但谁能想到，她那时正处在接受第一期化疗的过程中，刚刚结束了一场与病魔的殊死搏斗，精疲力竭，手无缚鸡之力。不重的一本《圣经》，在她手中却重似千斤。但为了能与女儿分享成功的喜悦，给予她有力的支持，她强忍旅途的百般辛苦赶到华盛顿，亲历女儿创造历史的瞬间。

她曾乐观豁达地说："家里总会有人生病，你们都有事业，都很忙，若必须如此，还是我生病比较合适。"她把一生都奉献给了家庭、丈夫、孩子和上帝，因爱而淡忘了自己。

女儿们无言以对，但心在颤抖，在滴血，尽可能地在为数不多的日子里陪伴在母亲身边，享受那尚存的宝贵时光。当小兰要陪母亲到医院就诊时，她却满脸困惑地问道：

"你现在不是应该去上班吗？你肩负重任，那里更需要你！"小兰心如刀绞，只能含着眼泪遵从母命。

一天清晨，木兰和大姐朱子珍站在浴室的镜子前梳洗。

"你看我像个病人吗？"她摸着自己浮肿的脸。

"你看起来气色还好。"大姐强忍心酸，打起精神安慰妹妹。

"我如果能走在锡成前边，是我的福气。他会给我把一切都安排好。我会放心地走。"她早已心淡如水，视死如归。

在她生病的几年中，姐妹们更加手足情深。小妹朱淮北总是尽可能地陪伴在二姐身边，只要能为姐姐减轻稍许病痛，哪怕是带来瞬间的快乐，她什么都愿意做，都愿意付出。每次陪二姐到医院治疗，看着她咬紧牙关的样子，小妹都忍不住掩面落泪。但看到二姐不顾死亡的威胁，淡然处之，便为她的勇气和坚强所折服。木兰常说：

"《圣经》中说，赏赐的是上帝，收取的也是上帝。是好是坏，一切都有神的美意。我们只是赞美及顺从就是了。"

她心中供奉着对上帝的虔诚，顽强地与病魔斗争。她坚持把温柔的微笑送给女儿和身边的人，依旧每天为她的孩子们奉献，为她所爱的人祈祷，没有半点的疏忽和懈怠。在她心目中，孩子是上帝赐予的礼物，是代替上帝养育呵护的后代，是主赐予她一生最为重大的责任和使命。

此后近七年间，她连续接受了六个疗程的化疗，四次电疗。病魔张牙舞爪，肆无忌惮，从间隔十四个月的休战，到十个月、六个月、两个月的卷土重来，周期越来越短，程度愈演愈烈，令人猝不及防。

2007 年仲夏，同以往一样，她又开始发烧住院，身体更加虚弱，脸色更加苍白。医生用当时最好的药物和手段尽力维持她的生命，但却感到越来越束手无策。在漫长的治疗期间，她从不忘对医生护士说声谢谢。护士们都佩服她的坚强毅力，心疼地说：

　　"赵夫人，您疼的时候就喊出来，您应该让我们知道啊！"木兰表达痛苦的方式仅是紧锁眉头、肌肉抽搐，坚持用沉默与病魔抗争。

　　锡成和女儿们在医院日夜轮流守护着她，希望这次也能如同以往，去医院小住一段时间后即可回家调养。丈夫每日静静地守在病榻前，紧紧握住妻子的手，握住这双牵了半个多世纪、风雨同舟、共度人生的手。

　　这双手曾让他心神荡漾，无比爱恋；这双手曾在他失去平衡时给他一个支点，给他无穷的勇气和智慧；这双手曾捧给他六个襁褓中的女儿，使他成为快乐骄傲的父亲；这双手曾日日端上可口的饭菜，给他建造了一个温暖的家园。

　　他呆呆地守着妻子，一秒、一分、一时、一天，默默地祈祷着，盼望能早日再拉着妻子的手返回家，返回那个亲切熟悉,同舟共济的家。

　　病榻上，妻子满目深情，心疼地对丈夫说：

　　"你操劳一生，该好好休息了，放心把事业都交给孩子们去做吧！等我这次出院，我们一起去旅游，去看世界！"这是木兰发自心底的愿望，是她最后的"奢望"。

　　丈夫热泪盈眶，心如刀绞。是啊，他多么盼望还能有这么一天！

　　前一年，锡成放下手中繁忙的公务，曾两次包机，陪妻子到佛罗里达州的私人小岛度假。在大海边，在天地间，在两人的世界里，伴着夕阳的余晖，老夫老妻手牵着手，漫步在金色的沙滩上。尽管人已暮年，尽管病入膏肓，这却是木兰一生中最幸福的时光，印在脑海，刻在心底，伴随她到永远。

深夜，四处静悄悄。重症监护病房里灯光幽暗，气氛显得格外凝重。木兰如风中的残烛般奄奄一息，气若游丝。在弥留之际，她突然强撑着示意陪床的小女儿安吉，口中喃喃地念叨着什么。安吉只隐约听到"毛毯"二字，便赶紧起身拿来一条毛毯给她盖上。她吃力地摇摇头说：

"不，你给周金德（私人护士）盖上，这里很冷。"当安吉抬起头来，看到周金德眼中的泪水在闪烁。

病房中的每个人都被眼前这一幕所震撼，被这个气定神闲、从生命深处散发着魅力的女人所感染。她一如既往地先人后己，甚至在生命的垂危之际，仍执着地把爱和善良多留一点儿给人间。

"春蚕到死丝方尽，蜡炬成灰泪始干。"

第二天黄昏，在太阳落山时，在晚霞的余晖中，木兰静静地走了。

04

2007 年 8 月 10 日，铅灰色的天空一片阴霾，气压低得令人感到憋闷，似胸口压了块石头般喘不上气。黄昏时分，气温骤降，满天细雨霏霏，洋洋洒洒，如抛洒不完的泪水。

坐落于曼哈顿上东城麦迪逊大道的康贝尔殡仪馆，被茫茫雾气笼罩着。湿漉漉的街上，多名警察和警车在四处巡查，干练的保安员们机警地守候着，更增添了肃穆与凝重。

圣洁的百合、清雅的幽兰、娇柔的玫瑰，千姿百态，香气袭人，铺满了灵堂。赵朱木兰女士安睡在鲜花丛中，平和安详，如熟睡在梦中。尽管对人间无限留恋，尽管对亲人依依不舍，但她还是欣然遵从上帝的旨意，完成了上帝赋予她的人间使命，从容地皈依上帝去了。

"生活对我厚爱有加，给予的远远多于我一生的所求所想。"临终时木兰对上帝感恩不尽，功德圆满，此生无憾。

下午五点钟，在家人和亲友们的追悼仪式上，用思念与悲痛写就的挽联，层层叠叠摆满了灵堂。凄婉的哀乐声向四处飘散弥漫，令人止不住地黯然神伤。丈夫、女儿、女婿和亲人们簇拥着她的灵柩，凝视着她的遗容，恋恋不舍地拉着她的双手，声声哭泣，声声呼唤，心酸肠断。

木兰安静地沉睡着，面庞依旧清秀端庄。她身着藏蓝色套装，领口镶嵌着精致的水晶纹饰，脖颈上一串柔润的白珍珠项链，与她温婉优雅的气质融为一体。她身边放着一本《圣经》，是她一生最爱的圣书，是她一生的指路明灯。她身边还摆放着两支羊毫毛笔，是平生喜爱的文房四宝之一。她酷爱习字作画，常年临摹魏碑、颜体、隶书，形成了自己独特的风格。字如其人，她的墨宝柔中带刚，力透纸背，不让须眉。

陪伴在她左右的还有两个精致的镜框：一个镜框内是她五十一岁时为完善自我，苦心攻读得来的亚洲文学历史硕士学位证书正本；另一个镜框内镶嵌着她一生最为珍贵的结婚纪念照，是她美满姻缘的见证。这些都是她生前的心仪之物，无论人间天上，将永远伴随着她。

殡仪馆内大屏幕上反复播放着她生前的照片，从一个纯情率真的少女，到一个慈祥可亲的老祖母。每一个镜头中她都含着由衷的微笑，鲜活自然，充满生活情趣。她认认真真地活出了自己，是一个好女儿、好妻子、好母亲、好岳母、好祖母，是一个既平凡而又伟大的好女人。

社会各界前来吊唁的人络绎不绝。人们满怀尊敬与悲痛之情来到灵柩前，深深地三鞠躬，献上最后的祝福与告别。丈夫、女儿和夫婿守候在她身旁，与前来送别的亲友们一一握手致谢。有的来宾默默无语，但含泪的眼睛与深情的拥抱，已传递出殷切的友情。有的几句轻声问候，送上无尽的关爱，使亲人们又一次止不住地伤心落泪。

那一夜，是赵家撕心裂肺、漫长难熬的一夜。丈夫和女儿们陷入巨大痛苦的深渊，相互哭诉着、偎依着、支撑着、鼓励着，彻夜无眠。

次日黎明，静谧安宁。天已放晴，被昨日雨水沐浴后的天空明朗洁净，空气格外清新。

在康贝尔殡仪馆礼堂内，各界官方人士、媒体记者、亲朋好友等四百余人从四面八方会集而来。有的从美国西岸，有的甚至从地球另一端的家乡专程赶来参加葬礼。礼堂内座无虚席，悠扬委婉的弥撒曲中，人们静静地等待着、守候着，为这位普通而杰出的妇女做最后的追思、祈祷和送行。

美国总统布什先生和政府各部要员，以及多国官方人士都发来唁电，送来花圈花篮哀悼，并对家人表示深切的慰问。

11日上午11点整，在罗伯森资深牧师主持下，基督教的追思礼拜隆重举行。六个女儿饱含深情，噙着泪水依次上台，有的诵经，有的感言，对母亲的养育之恩念念不忘，感激涕零。十岁的长孙谢立，身着小西装，郑重其事地代表六个孙儿送给外祖母几句贴心话：请外祖母放心地走好，我们不会辜负您的培养和期望，一定会健康茁壮地成长。

大女婿麦康诺参议员上台致辞。他表情凝重，语气沉稳而有力，盛赞岳母大人先人后己，无私奉献的高尚品格，在女婿们心目中具有德高望重的地位。他由衷地钦佩岳父、岳母带领全家历经新移民的艰难之路，入乡随俗，自然而然地融入北美社会文化中。他们勤恳耕耘，把六个女儿培育成人，是新移民中的优秀典范。

赵锡成博士由小女儿安吉搀扶着上台，一言不发，与平时判若两人。尽管戴着墨镜，仍能明显地看出他已憔悴清瘦了许多，竭力承受着平生最为沉重的打击。

随后，大女儿赵小兰代表全家上台致辞，真诚感谢所有来宾和热情帮助过他们的人，以及千里迢迢专程赶来亲自送母亲最后一程的诸位亲友。在台下时，她止不住地低头拭泪，轻声抽泣，令人动容。但在台上，她极力隐忍悲痛，仍把最真挚的微笑送给大家。

"七年来，家母勇敢地与淋巴癌症抗争，积极乐观地面对病魔的挑战。父母这一代人，与生活在二十世纪的大多数中国人一样，曾经历了国内战争与外强侵略的蹂躏涂炭，饱经风霜，成长道路崎岖不平。但无论现实社会多么残酷无情，他们始终不屈不挠，胸怀理想抱负，追求光明前途。"

赵小兰抑扬顿挫，动情地娓娓道来：

"家母是一位忠贞不渝的妻子，无私奉献的母亲，蕴满爱心的慈善家和亚洲文化学者。她内心深处充满对上帝的虔诚，对丈夫和家人的厚爱，这是她战胜一切艰难困苦的力量源泉。她无畏的勇气，不渝的信念，使她成为这一代女性的先驱。"

话音到此，赵小兰忘情地仰望上天，几度哽咽，无声地抽泣着。

"半个世纪前，父亲只身到美国开辟新生活，闯出新天地，为早日与他年轻的妻子与稚嫩的爱女团聚而披荆斩棘，发奋图强。今天，母亲的别离是为父亲和我们准备一个永远的家，一个与上帝同在的家。这个家将永生永存，且不会再有悲伤，那时我们会再与健康坚强、和蔼可亲的母亲重逢团聚……

"母亲每天都与我们同在。她的音容笑貌，她留给我们的精神遗产，将永远伴随着我们，生生不息，代代相传。她激励着我们不断前进，有所成就并为社会做贡献。"

赵小兰充满磁性的声音再度高亢，感人肺腑，荡气回肠。

随后，人们依序列队瞻仰赵朱木兰女士的遗容，并致以最后的敬意。赵锡成博士带领全家侍立在旁，向来宾们一一握手致谢告别。

肖邦的《葬礼进行曲》在大厅中萦绕徘徊，动人心扉，哀而不伤，把人们从悲痛中带入一种超脱、纯净、神圣的境界。

长女赵小兰双手捧着母亲的遗像，与家人亲友一起，陪伴在母亲的灵柩旁。多辆警车开道，长长的送葬队伍尾随其后，浩浩荡荡。

在明媚温柔的阳光下，灵车缓缓离去，前往纽约上州"芬克里夫"墓园。

05

妻子溘然长逝后,锡成请来最好的设计师,几次与小女儿安吉奔赴意大利,亲自挑选上乘的大理石原材料,不厌其烦,花费无数心思与精力,在著名的纽约上州"芬克里夫"墓园,为妻子修造一座最好的陵墓。

2008年11月8日,秋意深浓,枫林如火,又是绵绵细雨的一天。

赵家的亲朋好友百余人聚集在"芬克里夫"墓园,参加赵朱木兰女士的陵墓落成典礼。她爱的人和爱她的人们手持鲜花,祭奠她,追忆她,送上无尽的哀思。

这是一座基督教式的白色大理石陵墓,宏伟典雅,长5.4米,宽4米,高4.5米。陵墓彩色玻璃窗上,雕刻着黄山巍峨的巨石、梦幻般的云海和挺拔的青松。那是她出生的地方,是她的故土。

祭坛上摆放着她的遗像,由盛开的白百合花簇拥着。那张永远挂着亲切笑容的脸,依旧栩栩如生。她珍爱的《圣经》、美国国会为褒奖她所颁发的文件正本、文房四宝和纪念文章书籍相伴在她的身边。

在她安睡之所的对面,在光滑温润的白色大理石墙壁上,以东晋书圣王羲之的书体,刻着一首七律诗篇:

悼爱妻

沧桑共度六十年，惠赐群芳倚木兰。

苦乐平生长共济，祸福旦夕自难安。

吴音袅袅家乡梦，倩影依依美利坚。

泪洒星河情未尽，待逢天国再同缘。

锡成泣首　2007 年 8 月 11 日

沧桑共度六十年，两人琴瑟相和，感情笃深，至死不负。

这爱，天长地久，可歌可泣！

半个多世纪两万多天的相濡以沫，相敬如宾，令双方早已融为一体。如今妻子先驾鹤而去，鸾凤分离，从此天上人间，令丈夫痛不欲生。

家中的一草一木，一砖一瓦，至今仍保持木兰生前的原样。每天锡成回家，都会到妻子生病时住过的房间里长坐，向木兰讲述他的一天："木兰，我回来了，托你的福，一切都很好……谢谢！"

斯人长辞，言犹在耳，锡成凝神环顾屋中的一切，似乎还能闻到妻子昔日的气息。他轻轻抚摸着爱妻的照片，诉不尽的思念，道不尽的衷肠，实实难以释怀。

他依旧每天坚持游泳锻炼，把自己倾心投入在水的世界里，让柔软的水拥抱他，按摩他的心，给他以依托。他在水中的时间比以往更长，因为在水中，没有人能看到他的眼泪，没有人能听到他的哭声……感月吟风多少事，欲语泪先流。

"人生的意义不在于生命的长短，而在于如何度过一生，这才是生命之珍贵的意义和价值所在。"这是朱木兰女士在读到一篇与癌症顽强搏斗的文章后，因颇受鼓舞，便即兴翻译成中文，写在译文后的感言。

博爱、乐观、坚毅、进取是她的人生观、价值观，是她终生不渝的生命写照。

夫妻俩都是虔诚的基督教徒，并受惠于中国儒家思想道德的熏陶，为社会公益事业竭尽绵薄之力是他们平生共同的心愿。他们毕生崇尚教育，对百年树人的教育事业情有独钟。

早在1984年，当中国刚刚打开国门，改革开放，百废待兴之时，他们即把投资于厦门航运电子仪器公司的股金转为基金，设立了"木兰基金会"，用股金的利息设立奖学金，奖励给航海界的学生和教学科研人员，以支持中国航海高等教育的发展。

2006年11月，基金会正式更名为"上海木兰教育基金会"。奖学金的意义重在激励，至今已有数千名莘莘学子获益，在教育和航海界享有盛誉。他们有的成为经验丰富的船长和轮机长，有的成为大学教授，有的成为公司高级管理人员……

基金会每年还拨出部分资金，奖励赵锡成母校嘉一中学和西封小学的优秀学生，鼓励他们勤奋好学，积极上进。同时，他们还在家乡嘉定区马陆镇捐资建造了设备先进的"以仁幼儿园"，以缅怀为农村教育奉献一生的父亲赵以仁先生，并使当地众多儿童受益，接受了完善的学前教育。

家人曾劝木兰添置新衣，她却说："还是省下这些钱多资助两个学生吧！"

多年如一日，夫妻俩抱着对主和世界的感恩之心，以多种方式回馈社会。

2007年11月3日，赵锡成博士通过"上海木兰教育基金会"向上海海事大学捐资，支持学校在临港新城新校区内建设世界一流的航运仿真中心。为缅怀和传承木兰平凡而伟大的一生，学校将该中心命名为"木兰航运仿真中心"。该中心除每年可培训上千人次的海大学生外，还将承担全国一半以上A级船长的培训任务，实行半军事化管理，是全力打造中国航海家的摇篮。

在该中心揭幕仪式上，彩旗招展，鼓乐声不绝于耳，上千名学生身着海员制服，头戴神气的大檐帽，列队热烈欢迎赵锡成博士一行的到来。锡成看着这些英姿焕发的年轻人，即兴侃侃而谈：

"看到你们，使我想起从前。你们身上的航海制服，是我六十年前梦寐以求的。这身制服，代表着航海的责任、希望与未来。我祝贺大家，今后只要通过执着追求，不懈努力，定会心想事成，征服命运，贡献社会，完成自己的人生之梦。"

2008年1月11日，小女儿赵安吉代表全家向美国纽约南街海港博物馆捐赠"心梅"号绿色好望角型散货船模型，以这种别具一格的方式纪念母亲。该模型为博物馆首次获赠展出中国制造的大型货船模型。

2008年5月9日，上海交通大学"木兰船建大楼"落成命名典礼在闵行校区隆重举行。这座大楼由名誉校董赵锡成博士捐资协助兴建，以纪念夫人，勉励学子们向社会做出贡献。楼内设有"木兰生平文物

2009 年 10 月 13 日，上海交通大学"木兰船建大楼"前，赵锡成博士和赵小兰留影

纪念馆"，馆内陈列着她的照片、信件、书法、录像等珍贵资料，多方面展示了她生前的社会活动和家庭生活。锡成与交大有不解之缘，每次有机会来上海，便会到母校看看，转转，以示感激之情。

2008 年 8 月奥运会期间，国务院总理温家宝在会见参加闭幕式的赵锡成博士后，当晚有感而发，欣然提笔，为赵家写下了取自《易经》的八字横幅："积善之家，必有余庆。"

2007 年 9 月 20 日，美国《国会记录第 153 册 140 号》共和党主席麦康诺参议员为纪念及弘扬其岳母赵朱木兰女士一生实现美国梦的代

346

2015 年 10 月 17 日，赵小兰和赵锡成博士、赵安吉和夫婿布雷耶，在故乡
上海嘉定祖父赵以仁先生的铜像前留影

表性，特依中国习俗七七纪念日，亲自将其本人及夫人赵小兰女士的
悼词成功地列入国会记录，授予赵朱木兰女士另一项殊荣。

安徽来安县是朱木兰的祖籍。"木兰教育基金会"捐赠了一百万
美元，相继兴建了"来安木兰七里幼儿园"和"来安木兰泗阳幼儿园"。
这两个幼儿园建在农民住宅小区，可收纳八百名儿童，使孩子们尽可
能地得到好的启蒙教育。2015 年 10 月 19 日金秋时节，赵锡成由小女
儿夫妇陪同，参加这两个优质幼儿园的落成典礼。丈夫深知妻子，代
她完成了在故乡兴办基础教育的心愿。

赵锡成把对妻子的深情厚谊化成无穷的力量源泉，默默地做着这
一切，并不断地做着这一切……

06

2012 年 10 月 12 日，赵锡成博士及家族基金会正式宣布，以已故赵朱木兰的名义，向哈佛大学捐赠四千万美元，以纪念她平凡与伟大的一生和遗留下的宝贵精神遗产。其中三千五百万美元用于兴建"赵朱木兰中心"，另五百万美元用于建立"朱木兰及赵锡成家族奖学基金"，用于资助获奖的华裔学生。

该中心是哈佛大学建校以来首座以女性命名，也是第一座以华裔命名的建筑，是独一无二的女性华裔建筑。

2014 年 4 月 24 日，赵朱木兰中心举行动土奠基仪式，赵锡成一家人悉数到场，在哈佛商学院原 Kresge Hall 的所在地，手持铁锹，开启了哈佛大学历史的新篇章。

该中心坐北朝南，占地达九万多平方英尺，高四层，设有会议室、办公室、餐厅和教室。该建筑地点绝佳，位于哈佛小径的终端，是出入哈佛商学院的要道。它的正面是与哈佛商学院风格一致的格鲁吉亚式，背面则是钢架玻璃的现代简约风格。古老与现代建筑的完美结合，寓意教育是连接新旧世界的桥梁，这正是赵家一贯坚持弘扬的教育之本。

该中心每年将迎接来自全球进修或参加项目的万余名学生及学者，并将他们与商学院教授、嘉宾和攻读工商管理硕士学位的同学们会聚一堂，促进相互交流。

中心内多个重要地方都以赵氏家族成员命名，并邀请中国最好的画家和艺术大师陈衍宁和张伟制作了赵锡成和赵朱木兰的画像及铜像，在该中心永久展出。赵锡成希望藉此展示中华民族的文化、艺术与光辉历史。

2016年6月6日，在波士顿哈佛大学商学院内，这座崭新的"赵朱木兰国际人才交流中心"拔地而起，正式宣布完工，举办了盛大的剪彩仪式。

美国总统奥巴马、副总统拜登、前总统卡特、老布什、小布什和克林顿，都送来了贺信，感谢赵家为社会所做的贡献。

奥巴马总统在信中特别赞赏："这是一个充满爱和人生教育为本的故事。你们经历了二十世纪的许多考验，但仍保持积极乐观和坚定的信念，并用你们的经验助人为乐。决心、毅力和远见使你们在美国取得成功，创建了一个信誉卓著的航运公司，并建立了教育和救助的慈善基金会。"

小兰与父亲打趣道：

"美国所有健在的总统，都为同一栋建筑的落成发贺信，这可是破了历史纪录之事啊！"

在隆重的落成启用典礼仪式上，哈佛大学三百多年来第一位女校长德鲁·福斯特（Drew Faust）热情致辞：

"赵家赠予哈佛商学院一个非常棒的礼物。这个礼物对于哈佛具

2016 年 6 月 6 日，哈佛商学院"赵朱木兰中心"落成，成为哈佛大学历史上首座以亚裔美国人命名的建筑物

有极其重要的历史意义。我们刚刚庆祝了建校三百七十五周年，今年还将迎来商学院历史上首位女性学生入学五十周年纪念。赵家有四个女儿毕业于哈佛商学院。她们向学校捐赠一栋楼来纪念她们的母亲。这既是对她们在商学院学习的纪念，也是纪念五十年前商学院所发生的那个重大转变。因此，我们对这份慷慨的赠礼感到由衷的高兴。该中心将成为女性力量强大的最好代表。"

德鲁·福斯特校长有几句享誉世界的名言：

"我不是什么哈佛女校长，我就是哈佛的校长。"

"走出去了解世界，是孩子们的必修课。"

"当我们看到的世界大了，才能更加宽容，更加坦荡。接受彼此的不同，尊重相互的差异，已经成为了解世界的重点。"

福斯特校长卓尔不群，难怪成为创造哈佛大学历史的人。

2016年6月6日，赵锡成博士在哈佛商学院"赵朱木兰中心"为大楼落成剪彩。赵小兰伉俪和亲友，以及哈佛大学校长、马萨诸塞州州长等政要嘉宾出席

　　赵小兰健步登台，代表赵氏家族致辞：

　　"希望父亲此次的慷慨捐赠能树立一个好榜样，鼓励更多的成功人士回馈社会，保持民族自信。同时抛砖引玉，让美国和世界人民看到华人对主流社会的贡献。我们不仅是索取，更有能力为这个国家做出贡献。父母从未忘根，一直致力于帮助中国同胞。希望对华人资助的奖学金可以培养出更多有国际观的领袖。"

　　赵氏家族在哈佛大学校董事会有三位董事，除赵小兰外，还有小妹赵安吉和夫婿吉姆·布雷耶（Jim Breyer）。吉姆是脸书（Facebook）最早的投资人之一，曾连续三年被福布斯评为全球风险投资第一人。

　　在女儿们和亲朋好友的簇拥下，赵锡成万分感慨地登台致辞：

　　"当年我来美国念书时，经济拮据，到哈佛读书对我来说是天方夜谭。没想到，我的女儿们做到了……"

　　旅居海外的华人，经几代人不懈的努力，融入主流社会的已不再是凤毛麟角，而是英才辈出，各领风骚，不愧是炎黄子孙的骄傲。

这天阳光格外灿烂，在场每个人脸上的笑容也格外灿烂。赵锡成精神矍铄，身着精致的藏青色西装，戴着喜庆夺目的红色领带，右手握着那把金光闪闪的长剪刀，高高地举起……那条红色的彩带，随着掌声飘落。

他像一个指挥大师。是的，他是一个指挥大师，全身心投入地指挥着他的人生交响曲——这乐曲时而恬静优美，时而暴风骤雨，时而九曲十八弯……

大地不老，岁月无痕。赵锡成被满心的爱和旺盛的精力驱使着，就这样一件事一件事地做着，不停地做着——为生养他的父母，为心爱的木兰，为可爱的女儿们，为民族自尊，为养育他的国家，为脚下这片美丽富饶的土地……

第十五章

轻舟已过万重山

01

黎明，旭日东升，晴空万里。

美丽的"自由女神"屹立在纽约港口，上百年如一日，高擎着火炬，迎接一个又一个朝阳。

二十余年来女神与世贸姊妹楼遥相守望，日日互道早安。那对高耸入云的双塔大楼神气挺拔，双峰并峙，在霞光中熠熠生辉。

纽约包罗万象，光怪陆离，是世界大城市里快节奏中的快节奏，而华尔街地区更是纽约快节奏中的极致。曼哈顿下城的清晨，车水马龙，熙熙攘攘。西装革履的绅士们和衣着讲究的女士们，提着公文包，蹬着旅游鞋，脚底生风般地急行军，是曼哈顿特有的一景。

突然，天崩地陷，如晴天霹雳，民航客机变成了战斗机、轰炸机，霎时击碎了世间的一切秩序。世贸中心上空浓烟滚滚，直冲云霄，把蓝天染成了乌黑，碎片残骸漫天飞舞，焦灼刺鼻的气味令人窒息。顷刻间，那个傲视群雄的世界级黄金角落，变成了人间炼狱。

人们绝望的呼喊声、警车声、爆炸声不绝于耳。双塔大楼在烈火中拼命挣扎，最终被火焰融化了筋骨轰然倒塌。瞬间，现代繁华变成了满目疮痍，数以千计鲜活的生命无辜地成为殉葬品，成为永不瞑目的冤魂。

一场特殊的战争就这样自天而降，来到这个一百多年都没有炮火硝烟的美国本土。女神看着眼皮底下发生的这一切，极度震惊又万般无奈，目睹了人世间这场惨绝人寰的残杀。

2001年9月11日——这一天，发生了骇人听闻的"9·11"事件，成为美国最为恐怖的一日，成为历史永远铭记的一页。

当时，赵小兰正在劳工部长会议室召开每日八点半的例行高层会议。

"赶快打开电视！"助理急匆匆地跑进来，上气不接下气。

电视上传出的紧张声调令人不寒而栗，出现的图像更令人瞠目结舌。世贸中心的北楼正在烈火中焚烧，窗口探出无数急欲求生的身体，挥舞着几近绝望的双臂。有的终于忍受不住，越窗而出，在回归死亡的道路上得以解脱。

大家惊呆了，面面相觑，不知这是惊险大片，是重大事故，还是恐怖袭击？突然，在场的人们眼睁睁地看到，一架客机低空全速飞来，迎头撞进南楼。随之，上演了同北楼一样惨烈的另一幕。

那个时刻，大家都清醒地意识到，一场真实重大的恐怖袭击事件正在发生！

赵小兰立即打电话向白宫请示。当时小布什总统不在白宫，那边听起来已乱作一团，对任何问题的回答都是不置可否，没有任何明确的指令，只是告知白宫正在紧急撤离。她又赶紧给国会的丈夫打电话，麦康诺参议员也是一头雾水，不知实情，只知要立即疏散。

这时，小兰看见窗外国会大厦的人如潮水般涌出，仓皇奔向广场。她意识到事情的严重性和紧迫性，于是郑重下令：劳工部大楼的全体人员尽快疏散，撤离大楼。可劳工部的广播系统却不争气，临时出现了故障。待紧急修复后，发布通知的人那急促颤抖的声音，更增添了楼内的恐慌气氛。

突然，赵小兰的贴身保安冲进办公室，不由分说，架起她就走。

"我不能走，这里的事情还没有做完！"

"部长，你必须马上走！"保安不容任何争辩，口气异常坚定。

随后，小兰感到身体和意识都被绑架，腾云驾雾般地被强行拖走，塞进车里，风驰电掣般地回到家中。惊魂未定中，她给手下的工作人员打电话，查问大家是否安全，没有去处的人可暂时到她家里来避难。

人们不断地从各种大楼里冲出，向四处狂奔，如魔鬼在后面紧紧追赶。街道被拥挤的车辆人群堵塞，井然有序的华盛顿眨眼间陷入一片混乱之中。

那天，是一个"太阳从西边出来的日子"，震、惊、悲、痛，令所有身临其境的人永远刻骨铭心。

事件发生时，小布什总统正在佛罗里达州一所小学教室里给孩子们朗读故事。得到报告后，他向全国发表了简短讲话，称美国正在遭受恐怖袭击，是国家的大悲剧。当晚八时半，总统在白宫向全国发表电视讲话，异常严肃地通告国民：

"恐怖主义攻击可以动摇我们最大建筑物的地基，但无法触及美国的根基。恐怖行动能摧毁钢铁，但丝毫不能削弱我们的坚强决心。"他向美国人民郑重承诺，政府将对恐怖分子做出强有力的反击，并将全力协助受难者家属，处理善后事宜。

9月14日9点30分，在"9·11"事件后，白宫召开了第一次内

2002 年 6 月 6 日，在白宫罗斯福房间的内阁会议上，美国小布什总统宣布成立国土安全部。赵小兰和其他内阁成员出席

阁会议。小布什总统走进椭圆形办公室旁的内阁会议室，神情极其严肃，口气异常坚定：

"在我任内，再也不允许这样的事情发生！（This can never happen again! Not on my watch！）"

事件发生三天后，总统来到了世贸中心遗址，与纽约市长朱利安尼一起，站在仍然冒着浓烟的废墟瓦砾上，用扩音喇叭向在场的消防队员、警察和民众喊话：

"我听到你们的声音了，全世界也听到了。那些制造恐怖的人，很快也将听到我们的声音！"他的讲话使美国人民从极度恐慌中镇定下来，同仇敌忾，共赴国难。

在那段非常的日子里，多少奔波劳顿，多少个不眠之夜，赵小兰带领着劳工部紧密配合政府，为避免人们的极度恐慌，为挽救一度处于瘫痪的经济，采取一系列有效措施，尽快地恢复社会正常秩序，尽可能地弥补难以用数字估量的人才和经济损失。

"9·11"事件之后，美国大大增强了保安措施，新成立了联邦国土安全部。每位内阁成员的保安工作也大大升级。依据美国法律规定的继任排序（Line of Succession），在美国现任总统因任何原因出现危机，不能履行其总统职责的情况下，其他在美国本土出生的内阁成员，便被依次排名为总统可能的继承人。所以即使在这些人回家之后，也在国家秘密警察每天二十四小时的保护之内。

因赵小兰是出生在美国本土之外的内阁成员，所以她的保安措施遵循另一套系统。从她早上离开家门时到晚上迈进家门期间，贴身保镖寸步不离，保证每一分钟部长都在保安警卫的视线之内。无论她在办公室工作至多晚，保安人员都轮流值班守候在办公室门外。部长外出时，专车卡迪拉克的驾驶座旁总有一名保安，并有一辆大型黑色SUV保安车紧随其后。

美国充分汲取"9·11"事件的经验教训，在国家安全保卫方面采取强硬措施，不惜工本，至今卓有成效。

02

　　主任秘书康妮是一位金发碧眼、玲珑小巧的女人，一双如湖水般的蓝色大眼睛中，含着善解人意的亲和与温柔。她喜欢清亮明快的颜色，总是衣着得体，看似随心所欲，实则无不精致之处。难以想象，这样娇美的一个女人，内心却蕴藏着过人的毅力与坚强。

　　康妮二十八岁时，丈夫在海外为国捐躯。小儿子安东尼于二十天后才呱呱坠地，无缘见亲生父亲。那时，大儿子亚历山大年仅四岁。孤儿寡母的清苦不言而喻。

　　但是康妮的血管里流淌着父辈艰苦创业的血液，身体里含有独立坚毅的基因。她拒绝了同情和怜悯，选择了一条漫长而艰辛的道路，决心用自己的双手把摇篮中的儿子抚育成人。

　　她曾在白宫为里根总统工作八年。因白宫薪金有限，便经朋友举荐到交通部求职。那时赵小兰刚刚被任命为副部长，急需一名贴身秘书。在面试中，两人一见如故，一拍即合，从此结下了不解之缘。

　　康妮随小兰东征西伐，从联邦交通部到和平工作团，从联合慈善基金会到传统智库基金会，直至联邦劳工部。不管小兰走到哪里，康妮总是不离左右，为她打理公事私事、大事小事，除家人外，是小兰身边最为亲近的人。

十八年如一日，康妮每天七点多钟到办公室，总是事无巨细，在一天紧张工作的序幕正式拉开之前，把一切事务准备就绪。繁忙时，连午饭也顾不上吃。她常年披星戴月，连晚霞都难得一见。她总是最后一个离开办公室，独自走过寂静的楼道，驾车回到位于弗吉尼亚州小镇的家中。两个儿子在母亲的精心抚育下都长大成人，立业成家，使母亲升级为幸福的老祖母。这是康妮一生中最大的安慰与依托。

小兰常年公务在身，重任在肩，马不停蹄，四处奔走。但只要有康妮在办公室里坐镇，小兰就感到心中踏实。日复一日，年复一年，两人之间建立了一种特殊的默契。至今，小兰对康妮仍念念不忘，但凡遇到难题，总是说："如果康妮在就好了。"

小兰与康妮之间是一种多年磨砺出来的信赖与相知，似母女之情、姐妹之情、挚友之情。

康妮辅佐小兰整整十八年，已年过七旬，因多年工作繁忙，心力交瘁，身体大大透支，在家人的一再劝说下，决心退休回家安享晚年。

她手把手培养了一位从小来自北京的年轻姑娘格格（Jenny Gu），把重担压在了她的肩上。临走前，康妮爱怜地看着格格那双纯真的大眼睛，不断地重复说："不知我是否把你引上了一条好路？这条路你会得到巨大的历练，但近乎于疯狂，要付出的太多太多……"

康妮语重心长，话中有话，脸上掠过一丝凝重。

每个月的第一个星期五早晨，都是美国的"数字日"（Number's Day），也是劳工部大出风头之日。这天，无论被公布的数字如何，都会牵扯美国经济甚至世界经济的敏感神经，或大喜，或大悲，或无所

2007 年 8 月，赵小兰在劳工部办公室和作者晓晓、时任部长助理格格合影

适从地震荡，或发癔症般地疯狂。

每当"数字日"清晨，劳工部大楼一层内，便聚集着各大媒体有特殊许可证的记者们。他们不许携带任何通信器材，经过严格检查，进入一个被封闭的房间等候。八点半，劳工部统计部门正式对外公布有关失业率等重要数字。随后，被临时关禁闭的记者们才被放出，竞相冲出大楼，以最快的速度向自家媒体上报刚刚出台的数字信息。

华尔街股市早已严阵以待，静候劳工部的数字出笼，以此决定自己的姿态，是涨还是跌？是披红还是挂绿？并以电波的速度，向世界各地迅速传播蔓延。

这些至关重要的数据，属高度绝密。前一晚由联邦劳工部统计部门准备完毕，仅通知白宫的个别相关人员，知晓内情的总共不过几人。这个统计部门独立门户，不设在劳工部大楼内。劳工部长本人也只能于当日八点半才能得到准确数据。

2007 年 7 月，作者晓晓听赵小兰秘书康妮女士介绍劳工部长办公室

这天上午是赵小兰最为繁忙的时候，各大媒体早已恭候多时，电视电话采访排队等候。

"数字日"前的那个星期四夜晚，白宫都会召开相关人员电话会议，对预测的信息制定相关政策，以便与政府口径协调一致。之后，赵小兰与经济分析专家和撰稿秘书三人连夜草拟讲话稿，以便明日应对媒体的各种提问。这是劳工部所承担的重要工作之一，也是赵小兰定期定时出现在媒体上的缘由。

小兰一贯对贸易保护政策坚决反对，态度明朗强硬。她曾和父母一起看过关于清朝故事的电视连续剧，赞不绝口，并从中得到启发。

她说，早年大清朝也曾辉煌一时，但清政府后期闭关自守，故步自封，捆绑了自己的手脚，羁绊了发展的脚步，开历史倒车，最终导致国力衰竭，病入膏肓，走上衰亡之途。在全球一体化的今天，各国需要相互依存，相互融合，各国自身的利益与世界密不可分。毋庸置疑，一些公司企业会被自由贸易竞争淘汰出局，也纯属正常现象。

小兰始终认为，市场是一只公平无情的手，企业切不可急功近利，一叶障目。在刀兵相见的商场中，公司应审时度势，扬长避短，积极寻找新的转型契机，以此才能在竞争中重获新生。

小兰坚信工作培训和再培训是解决失业率最有效的措施。劳工部不惜代价，每年的巨额预算开支大都用于此。美国政府一再承诺帮助失业者渡过难关。失业大军需要新的技能改善自身，以此适应新工作和新环境的挑战。

她不遗余力地到处宣传，鼓励失业者大胆尝试，积极培养生存本领。如果认为只要阻止外国人和产品进入美国就可了事，就可保住就业机会，那是自欺欺人，饮鸩止渴，且于事无补。政府不能头痛医头，脚痛医脚，必须实施相应的得力措施，方能满足美国人民的需求，从根本上解决大众所关心的问题。

在劳工界，立足不易，建树更难。逆水行舟，不进则退。小兰心中的压力如影相随，不仅外界压力重重，更有自身施加的压力。

她锐意革新，在任内完成的重要改革之一，是对申请劳工许可证规章的重新制定。旧法规要求雇主为将雇用的外国人申请此证，必须在规定级别的报纸或杂志上刊登长达三十天的广告。内容包括职位名称、报酬、工作时间，以及描述该职位的职责和资格等。招聘广告不能登载雇主公司的名称和地址，所有应聘者的来信和简历均需劳工部转交，以此达到监督招聘过程的目的。移民局时常也会翻查，雇主是否真正提供公平竞争的机会给其他美国公民。此外还要雇主提供公司资产负债表、损益表及所得税报缴单，以此证明该公司确有财力负担外国人至少一年的薪金。这些审核程序极其烦琐，时间冗长，使得许多雇主望而生畏，使许多人才错失良机。

新法规生效后，仅要求雇主诚实填报申请即可。这大大减少了雇主的举证负担和压力，并可在网上处理与查询审批进度。这是大多数职业移民的必经之路，对美国移民政策的实施至关重要。

在小兰第一任期内，美国劳工部在《公平劳动标准法令》的指导下更新了超时工作规定。这个规定让亿万低收入劳工的加班加点酬劳有了更强的保护措施。2003 年，劳工部完成了多年来对工会财政公开制度的完善，让普通劳动者心中有数，能更清楚地知道自己辛苦挣来的钱是如何花出的。劳工部还对美国由公共基金培训劳动者技能的项目进行了深层次的改革，以便更好地服务残疾人和失业人口。

在小兰和同事们的不懈努力下，总统布什于 2006 年 8 月 17 日签署了《养老金改革法案》。该法案是美国三十多年来对其养老金体系进行的最为广泛的修改，对于数以百万计的工人来说意义非凡。这个法案保护了四千四百万从私营部门获取养老金的劳工的利益。其中最重要的是要求公司对雇员的养老金计划承担更多的责任。该项方案毫无疑问将是未来美国退休保障系统的基石。

在掌管劳工部大印八年期间，赵小兰改进并推行了 1959 年制定的《劳资报告披露法》，以督促工会履行财政运算平衡的责任，铲除滋生腐败的土壤，杜绝不道德的行为发生，保护工会成员的民主权利。这成为多年来劳工部政绩的亮点之一。

在国际舞台上，赵小兰依旧高度关注养老问题，并愿分享美国在这方面的经验。

历史性的中美战略经济对话机制，是由中美两国元首胡锦涛主席和小布什总统倡议建立。对话一年两次，轮流在两国首都举行，主要讨论两国共同感兴趣并关切的双边和全球战略经济问题，使两国政府能在最高级别层面进行交流与合作。

2006 年 12 月 14 日至 15 日，在北京举行了中美首次战略经济对话，主题为"中国的发展道路和中国经济发展战略"。赵小兰作为美方代表参加了首次会谈。关于中美两国共同面对的养老问题，她感触颇深：

"对我这个劳工部长而言，在社会保障领域，中美两国都面临相似的问题。中美的老龄化问题在逼近，工作人员和退休人员的比值正在下降。现在美国'婴儿潮'时期出生的人将近六十岁，大约百分之十二点五的美国人年龄超过六十五岁。而在中国，这一数字是百分之七点七。但中国的老龄化将会更快，到 2020 年，百分之十七的中国人将达到或超过六十岁。到 2050 年，这个数字在中国将达到百分之三十一。所以退休保障对于我们两个国家来说，都是至关重要，不可忽视的。"

小兰一以贯之，总是以积极的态度努力促进两国间的相互了解。

"两国关系总会有起有落，这也是我们需要加强沟通，相互了解和分享经验的原因。中国作为世界上最大的发展中国家，美国作为最大的发达国家，我们两国间的关系毋庸置疑必须加强。无论是在经济领域还是文化领域，双方相互熟识是很重要的……"

"我们需要了解中国关心的是什么，中国的思维模式是什么，在双方相互了解的基础上，才有助于我们今后取得更大的进展。"

赵小兰相继参加了 2007 年 5 月在华盛顿举行的第二次，以及 2008 年 12 月在北京举行的第五次中美战略经济对话。

"知人者智，自知者明"；"治大国若烹小鲜……"——小至个人，大至国家。

03

　　小兰夫妻两人共同携手，先后辅佐了两任布什总统，为共和党立下了汗马功劳。2001年小布什总统的就职大典，就是由麦康诺参议员一手筹备并主持的。赵小兰也被两任布什总统不断栽培，一路重用提拔，遂成为"封疆大吏"。

　　1月20日那天，阴霾寒冷的天气令人瑟瑟发抖，但共和党人却笑逐颜开。在细雨霏霏中，小布什宣誓就任第四十三任总统。他是继美国第六任总统亚当斯之后第二位踏着父亲的足迹入主白宫的总统。从此，美国商政界人士称他为布什四十三，父亲为布什四十一。

　　布什家族与中国有着深厚的渊源。

　　二十世纪七十年代中期，老布什曾任美国驻中国联络处主任，为中美正式建交起到了积极的作用。他和夫人芭芭拉经常并肩骑着自行车，畅游北京的大街小巷，一举两得，既健身又能更深入地了解中国民情。他从开车族变为"骑自行车大使"。夫妇俩骑车在天安门城楼前的留影，被诸多报刊青睐转载，成为美谈。

　　1989年，老布什成为第四十一任美国总统，始终对中国真诚友好，为中美之间的友谊不懈努力。

他和芭芭拉有四个儿子。小布什是长子，次子是佛罗里达州长，另外两个儿子为生意人。鲜为人知的是，他们还有一个小女儿罗西。当一个家庭中有两位同名同姓的总统时，如何称呼便成了一个有趣的小麻烦。

大家都好奇儿子在任时受到多少父亲的牵制和影响。在共同接受电视媒体的采访中，老布什总统充分显示了他的睿智与超脱，坦诚地表示：不在其位，不谋其政。在其位，就该好好谋其政。在小布什总统那里，他更多扮演的是一位普通父亲的角色，是一位会说"我爱你，孩子，悠着点儿"的慈父。

至于后人如何评价他们的功过是非，父子两人的态度不谋而合。小布什称自己目前仍在拜读第一任总统乔治·华盛顿的传记。那么以此类推，第四十一任和第四十三任总统的盖棺定论，肯定要等到"猴年马月"了。父子两人均坦然面对，哈哈一笑道：

"那时，我们人都不在了，就不用担这个心了。"

当然，历史自有公论。

两位总统都是达观夫子。可父亲显然更胜一筹。

他于八十五岁生日那天，居然身着伞兵服，享受自天而降的刺激快乐，以独特的方式为自己祝寿。他我行我素，挑战自我之余，还野心勃勃地表示：将来九十岁大寿时，还要故伎重演，为自己送上一份厚礼。

好一个如此热爱生活的人，如此会生活的人！

据报道，那天老布什是从三千多米的高空跳下，安全地降落在缅因州他住宅旁的草地上。为确保万无一失，美国陆军伞兵部队跳伞队的麦克中士与他一起完成了这一惊险动作。在众目睽睽之下，陪着高龄前总统玩这样惊险的游戏，中士表示自己当时胆战心惊，也在情理之中。

当时，全家五个孩子和十四个孙辈都来助威，其中包括小布什总统。这么热闹的节目自然落不下全世界的媒体镜头，都兴高采烈地前来捧场。

"芭芭拉，你看我怎么样？"在漂亮落地后，老布什面带得意之色，向第一个迎上来的夫人问道。

"太棒了！你是我的英雄！"夫人一辈子都是他的忠实崇拜者，自然送上发自肺腑的赞美。

老总统立即喜形于色，开心得像个小顽童。

老布什非常享受这次跳伞过程，兴奋得两眼放光，称这是一次绝妙的感觉，忘记了自己的真实年龄。他为自己不可思议的举动申辩道：一是充分感受了自由落体的乐趣；二是用实际行动表明自己仍精力充沛，跳伞并不是年轻人的专利。他热情地鼓动老年人都出去走走，做点儿什么，享受点儿什么，并煽情地说：

"如果你还不想整天坐在房间角落里流口水，跳伞是不错的选择。"这话对老年人有很大的鼓励，可大都不会被他所煽动，仅是赞扬他精神可嘉而已。美国有句著名的谚语：心不老，人不老（Age is only a matter of mind）。此话有理。

其实，早在1944年"二战"期间，老布什就有一次跳伞记录。那时他是美国海军飞行员。在一次开着轰炸机于太平洋上空执行任务时，不幸被日军战机击落，侥幸跳伞逃生，才为后来美国留下了一位总统先生。从此，老总统与跳伞结下了不解之缘，并逐步升级为一生的特殊嗜好。他从1977年开始已有七次跳伞记录，并一再证明自己不老且不服老的顽强精神。

04

在劳工部一楼宽敞的大厅内，环绕墙壁四周，依次悬挂着历届部长的巨幅肖像。这也成了劳工部的一个传统。诸位部长的身影济济一堂，如同博物馆的一角，从一个侧面展现了劳工部的历史。

小兰开始筹备肖像一事时，正值著名画家陈逸飞如日中天，在中西方艺术界声名显赫。可巧赵家与画家本人也有些私交，赵老先生便于2002年到达上海时，约陈逸飞在"新吉士酒楼"吃饭，共商肖像之事。

大画家爽快地答应为赵小兰作画，开价二十万到二十五万美元。

"可劳工部对画像费用有明文规定，只能付两万八千美元。"赵老先生面露难色。

"那就算我送人情吧，一文钱也不要了。"大画家慷慨回答。

赵老听后更加为难，连忙解释道：

"这事还真有点儿特别，多要钱没有，但不要也不行，必须按照规定数额付款。"两人相视一笑，此事就算基本定夺。

大画家当时胃口极佳，酷爱"新吉士"肥而不腻的"外婆红烧肉"。他不仅大块吃肉，还用肉汁拌饭，香喷喷地连吃三大碗，颇具绿林好汉风范。赵老看他胃口如此之好、之大，惊讶万分，忙劝他吃饭悠着点，免得伤了肠胃。画家满不在乎，继续大快朵颐，看来已是积习难改了。随后陈逸飞礼貌地用自己的奔驰500将赵老送回旅馆，频频招手道别。谁料这竟成为两人的诀别。

才华横溢的陈逸飞于2005年猝逝，还差两天才五十九岁，据说与消化道疾病有关。他为艺术而生，为艺术而死，为世人留下了诸多遗憾，也留下了传世佳作。

赵小兰肖像的绘制，后来交到著名华人画家陈衍宁之手。于2008年12月11日卸任前夕，在劳工部大厅举行了隆重的肖像揭幕仪式。

那幅画像栩栩如生，清丽高雅的风格，与本人的气质相得益彰。在白色大理石国会山的背景下，画中人身穿酒红色裙装，笑容亲切，仪态端庄，左边树立着美国国旗和肯塔基州旗，右边的橱柜上摆放着父母的合影和丈夫的照片。这幅肖像画中有话。画面上的每一个物件对小兰来说都具有非凡的意义。那国会山不仅宏伟壮观，是美国的象征之一，也是她丈夫毕生奉献的地方。小兰是肯塔基州的儿媳，与那里有一份特殊的情感。父母和丈夫都是她一生中的挚爱，是她最亲近的人。

揭幕仪式那天贵宾盈门，高朋满座。大家赞扬赵小兰在领导劳工部期间，为保护美国劳工权益、促进劳工福利、增强劳工竞争力等方面做出的业绩。赵小兰的答谢致辞更像是临别感言。她回顾了劳工部的一路风雨历程，并对同事们动情地说：

"谢谢你们每人、每天所做的一切。这让我们的社区和国家变得更美好、更安全、更强大。"

在小布什总统两届任期内，内阁成员来去无常，如走马灯般令人眼花缭乱。但赵小兰在被赋予神圣使命的岗位上，孜孜以求，日理万机，始终掌管劳工部，成为自"二战"以来劳工部在任时间最长的部长。

"我只是打开了那扇大门。我身上代表了许多华人参政的希望，所以我必须做好。这不是一种负担，而是一份沉甸甸的责任和使命。我只有做好了，外界对亚裔才会更有信心。"

2008年12月11日，在华盛顿举行的美国劳工部长赵小兰油画肖像揭幕仪式。左起：麦康诺参议员、赵锡成博士、赵小兰部长、油画家陈衍宁先生

如今，赵小兰已成为美国华人参政的楷模。她利用各种机会，把自己多年驰骋于政坛的体会，华人鲜有参政的缘由，解读给大家：

"一是语言需改善，二是美国政治对抗性很强，要有勇气直面这种冲突。而对亚洲人来说，大多谦和内敛，必须克服自身文化上的障碍。"

在赵小兰掌管的劳工部，是当时美国政府中雇用亚裔员工比例最高的部门，每年都举办亚太裔联邦职业晋升峰会。她积极帮助拓展亚裔美国人社区，为亚裔策划培训，建立社交人脉网络的活动，教导亚裔如何沟通，使他们能更多地了解政府合同的制定，如何获得政府的奖金。赵小兰也聘用亚裔的助理，使他们了解劳工部如何运作，同时开展针对亚裔的暑期实习项目，鼓励亚裔年轻人参政。她煞费苦心，经常邀请一些实习生和员工到她的办公室去参观，并语重心长地说：

"我希望更多的亚裔年轻人知道，在政府高级部门工作是何样的感觉。我年轻时没有这样的机会。你们应打开眼界，主动创造更多的机会，接触更多的官员。你们会说：我去过赵部长的办公室，与她共过事。联邦政府我也去过，没什么大不了的。今后，一旦你们事业腾飞之时，会更加从容不迫。"

赵小兰具有新时代女性优雅娴静、自信从容的风采，得益于东方勤恳、忠诚、朴实、感恩的文化潜质，也濡染着西方对个人奋斗的孜孜追求。这些品质被有效地结合、发挥、放大，就转化为更加有效的竞争力。

在赵小兰身上，那种所谓的"玻璃屋顶"，不攻自破。事实一再证明，不管何样肤色、何种资历，社会对真正杰出的人才，幸运之门永远敞开。

八年劳工部长生涯，赵小兰功成身退。她的倩影及心血都永久留在了那里。

正值七月酷暑，小兰与父亲一起飞越太平洋，回到母亲的故乡安徽，以还她多年的夙愿。

这里是她母亲的根，自然也是她的根。

"登黄山天下无山，观止矣！"父女两人来到仰慕已久的黄山，立即被妩媚灵秀、气势磅礴的神奇景观所震撼。

一路攀登跋涉，一路风尘仆仆，一路痴迷沉醉，一路风光无限。

在巍峨的黄山之巅，在苍松翠柏身旁，在大自然的怀抱中，小兰大口呼吸着新鲜空气，遥望着层叠起伏的山峦，心旷神怡，一览众山小。瞬间，细微的水珠集结成雾，弥漫开来，升腾起来……云雾越聚越多，越积越大，汇成一片茫茫云海，无边无际，淹没了一切。

小兰置身于云雾之中，天人合一，周身感到一种湿漉漉的清爽，如沐春风，如被洗礼，无比酣畅淋漓。

"好风凭借力，送我上青云。"

一阵山谷的清风吹来，宛如把小兰轻轻托起，送入云端。

第十六章

为霞尚满天

01

卸任劳工部长后，赵小兰又回到了传统智库基金会，继续做资深研究员。她依旧马不停蹄，年年跨越太平洋两岸，奔走于各地演讲，用一颗赤子之心，架起一座使中美之间获得更多理解和沟通的桥梁。

2013年4月7日，在天涯海角，在风景宜人的海口，赵小兰与父亲、妹妹赵安吉三人出现在"博鳌亚洲论坛"，并同台演讲。

赵锡成语重心长，奉献人生感悟：

"与其坐而言，不如起而行，要知行合一。做梦啊，不要做得太大，梦要一个一个地做。一个梦想可以把它分成四个、五个，这样容易达到。我太太以前常说，人家也许只有一次梦想成真的希望，而你有一次、两次、三次、四次的希望……

"我的家庭非常亲密，虽然女儿们年龄差距较大，但这丝毫没有影响她们之间的亲情。这离不开中国传统文化理念的浸润。我要感谢祖国，是祖国给了我良好的基本教育；我也要感谢美国，是美国给了我们家发展的良机。"

"我的父母非常棒！他们不仅教授了我们姐妹生活的价值观，也亲身实践了这种价值观。"小妹赵安吉对父母感恩不尽。

赵小兰那充满磁性的女中音颇具魅力：

"在我担任美国劳工部长时，就已听说过博鳌论坛，很遗憾没有机会前来。今天我代表母亲的'赵朱木兰基金会'来到博鳌，主要关注慈善问题。很多国家领导人和高官参加博鳌论坛，发言者的高素质和议题设置的相关性，都令人印象深刻。我去过多次达沃斯论坛，在那里经常讨论中国和印度的话题。但在达沃斯却鲜见中国人和印度人。让亚洲以外的人们了解亚洲，博鳌论坛将起到非常重要的作用。

"小时候家里穷，没有资源，但精神不穷。那些年奋斗的动力，就是要让父母为我骄傲。不管遇到什么困难，我从未感到自卑，这可能来自我对家庭的信心。如果不成功，那个温暖的家时刻在等着我……

"父母从小教导我们做人'勿以恶小而为之，勿以善小而不为'，对我们姐妹的期望就是尽力寻找自己喜欢的事业和生活，找到一个好伴侣，拥有美好快乐的家庭。家庭的强大能抵御外界对孩子的负面影响。最好的教育，不是读最好的学校，上最贵的培训班，而是在家里。

"中国人的孝道观念，大大丰富了我的人生。父母为我们付出的太多太多，教导我们了解中美两国文化思想的异同，使我游刃有余。与中国人在一起的时候保持中国人的风度，与美国人在一起的时候展现美国人的风采。生活的真谛是家庭的爱，同辈和朋友的尊重，以及人生的荣誉。"

赵家三口同时登台，让整个会场充满了浓浓的家庭亲情，赢得在场观众阵阵掌声，成为海南博鳌论坛独特的一景。人们在聆听一个移民家庭脚踏实地，不断进取，父女两代人都取得了骄人成就的真实故事，在感动的同时，也得到了启发与思考。

赵小兰积极参加中美之间的各种政治、文化、经济交流活动，尽可能多地接受中国各地各部门的邀请。北大、清华、交大、复旦、武大、中国科技大学等诸多院校都留下了她的身影。她不辞辛劳，给莘莘学子传经送宝，把自己浓缩的人生体验展示给年轻人，以此激励他们积极进取，迎接挑战，追随梦想。

小兰坦诚地说："大道至简——我小时候的目标非常简单，就是想进入一个好大学，找到一份好工作，照顾好父母和妹妹们。当年大学毕业后，我进入银行业务，因为我对金融感兴趣。今天时代不同了，对于年轻人来说，最重要的是找到你感兴趣的领域。

"我并没有计划在政府部门工作，从未想过会成为今天的我。但每一步，我都尽力而为，否则怨天尤人每天早上都起不了床。我总是不断学习，不断寻找机会发展，把人生价值最大化，时刻准备好。因为机会随时都会降临……

"我始终有很强的好奇心，好奇美国，好奇美国政府如何运作，所以我成了白宫学者，在五万四千名申请人中被选为十三位白宫学者之一，因此一件事导致了另一件事的发生。我从未感到作为一个女人而有所不能，从而造就了我为公共服务并将终其一生。"

物竞天择，适者生存，是小兰的经典感悟。

2015 年 5 月 16 日，赵小兰作为首都华盛顿乔治城大学开学典礼主讲嘉宾

2015 年 3 月 18 日，在美国国会大厦，赵小兰部长与麦康诺参议员，和来访的英国查尔斯王子合影

02

　　赵小兰的办公桌上，除父母亲友的照片外，总有一张 1981 年父亲在家乡上海嘉定农村拍的照片。照片上有茅草小屋，几只小鸡在觅食，一片贫瘠景象。这张照片已跟随小兰多年，每当她面对挑战时，便会拿起照片端详良久。当年养育父亲的那片土地，也是她的根。父母曾经历内忧外患的苦难，政治经济的崩溃与混乱，遗传给小兰的是面对任何艰难险阻，适者生存的基因和人生哲学。

　　近十年来，对于少数族裔，美国悄然发生了许多变化。小兰深刻体会到这些转变。

　　"在我的职业生涯中，明显感觉到自己代表亚裔美国人的变化。当我第一次迈进华盛顿联邦政府的时候，真是太寂寞了。唯一的亚洲人就是在白宫里的菲律宾管家。他是在厨房里帮厨的海军人员。我希望有更多的亚裔美国人、华裔美国人能看到我在白宫、在椭圆形办公室、在国会山所能够看到的东西。"

　　过去，尽管在华人的公众聚会上，小兰也不可能用中文演讲，这是舆论十分忌讳的。但今天，如果她在华人社区愿意选择中文演讲，不会遭到质疑，也许还会有人夸奖她的双语能力。

曾经，美国政界、商界高层很少有人了解中国，也无耐心静心倾听中国的事情。但今天，面对中国的巨大变化，美国愿意了解中国的人越来越多，也毫无选择地必须了解中国。学习中文已经成为美国的一种社会时尚。

　　小兰的部长办公桌上，每天早上都有《人民日报》（海外版）准时报到。稍有闲暇，她便会用英汉字典逐字逐句地阅读，哪怕一小段，哪怕只言片语，难怪这几年她的中文水平大大提高。

　　她尤其喜欢看中国的电视连续剧，最近在欣赏梅婷和郭涛合演的

1981年，赵锡成回上海嘉定拍摄的故居照片

电视剧《父母爱情》。她看得津津有味，学习中文，了解中国，体味爱情，感悟人生。她喜欢看中国的历史剧，至今对和珅是好人还是坏人，乾隆爷明知和珅是巨贪却为何放他一马之事耿耿于怀。

她感觉美国人对中国的偏见颇深：

"他们总以为中国还是穷得掉渣，破破烂烂的样子。哪知中国的历史文化那么丰富灿烂，真希望中国的电影、电视剧能多到美国来，让美国人在欣赏东方文化的同时，也加强对中国的了解。"

世界正在变化，中国正在变化，美国正在变化。人们变得越来越包容，越来越开放，越来越美好。

03

2018 年元旦将至，小兰终于结束了出任交通部长第一年的繁忙工作，风尘仆仆地回到纽约与父亲和亲友们团聚，身边的保安们也得以稍作休整。

她依旧提着那只硕大的黑色公文包，这是十多年前父亲给她的礼物。大黑公文包虽已磨破了边角，但鞠躬尽瘁，仍走南闯北，日日与她相伴相随。那里面装着黑色小苹果电脑、手机，分门别类整齐有序的文件夹，还有一个小化妆包。

漫天鹅毛雪片飞舞之时，赵锡成迎来了九十寿诞！

"苍龙日暮还行雨，老树春深更著花。"亲友们为老寿星送上最美好的祝福！

"儿时父亲带着我到处走，现在父亲依然健在，我能带着他老人家到处走走看看，是我莫大的幸福！"小兰感恩不尽。

北京 2008 年奥运会期间，作为美国小布什总统特派团团长，小兰偕父亲参加了闭幕式，为父亲送上了一场丰盛的视觉盛宴：

"作为团长，好处是我有权携带一人参加，我就选择了父亲，如同奥运开幕式时小布什总统选择了他的父亲一样。"

"小兰生性敦厚，非常孝顺，不仅孝，更难得是顺，是个好女儿！"父亲欣慰之情溢于言表。

父亲老当益壮，老有所学，老有所为。他早上依旧坚持九点出门上班，那写得密密麻麻的记事本上，除了日程安排，还有诸多心得体会。他坚持每天晚饭前半小时游泳，在水中既能减轻脊椎病的疼痛压力，又能锻炼肢体灵活，如鱼得水，是他常年坚持的一项运动。

小兰每天都会打电话问候父亲，聊上几句，每周都会尽量挤出一点时间陪伴父亲。每当回到哈瑞森家里，小兰便陪父亲一起去健身房锻炼。父亲游泳，小兰跑步，父亲身体力行地教女儿如何优雅地慢慢变老。

女儿们长大成人的那个家依旧；母亲的房间摆设依旧；父亲每周六上午风雨无阻，必去母亲陵前拜谒依旧；母亲生前心爱的百合花盛开依旧……

小兰周末回家便挽着父亲一同前往母亲陵墓，向母亲汇报自己的工作生活近况，与母亲聊聊天，以慰深切思念之情。

2017年冬天，老天给美国东部送来了新年大礼——"炸弹气旋"。全球气流疯狂无序，暴雪、低温、海水倒灌，连美加边境的尼亚加拉大瀑布也冻成了宏伟冰雕的奇观。有些地区最低体感温度竟达到零下六十多摄氏度，纽约人真真切切地感受到了什么叫"心寒""寒心"。这是一种透彻心骨的干冷，似被赤身裸体丢掷于冰窖之中，被铺天盖地的冰雪包裹而令人窒息的冷。

新年除夕之夜，天寒地冻。曼哈顿时代广场气温降到零下二十多摄氏度，创历史第三低温纪录。但广场上仍聚集了上万人，来自美国各州，来自世界各地。

人们不畏严寒，有的从上午十点便到广场等候，但仍未占到最佳位置，尽管到那敲钟的时刻还要在冰点下等整整十四个小时，仍无怨无悔；有的全家老小带着同样镶着大红 2018 新年标签的高帽，手中摇着带响的闪光棒，欢聚在时代广场除夕夜；有的手中抱着几岁的儿童，孩子小脸冻得通红，被眼前空前热闹的景象惊喜得手舞足蹈；有的儿子带着母亲，把参加时代广场狂欢之夜作为送给母亲的新年礼物；有的早已偷偷准备好了求婚戒指，准备在数万人的见证下，向心爱的姑娘求婚——当然男友的真诚，众人的祝福，一定会感动那位美丽善良的姑娘，含着泪说："愿意！我愿意！"

当纽约时代广场的"水晶大苹果"落下的瞬间，2018 年新年的钟声敲响了！

"铛——铛——铛——"

时代广场沸腾了！上万人欢呼着，跳跃着，亲人们互相拥抱着，亲吻着。无数的彩带自天而降，铺天盖地，广场顿时成为一片狂欢的海洋，由冰点急速上升到了沸点！

人人心中都有一个期许——无论什么人，无论什么愿，无论什么梦……人们欢欣鼓舞，辞旧迎新，把最美好的祝愿，最殷切的期盼，最甜蜜的话语，送给 2018 年！

2018，崭新的一年——世界将会发生什么？

岁月如虹。赤橙黄绿青蓝紫，绚烂多彩。

岁月如诗。喜怒哀乐爱怨恋，潇洒浪漫。

岁月如歌。如一首婉转的歌，曼妙悠扬。

岁月如酒。如一坛醇香的酒，回味无穷。

赵小兰年代照片集锦

赵小兰担任美国交通部副部长时的照片

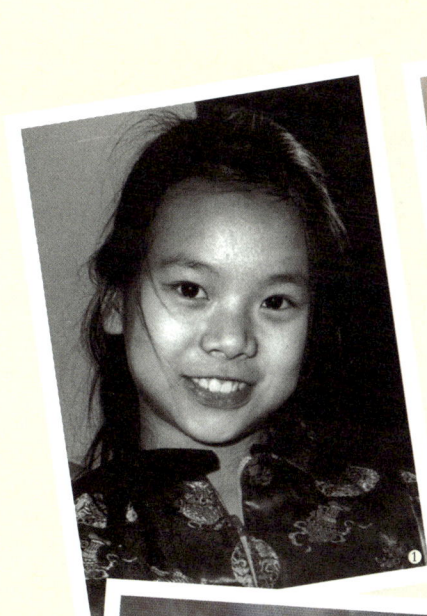

① 1963 年，刚到美国两年的赵小兰　② 1975 年，大学毕业时的赵小兰
③二十六岁的赵小兰　④ 1986 年，赵小兰在旧金山美国商业银行工作时的照片

赵小兰担任美国劳工部长时的照片

新任美国交通部长赵小兰肖像

美国政要信札节选①

---

① 2016 年 6 月 6 日，在哈佛商学院"赵朱木兰中心"落成启用典礼上，美国多位政要致贺信以示感谢。

第四十四任美国总统奥巴马
（Barack Obama）致函

　　你和木兰从中国大陆到台湾再至美国的人生旅程，是全世界许多人梦寐以求的。这是一个充满爱和人生教育为本的故事。你们经历了二十世纪的许多考验，但仍保持积极乐观和坚定的信念，并用你们的经验助人为乐。决心、毅力和远见使你们在美国取得成功，创建了一个信誉卓著的航运公司，并建立了教育和救助的慈善基金会。

May 20, 2016

Dr. James S.C. Chao
New York, New York

Dear Dr. Chao:

It was a pleasure to see you again at the White House recently. You and your wife raised a beautiful family of caring and accomplished daughters who are clearly so devoted to you.

Your and Ruth's life journey from mainland China to Taiwan to America is an inspiration to many people around the world. It is a story that affirms the power of love and the importance of education in building new lives. You and Ruth witnessed many trials of the 20th century, yet you maintained your optimism and faith in mankind, and you drew on your adversities and experiences to help others. Your determination, perseverance, and vision helped you succeed in America and establish a respected shipping company, as well as foundations that provide scholarships to help others access education and improve their lives.

Congratulations on the upcoming dedication of the Ruth Mulan Chu Chao Center at Harvard University, the latest of your many philanthropic initiatives. Your and Ruth's story is emblematic of the best of America, and you have done so much to improve our country and our world. Those who learn of your story will find inspiration, courage, and renewal in your family's journey.

Michelle joins me in sending you, Secretary Chao, Senator McConnell, and your entire family our warmest wishes.

Sincerely,

第四十三任美国总统布什

（George W. Bush）致函

朱木兰和赵锡成不远万里，几乎身无分文来到陌生的国家追求美国梦，克服了艰难困苦获得巨大成功。他们现在报恩曾养育了他们的国家。励志故事的本源是教育，他们深信振兴教育是希望的关键，鼓励女儿们充分利用每一个机会去追寻自己的梦想。

GEORGE W. BUSH

June 6, 2016

Greetings to those gathered in Cambridge, Massachusetts, for the dedication of the Ruth Mulan Chu Chao Center at Harvard Business School.

From every corner of the world, people come to the United States to discover the promise of America. With hard work and determination, immigrants enrich the cultural fabric of our society and add to our country's diversity. One of the finest examples is the Chao Family. Ruth and James Chao traveled to this country in pursuit of the American Dream. Arriving in a new country with very little means, the Chao family overcame great hardships and adversity and prospered greatly. They are now giving back to the country that has blessed them so much.

An underlying theme of the Chao's inspirational story is the value they placed on education. They believed that education is the key to a more hopeful tomorrow and encouraged their daughters to dream big dreams and to make the most of every opportunity. I am proud that Elaine served with great distinction as the Secretary of Labor during my Administration and know that Ruth and James delighted in the accomplishments of all of their daughters.

Dr. James Chao understands the timeless truth: to whom much is given, much is required, and I am grateful he has chosen to honor his beloved wife by making this new HBS Executive Education facility a reality. The Chao Center will stand as a permanent reminder of the strength of Ruth's character and will benefit generations of the leaders of tomorrow for years to come.

Laura and I send our congratulations and best wishes on this special occasion.

第四十二任美国总统克林顿（Bill Clinton）致函

　　作为哈佛商学院执行教育计划的中心，这里将成为世界各地人民本着友谊和理解的精神相互学习的地方。木兰作为热心倡导女性教育，六个成功女儿的母亲，该中心用她的名字命名，也是哈佛大学第一座以女性命名的建筑，更具特别意义。

June 6, 2016

Dr. James S.C. Chao
Chairman
Foremost Group

Dear James:

I am pleased to join your family, friends, and the entire
Harvard community in congratulating you on the dedication of the
Ruth Mulan Chu Chao Center.

This beautiful facility is a wonderful tribute to the memory of
your beloved wife and her lifelong commitment to education. As
the hub of Harvard Business School's Executive Education
program, it will be a place where people from around the world
come together to learn from one another in the spirit of
friendship and understanding—values Ruth lived by and held so
dear. And as the mother of six strong daughters and a
passionate advocate for women's educational opportunities, it is
especially meaningful that the building that bears her name is
the first on campus to be named after a woman.

Congratulations again on this special day for your family, and
best wishes for many years of inspired learning at the Ruth
Mulan Chu Chao Center.

Sincerely,

Bill Clinton

第四十一任美国总统老布什
（George H.W. Bush）致函

　　你和木兰建立了一个美好的家庭，作为移民
为伟大的美国做出了贡献。你们经历了战争、迁
移和新的开始；你们彼此相爱，以勇气和决心面
对这些挑战。这是一个值得与大家分享的故事，
人们会从中受益并得到启发。

GEORGE BUSH

May 27, 2016

Dear James,

It has given Barbara and me great joy to have known you, Ruth, and your family in the last 30-plus years. We have watched your family grow and your company flourish, and we took special pride in your daughter Elaine's distinguished service in both my Administration and that of my son, President George W. Bush.

Thus, it is with pleasure that Barbara and I send our congratulations on the inauguration of the **Ruth Mulan Chu Chao Center** at Harvard University on June 6, 2016! With this latest gift, you are making a lasting and historic contribution to Harvard, our country and the world. Not only does this Center memorialize the life and legacy of your beloved wife, Ruth, but it is a farsighted contribution to the development of future global leaders. In this increasingly international and interconnected world, the **Ruth Mulan Chu Chao Center** will be the site where leaders can gather, exchange ideas, learn from one another, and gain the knowledge and understanding to build a more peaceful and harmonious world. You are known for being an innovator and a pioneer, and it is noteworthy that the **Ruth Mulan Chu Chao Center** is the first building named after a woman and the first building named after an Asian American on campus.

You and Ruth raised a wonderful family, and America has benefited from your immigration to this great country. You two experienced wars, relocations, and new beginnings; and you met these challenges with courage, determination, and love for one another, your family and humanity. It is a story worth sharing with others, and everyone who learns of your story will be inspired and renewed by your and Ruth's example.

Barbara and I send our best wishes to you, your daughters, Elaine, May, Christine, Grace and Angela, and your sons-in-laws and grandchildren.

All the best,

G Bush

Dr. James S. C. Chao
Chairman and Founder
Foremost Group

第三十九任美国总统卡特

（Jimmy Carter）致函

你和木兰人生旅程的故事，为全世界数以
百万计的人提供了极大的启示。你们展现了希望、
乐观、勤奋和教育的重要性。你们养育了一个有
成就的美好家庭，建立了一个世界级的国际航运
公司，并成为社会慈善家。

June 6, 2016

To Dr. James Chao

Rosalynn joins me in congratulating you on the inauguration of the Ruth Mulan Chu Chao Center at Harvard University. This is a spectacular testament to your love for Ruth, the foundation of your family who left such a legacy of service and contribution to our world. It is noteworthy that it is the first building named after a woman and the first building named after an Asian American on campus.

The story of your and Ruth's life journey offers tremendous inspiration to millions around the world. You both have demonstrated the importance of hope, optimism, hard work, and the enduring value of education. You have raised a wonderful family of daughters who are accomplished in their own right, established a world-class international shipping company, and have also been generous philanthropists to many causes.

Please know that you and your family have our warm best wises on this special day and throughout the years ahead.

Sincerely,

Jimmy Carter

Dr. James S. C. Chao
Chair, Foremost Group
60 East 42nd Street
New York, New York 10165

第四十四任美国副总统拜登

（Joe Biden）致函

　　我相信在今后进入这座美丽建筑的人，都会对被命名的赵朱木兰女士肃然起敬。他们会受到积极乐观、满怀希望和无私奉献的启迪。他们会努力提升人生价值。木兰为我们所做出的贡献无以言表。

June 6, 2016

Dr. James S. C. Chao
Founder & Chairman
Foremost Group

Dear Dr. Chao:

Although I cannot be there with you today, I wanted to offer my personal congratulations to you and your family on the inauguration of the Ruth Mulan Chu Chao Center at Harvard University.

This building stands as a physical testament to Ruth's undying commitment to instilling in students everywhere a love for learning. The first building on Harvard's campus named after a woman and the first building named after an American of Chinese heritage, the Center is also a testament to our progress as a Nation. The strength of our country lies in the constant refurbishing of its soil with new ideas, new cultures, and new traditions. It is the defining feature of America, and it is the nature of who we are. The Ruth Mulan Chu Chao Center will help us honor that history and heritage.

I am confident that all who enter this beautiful building in the years to come will be inspired by the woman for which it is named. They will be inspired by her spirit of optimism, hope, and service, and they will try to live a life worthy of the one she led. I cannot think of a more fitting tribute to Ruth and the world she envisioned for us all.

Congratulations, again, and I hope you enjoy the ceremony. Jill and I send our best to Elaine, May, Christine, Grace, Angela, and the rest of your beautiful family.

Sincerely,

Joseph R. Biden, Jr.

PS. I heard the event was, wonderful - Congratulations!

405

跋

尽管时光流逝已有一个甲子之久，但多年来在感情上、心灵上，我都感觉从未与故土分离过，浓浓的桑梓之情始终刻在我心中。

我生长在一个普通的农村家庭，先父是当地小学校长，因而成了我的启蒙老师。我是家中独子，稍长后便与父亲成为知友。我幼时虽成长于一个战乱动荡的年代，但有幸生在一个有依有靠、有喜有乐的小康之家，童年时代留下许多美好难忘的记忆。

自从1949年5月的那一日，我修毕学业后上船实习，因时局变迁而无法返沪之日起，父子天各一方，从此骨肉分离，谁知那一刻竟成为父子今生今世无情的诀别。

当时实习的"天平轮"随国民政府撤退到台湾初期，也即是上海解放不久，我还可直接寄信到家乡，以慰思念父母之情。但没料想回信却越来越少，纸上也仅寥寥数语，只是嘱咐我要当心身体，不要再寄钱回家，早点与朱小姐成婚之事。随后我写信告诉双亲我已与朱木兰小姐喜结良缘，料定二老必会为我成婚之事欣喜祝福，谁知却如石沉大海，杳无回音。

我猜测父亲在各种政治运动中已深受影响，直到后来才间接证实了父亲当时已受累于三反、五反运动。他知我完婚自然欣喜万分，但因受制于人，已乏表达的机会和渠道。虽然如此，我仍坚持不懈地写家书，拜托好友经海外、香港等地辗转带回家中报平安，以释二老远念。尽管前线危险丛生，但我宁选专驶金门、马祖的货轮，为的是即便能遥望大陆一眼，离父母距离近一点，心中也是对思亲思乡之情的寄托与安慰。但苍天不遂人愿，海峡深不见底，我苦苦等待，万般无奈。

那时尽管望眼欲穿，但还有"终有一天会相见"的盼望，直到只身来美进修后不久，接到亲友来信说父亲已于 1959 年 3 月 15 日因罹恶疾不治逝世。这一噩耗如晴天霹雳，此生与父亲重逢的一线希望彻底破灭，令我万念俱灰，身心及精神几近崩溃。幸获上帝的恩典和怜悯，赐我一位爱妻。她满怀深情、体贴入微，不顾自身独带三孩的艰辛及孤独，远隔大洋自台湾每日鸿雁传书，给予我巨大的鼓励与支持，成为我的坚强后盾。我们夫妻两人同舟共济，决心要以实际业绩报答父亲呕心沥血的养育之恩。

尽管时代环境变迁，但当我看到晚辈们能遵循先父的教导健康成长，赵家的传统得以一脉相承并发扬光大，觉得这是我们感恩父母亲的最好回报。我们六个孝顺懂事的女儿中，大女儿小兰不仅能成功地走入哈佛大学，能成功地走出哈佛大学，并能做出榜样，率领妹妹们共同成功地走入美国主流社会。她们的成长乃东西方文明之精髓融合的结晶。

晓晓父亲与我原属上海国立交通大学前后校友，故杨赵两家原系通家之好。二十世纪九十年代她来美相晤，我非常欣赏她的才华。她用三年多时间倾心写作，完成了一部文笔典雅、内容属实的作品。

这不是赵小兰人生大事记年表，不是新闻图片的汇编，不是通常的名人访谈录，不是有关公众人物资料的堆砌与猎奇，而是描写一位普通小女孩在各种环境下奋发上进的经历，叙述在悲欢离合的多事之秋，中华儿女三代人挣扎、解困与成长的毫无虚构的真实故事。

最为难能可贵的是，美国第四十一任总统乔治·布什先生欣然为此书作序。期待如老布什总统所言，此书能使世界各地的读者和他们的家庭受到鼓励，成为一本对众人有所启迪的书，从而产生有益于社会的影响。

欣闻在中华文学基金会和作家出版社的鼎力支持下，《谁造就了赵小兰》一书得以修订再版，我谨代表赵家致以诚挚的谢意，并恭祝贵会和贵社事业发达，百尺竿头更进一步！

祝贺这本书成功再版，愿与广大读者共同分享人生经验，共创更美好的明天。

2018 年 2 月 16 日农历大年初一于纽约哈瑞森家中

赵锡成

图书在版编目（CIP）数据

赵小兰传奇：美国华裔两代人的奋斗历程 / 晓晓著
.--北京：作家出版社，2018.11
ISBN 978-7-5212-0010-2

Ⅰ.①赵… Ⅱ.①晓… Ⅲ.①赵小兰—传记 Ⅳ.
①K837.127＝6

中国版本图书馆CIP数据核字（2018）第072456号

赵小兰传奇：美国华裔两代人的奋斗历程

作　　者：	晓　晓
责任编辑：	杨兵兵
出版统筹：	启　天
出版支持：	中华文学基金会
装帧设计：	高高国际
出版发行：	作家出版社

社　　址：北京农展馆南里10号　　邮　　编：100125
电话传真：86-10-65930756（出版发行部）
　　　　　86-10-65004079（总编室）
　　　　　86-10-65015116（邮购部）
E-mail:zuojia@zuojia.net.cn
http://www.haozuojia.com（作家在线）
印　　刷：北京盛通印刷股份有限公司
成品尺寸：160×240
字　　数：314千
印　　张：27.5
版　　次：2018年11月第1版
印　　次：2018年11月第1次印刷
ISBN 978-7-5212-0010-2
定　　价：88.00元